智启未来：人工智能及其在中等职业教育中的发展

赖慧豪　叶喜　张建◎著

中国出版集团　现代出版社

图书在版编目（CIP）数据

智启未来 ： 人工智能及其在中等职业教育中的发展 / 赖慧豪，叶喜，张建著. -- 北京 ： 现代出版社，2024.11. -- ISBN 978-7-5231-1127-7

Ⅰ. G719.2-39

中国国家版本馆CIP数据核字第20244AD180号

智启未来：人工智能及其在中等职业教育中的发展

ZHIQIWEILAI:RENGONG ZHINENG JI QIZAI ZHONGDENG ZHIYE JIAOYUZHONG DE FAZHAN

著　　者　赖慧豪　叶喜　张建

责任编辑　窦艳秋
责任印制　贾子珍
出版发行　现代出版社
地　　址　北京市安定门外安华里504号
邮政编码　100011
电　　话　(010) 64267325
传　　真　(010) 64245264
网　　址　www.1980xd.com
印　　刷　北京厚诚则铭印刷科技有限公司
开　　本　787mm×1092mm　1/16
印　　张　11.25
字　　数　199千字
版　　次　2024年11月第1版　2024年11月第1次印刷
书　　号　ISBN 978-7-5231-1127-7
定　　价　68.00元

前 言

人工智能（AI）作为当今科技发展的重要方向，正在深刻改变各个行业的运作方式，中等职业教育也不例外。在这一领域，AI 不仅在教学方法、课程设置以及教学管理等方面产生了显著的影响，还为培养适应未来社会需求的技能型人才提供了新的契机。AI 技术的引入使得中等职业教育的教学模式得到了革新。传统的课堂教学模式往往局限于教师的知识传授和学生的被动接受，而 AI 技术则能够通过智能化的教学平台，为学生提供个性化的学习体验。这些平台利用数据分析技术，实时评估学生的学习进度和掌握情况，并根据每个学生的不同需求，提供量身定制的学习资源和辅导方案，从而提高学习效率，促进学生的全面发展。随着 AI 技术的迅猛发展，职业教育课程也必须与时俱进，适应行业的最新需求。AI 在自动化、机器人技术、数据分析等领域的广泛应用，要求职业教育开设相应的课程，使学生能够掌握这些新兴技术的基本原理和操作技能。同时，AI 技术也为职业教育课程的设计提供了新的工具，教师可以利用 AI 技术分析行业发展趋势，预测未来人才需求，进而调整课程内容，使其更加符合实际工作的需要。

本书旨在探讨人工智能技术在中等职业教育中的广泛应用及其对教育模式、课程设计、教育管理、师资培训和学生发展的深远影响。人工智能作为当今科技发展的前沿技术，正逐渐渗透到各个行业和领域，其中教育领域尤为重要。通过本书，读者可以全面了解人工智能在中等职业教育中的最新应用与实践，掌握前沿的教育技术和教学模式。本书的主要价值在于系统地介绍和分析了人工智能技术在中等职业教育中的具体应用实例和实践经验，旨在为教育工作者、政策制定者和研究人员提供一个全面且深入的参考框架。本书不仅探讨了人工智能对教育的积极影响，还分析了其面临的挑战与解决策略，为推动中等职业教育的现代化和智能化提供了有力支持。

本书由东莞市电子科技学校赖慧豪、叶喜、张建著。

作者在写作本书的过程中，借鉴了许多前辈的研究成果，在此表示衷心的感谢。由于本书需要探究的层面比较深，作者对一些相关问题的研究不透彻，加之写作时间仓促，书中难免存在一定的不妥和疏漏之处，恳请前辈、同行以及广大读者斧正。

目　录

第一章　人工智能概述

第一节　人工智能的定义与特点

一、人工智能的定义

人工智能（AI）是指通过计算机科学和算法实现机器具备模拟人类智能的能力，包括感知、学习、推理和决策等方面。它涵盖了从简单的规则执行到复杂的机器学习模型的广泛技术应用，旨在提升计算机系统的自动化和智能化水平，从而解决各种复杂问题，提高效率，改变传统行业模式。人工智能的核心在于通过大数据和算法的结合，使机器能够自我优化和适应环境变化，实现类人智能行为。

二、人工智能的特点

（一）自适应性

人工智能的自适应性是其核心优势，这种能力使得AI系统能够根据外部环境的变化和新的数据输入，不断优化自身的算法，以提升处理复杂任务的能力。随着技术的发展，AI系统不再仅仅依赖预设的规则或固定的程序，而是能够通过机器学习和深度学习等方法，从大量的数据中提取信息，进而调整其操作模式和决策路径。在自然语言处理领域，AI系统能够通过不断接触新的语言材料来改进语义理解和翻译能力，适应不同的语言和文化背景。相较于传统的计算机系统，人工智能的自适应性让其具备了更高的灵活性和应变能力，能够在复杂且动态的环境中保持高效运作。同时，自适应性体现在人工智能系统对数据的依赖和反馈回路的建立上。AI系统通过获取新的数据，评估过去的操作结果，识别模式或异常，然后调整算法模型。这种反馈回路使得人工智能能够持续学习，从而在面对新的挑战或任务时表现得更为出色。在自动驾驶技术中，AI系统通过实时分析路况数据和驾驶行为，不断调整驾驶策略，以应对多变的交通环境和复杂的路况。这种自适应性不仅提升了AI系统的可靠性，还增强了其应对突发状况的能力。

人工智能的自适应性还体现在个性化服务和智能推荐系统中。AI系统通过分析用户的行为和偏好，不断调整推荐算法，以提供更加符合用户需求的内容或服务。在电子商务平台上，AI 系统通过用户的浏览和购买记录，动态调整商品推荐列表，从而提高用户的购买体验和满意度。这种能力不仅体现在个性化推荐上，还包括智能客服系统的优化。随着用户咨询的增多，AI 客服能够学习和适应不同用户的需求，提供更加精准和高效的服务。在工业生产中，AI 系统通过实时监控生产数据，动态调整生产流程和参数，优化资源配置和提高生产效率。在智能制造领域，AI 系统可以根据不同的生产任务和产品规格，调整机器人的操作程序，实现柔性生产。而在医疗领域，AI 通过分析患者的医疗数据和病史，不断优化诊断和治疗方案，提高医疗服务的精准度和有效性。通过自适应性，人工智能能够为各行业提供定制化和优化的解决方案，推动行业创新和发展。

AI 系统的自适应性还为科学研究和技术创新带来了新的可能。通过自动化的数据分析和模型优化，人工智能能够加速科学发现和实验过程。在药物研发中，AI 通过自适应的算法模型筛选化合物，预测药物的疗效和副作用，从而缩短研发周期和降低成本。这种自适应性使得 AI 不仅能处理现有的问题，还能为未来的发展提供持续的支持和动力。

（二）自动化

通过自动化技术，人工智能系统能够执行复杂而繁重的任务，无需人为干预，从而大幅提高工作效率，减少人为错误的发生。在制造业中，AI 驱动的自动化设备能够持续进行精密的生产操作，从材料处理到装配再到质量检测，整个流程几乎无需人力介入。相较于传统的手工操作或机械化生产，人工智能的自动化使得生产线能够在 24 小时不停歇的情况下，保持高度一致的生产质量，并显著降低运营成本。除了在制造业，自动化还在其他行业中得到广泛应用。在金融行业，人工智能的自动化技术被用于进行高速交易、风险评估和客户服务。AI 系统通过分析大量的市场数据和历史交易记录，自动做出交易决策，从而抓住市场中的每一个机会，最大化收益。自动化不仅在操作层面起到了关键作用，还能够通过智能算法识别和评估潜在的风险因素，提前进行风险控制，避免可能出现的巨大损失。在客户服务领域，AI 系统能够自动响应用户的咨询和请求，通过自然语言处理技术理解用户的需求，并提供即时而准确的答案，提升了客户服务的效率和满意度。

通过自动化影像分析和诊断工具，AI 系统能够在短时间内处理和分析大量的医学影像，发现病变部位，并给出初步的诊断建议。这种自动化不仅节省了医生的大量时间，还提高了诊断的准确性，特别是在某些细微的病变早期阶段，AI 的精确分析可以挽救更多的生命。自动化还延伸到手术机器人领域，AI 驱动的自动化手术系统能够执行高精度的手术操作，减少手术风险和恢复时间，极大地提高了手术的成功率和患者的康复效果。人工智能的自动化不仅在专业领域有所应用，还深入到日常生活的方方面面。以智能家居为例，AI 系统可以自动控制家中的照明、温度、安全监控等设备，根据用户的生活习惯和偏好进行自动化调节，提供更加舒适和便利的生活体验。这种自动化不仅提升了生活品质，还通过节能和高效管理，降低了能源消耗，促进了可持续发展。同样，在交通领域，自动驾驶技术通过 AI 的自动化控制车辆的行驶，减少交通事故和拥堵现象的发生，逐步实现更加安全和高效的交通管理。

通过 AI 的自动化技术，农业生产可以实现精准灌溉、智能施肥和病虫害监控等操作，提高作物的产量和质量。在大规模农业种植中，自动化系统能够根据不同地块的情况，调整农机的作业模式，从而最大限度地利用资源，减少浪费。在农产品加工和供应链管理中，AI 的自动化技术还可以优化各环节的操作，确保产品的质量和新鲜度，同时降低成本，提高市场竞争力。不仅如此，人工智能的自动化还推动了科学研究的进步。在许多科学领域，研究人员利用 AI 的自动化系统进行数据分析、实验设计和结果预测，从而加快了科研进程。在生物医学研究中，AI 的自动化技术帮助科学家更快地筛选和验证药物分子，加速新药的开发和上市。这种自动化不仅提高了科研的效率，还使得研究人员能够集中精力在更具创造性的工作上，推动科学发现和技术创新。

（三）数据驱动

人工智能的核心驱动力之一是数据驱动，这意味着 AI 系统依赖大量数据进行训练和优化，以提升其预测和决策能力。在当今的大数据时代，数据已成为推动人工智能进步的关键资源。通过收集和分析大量数据，AI 系统能够发现隐藏的模式和规律，从而在特定任务中表现得更加准确和高效。在图像识别领域，AI 系统通过分析数百万张标注过的图像，逐渐学习如何识别和分类不同的物体。这种数据驱动的学习过程使得 AI 能够在处理复杂的视觉任务时表现出色，甚至超越了人类的视觉识别能力。与此同时，数据驱动的特性使得人工智能具备了持续学习和自我优化的能力。AI 系统不仅能够从初始数据中获得知识，还可以通过不断获取新的数据，进行持续的模型优化和升级。这种能力使得 AI 系统能够在面对不断变化的环境和需求时，保持高度的适应性和灵活性。AI 通过不断学习新的语言数据和语境，可以不断提升对语言的理解和生成能力，从而更好地应对不同语言和文化背景下的交流需求。这种数据驱动的持续学习使得 AI 系统能够不断进步，始终保持在技术前沿。

通过分析用户的行为数据和偏好，AI 系统能够针对不同用户提供个性化的推荐和服务。AI 通过分析用户的浏览和购买历史，能够精准地推荐用户可能感兴趣的商品。这种基于数据驱动的个性化服务不仅提升了用户体验，还为企业带来了更高的客户转化率和忠诚度。数据驱动的个性化服务已成为许多行业的核心竞争力。此外，数据驱动使得 AI 能够在预测和决策中展现出更高的准确性和可靠性。通过对大量历史数据的分析，AI 可以建立复杂的预测模型，提前预判未来可能发生的事件或趋势。在金融领域，AI 通过分析市场数据和经济指标，能够预测市场走势和投资风险，为投资者提供数据驱动的决策支持。这种预测能力不仅帮助投资者规避风险，还为他们提供了把握市场机会的工具。同样，在医疗领域，AI 通过分析患者的病历数据和诊疗记录，能够预测疾病的进展和治疗效果，为医生的临床决策提供有力支持。

科学家们通过利用 AI 分析大量实验数据，可以发现传统方法难以察觉的规律和关联，从而推动科学发现和技术突破。在基因研究中，AI 通过分析海量的基因数据，帮助研究人员发现与特定疾病相关的基因变异，从而加快了疾病诊断和治疗的进展。这种数据驱动的研究模式不仅提高了研究效率，还拓宽了科学探索的边界，为人类认知的提升做出了巨大贡献。数据驱动的人工智能在社会治理和公共服务中也显示出了广阔的应用前景。通过对城市数据的分析，AI 能够优化交通管理、能源分配和公共安全等方面的决策。通过分析交通流量数据，AI 系统可以优化交通信号灯的设置，减少城市拥堵，提高交通效率。同样，通过对能源消耗数据的分析，AI 可以优化城市能源的分配和使用，促进可持续发展。这种数据驱动的社会治理模式不仅提升了公共服务的质量，还为城市的智能化管理提供了新的思路。

（四）智能化

人工智能系统的智能化特性使其能够模拟人类的智能行为，涵盖了语言理解、图像识别、语音识别和自然语言处理等诸多领域。这种能力使得 AI 不仅能够处理简单的任务，还能在复杂情境下做出高效的决策和反应。在语言理解方面，人工智能通过分析大量的文本数据，能够逐渐学习和掌握不同语言的语法结构、语义关系和上下文关联，从而实现精确的语言翻译、语音助手和文本生成。这样的智能化应用在日常生活中得到了广泛使用，为人们提供了便捷的服务和支持。通过深度学习算法，AI 系统能够从大量的图像数据中提取特征，并进行分类和识别。这种能力不仅应用于人脸识别、安全监控和自动驾驶等领域，还被广泛应用于医疗影像分析。AI 可以通过分析医学影像数据，准确识别病变区域，为医生提供辅助诊断，从而提高诊断的准确性和效率。智能化的图像识别技术在许多领域都发挥着关键作用，为各行业的创新和发展注入了新的动力。

AI 系统通过分析音频数据，能够将语音转化为文本，并理解语音中的语义信息。这种技术广泛应用于智能助手、语音控制设备和自动客服系统中，为用户提供更加自然和便捷的交互体验。语音识别的智能化使得人与机器之间的互动变得更加顺畅和高效，极大地提升了用户体验。同时，在教育、医疗和客户服务等领域，语音识别技术的应用也在不断拓展，为这些行业带来了全新的操作模式和服务方式。人工智能的自然语言处理能力进一步展示了其智能化的潜力。通过对自然语言的深度学习，AI 系统能够理解和生成符合人类语言习惯的文本，从而在信息检索、内容生成和情感分析等方面表现出色。自然语言处理不仅让 AI 能够与人类进行自然的对话，还使其具备了分析海量文本数据的能力，能够从中提取有价值的信息并进行情感分析和观点总结。这种智能化的语言处理能力为信息传播、市场分析和社交媒体监控等领域提供了强大的技术支持。

智能化的人工智能系统还具备决策和规划能力，这使得它们能够在复杂的环境中进行自主决策。通过分析大量的数据和情境信息，AI 系统能够模拟人类的思维过程，做出合理的判断和选择。这种智能化能力在自动驾驶、机器人控制和智能制造中得到了广泛应用。在自动驾驶中，AI 系统通过实时分析道路状况、交通规则和其他车辆的行为，能够自主规划行驶路线，避开障碍物和危险，确保行驶安全。智能化的决策能力使得人工智能能够在多变的环境中灵活应对，为实现高度自动化和智能化的系统奠定了基础。通过机器学习和深度学习算法，AI 系统能够从数据中不断学习，优化其模型和行为。这种智能化的学习能力使得 AI 系统能够不断进步，适应新的任务和挑战。在游戏领域，AI 系统通过自我对战和策略学习，逐渐掌握了复杂的游戏规则和策略，甚至可以在某些游戏中超越人类玩家的水平。这种智能化的学习能力不仅推动了 AI 技术的发展，还为人类提供了更多的可能性和启示。

智能化的人工智能系统在社会治理和公共服务中也展现出了巨大的潜力。通过智能化的数据分析和处理，AI 可以在城市管理、公共安全和资源分配等方面发挥关键作用。通过智能化的交通管理系统，AI 可以实时分析和优化城市交通流量，减少拥堵现象。同样，在公共安全领域，智能化的监控系统可以自动检测和预警潜在的安全威胁，为执法部门提供实时信息和决策支持。这种智能化的应用不仅提升了公共服务的质量，还为城市的智慧化管理提供了新的思路和方法。

（五）实时性

人工智能的实时性特性使其能够在瞬息万变的环境中快速处理和响应数据，从而实现即时分析和决策。这种能力在许多需要快速反应的应用场景中具有极大的价值。比如，在金融市场中，AI 系统通过分析实时的市场数据，能够在极短的时间内做出买卖决策，从而抓住稍纵即逝的市场机会。这种高速处理和反应能力不仅提升了交易的效率，还帮助投资者规避潜在的市场风险，提高了整体的投资收益。除了金融领域，人工智能的实时性在自动驾驶技术中同样至关重要。自动驾驶车辆必须实时处理大量的传感器数据，包括车速、行人、道路标识和周围环境等信息，以便做出及时且准确的驾驶决策。AI 系统通过高速的数据处理能力，能够在毫秒级的时间内分析复杂的路况，并作出相应的行动反应，如刹车、加速或转向。这种实时性的决策能力确保了车辆的行驶安全，为实现无人驾驶奠定了技术基础。

在急诊室或手术室，AI 系统可以实时监控患者的生命体征，并在出现异常时立即提醒医生，甚至可以根据实时数据进行初步诊断或建议治疗方案。这种实时响应能力不仅提高了医疗服务的效率，还在关键时刻为患者赢得了宝贵的抢救时间。此外，在公共卫生领域，人工智能通过分析实时的疾病传播数据，能够快速识别和预测疫情的发展趋势，协助相关部门采取及时有效的防控措施，减少疫情扩散的风险。通过实时监控和分析生产线上的数据，AI系统可以即时识别生产过程中的异常情况，如设备故障、生产偏差或质量问题，并迅速做出调整或发出警报。这种实时性的监控和决策能力大大提高了生产效率，减少了生产中的浪费和损失。此外，在能源管理和智能电网中，AI系统通过实时分析能源需求和供应数据，能够动态调整能源分配，优化电力的使用效率，实现节能减排的目标。

在智能家居系统中，AI能够根据用户的实时需求和环境变化，自动调整照明、温度和安全系统，从而提供舒适和安全的居住环境。比如，当智能安防系统检测到异常活动时，AI系统可以立即通知用户，并采取相应的安全措施。这种实时性的响应能力使得智能家居系统能够更好地适应用户的生活习惯和需求，为用户提供更加便利的生活体验。AI系统能够实时分析消费者的浏览行为、购买历史和社交媒体活动，从而提供个性化的商品推荐和促销策略。这种实时数据分析不仅提升了消费者的购物体验，还帮助企业提高了销售转化率和客户忠诚度。在物流管理中，AI通过实时跟踪和优化运输路线，确保货物能够及时且高效地送达目的地，从而提升了整个供应链的效率和响应能力。

通过分析战场上实时传回的数据，AI系统能够迅速评估敌我双方的态势，并做出战术决策。这种实时性的分析和决策能力为指挥官提供了重要的战略支持，帮助他们在复杂的战场环境中做出最佳的决策。此外，在网络安全领域，人工智能的实时性使其能够快速检测和应对网络攻击，防止数据泄露和系统损害，保障网络安全的稳定性。

（六）可扩展性

人工智能系统的可扩展性使其能够随着数据量和计算资源的增加，灵活地扩展功能和提升性能，从而满足不同规模和复杂度的应用需求。随着数据量的不断增长，人工智能系统能够通过增加计算资源来处理更大的数据集，从而提高模型的训练效果和预测精度。在深度学习中，随着训练数据的增加，模型的表现往往也会有所提升。通过扩展计算资源，AI系统可以更快地处理和分析海量数据，从而在更短的时间内得到更准确的结果。此外，人工智能系统的可扩展性不仅体现在处理数据的能力上，还体现在功能的扩展上。AI系统可以通过引入新的算法、模型和数据源，扩展其应用领域和能力。一个最初用于图像识别的AI系统可以通过增加自然语言处理功能，从而应用于多模态数据分析，覆盖图像、文本和语音的综合分析。这种功能上的可扩展性使得人工智能能够适应不同的应用场景和需求，从而在各个行业中发挥更大的作用。

在云计算的支持下，人工智能的可扩展性得到了进一步的提升。通过云平台，AI系统可以动态地分配计算资源，灵活应对不同任务的需求。对于需要处理大规模数据或进行复杂计算的任务，AI 系统可以在云端扩展其计算能力，而无需在本地增加硬件设备。这种基于云计算的可扩展性不仅降低了企业的硬件成本，还提高了 AI 系统的运行效率和灵活性，满足了从小型企业到大型跨国公司的各种需求。无论是处理金融数据、优化制造流程，还是进行智能化的客户服务，AI 系统都能够通过扩展功能和性能，适应这些应用的特殊需求。AI 系统通过扩展数据分析和风险评估能力，能够处理更大规模的交易数据，并为投资者提供更精准的决策支持。在制造业，AI 通过扩展智能监控和预测维护功能，可以优化生产流程，提高生产效率，并减少停机时间。

人工智能系统的可扩展性还体现在其能够与其他技术相结合，形成更为复杂和高效的系统。通过与物联网、区块链和边缘计算等技术的结合，AI 系统可以扩展其数据来源和应用场景，实现更加智能化和自动化的决策。通过与物联网的结合，AI 系统可以实时获取传感器数据，进行实时分析和处理，从而优化能源管理、智能交通和智慧城市的运行。同样，通过与区块链技术的结合，AI 系统可以扩展其数据安全和透明度，确保数据的可信性和可追溯性，为金融交易和供应链管理提供更加可靠的保障。研究人员和教育工作者可以通过增加数据和计算资源，扩展 AI 系统的功能和应用范围，从而支持更大规模的研究和教学任务。在科学研究中，AI 通过扩展计算能力，可以更快地处理实验数据，进行复杂的模拟和分析，加速科研进程。在教育领域，AI 通过扩展个性化学习和智能辅导功能，可以更好地适应不同学生的学习需求，提供更加灵活和高效的教育服务。

（七）创新性

人工智能的创新性不断推动着技术的进步与革新，通过引入新算法、新模型和新应用，开辟了许多全新的技术和商业领域。这种创新性首先体现在算法的不断迭代与优化上。传统的计算方法逐渐被更加高效和智能的算法所取代，例如深度学习和强化学习等先进算法的出现，使得 AI 能够处理更加复杂的数据结构和任务。这些算法不仅提高了 AI 系统的性能，还使其在图像识别、自然语言处理和智能推荐等领域取得了突破性进展。通过不断的算法创新，人工智能不仅优化了现有的技术，还为未来的发展提供了新的路径。随着计算能力的提升和数据的积累，AI 研究者不断开发出更复杂、更强大的模型，如生成对抗网络（GANs）、变分自编码器（VAEs）和图神经网络（GNNs）等。这些新模型不仅在传统 AI 应用领域中表现优异，还为艺术创作、科学模拟和复杂网络分析等新兴领域提供了强有力的工具。生成对抗网络在图像生成和风格转换方面展现出了惊人的能力，为视觉艺术和媒体创作带来了全新的可能性。这些新模型的开发和应用，充分展示了人工智能在推动技术创新方面的巨大潜力。

AI 不仅在传统领域中展现出强大的应用能力，还开辟了许多新的商业和技术领域。

AI通过创新的算法和模型，实现了自动化的疾病诊断、个性化的治疗方案推荐和精准的药物研发。这样的应用不仅提高了医疗服务的效率，还为医疗行业带来了全新的商业模式。同样，人工智能通过创新的数据分析和风险评估模型，为量化交易、信用评估和反欺诈系统提供了智能支持。这些新应用不仅为相关行业带来了革命性的变化，也展示了人工智能在推动行业创新中的核心作用。通过推动技术与商业的双重创新，人工智能不断开拓新的领域，形成新的增长点。在自动驾驶、智能制造、智慧城市等领域，AI技术的引入使得这些行业发生了深刻的变革。自动驾驶技术通过AI的创新算法和传感器融合，实现了车辆的智能化控制，极大地改变了传统交通方式，开启了交通运输行业的新篇章。同样，智能制造利用人工智能进行生产线的自动化控制和质量检测，不仅提高了生产效率，还降低了运营成本，促进了制造业向智能化和数字化的转型。智慧城市则通过AI的创新应用，实现了城市管理的智能化和高效化，为市民提供了更加便捷和安全的生活环境。这些领域的创新性应用，不仅为相关行业带来了新的发展机遇，也为社会的整体进步贡献了力量。

通过将AI技术与其他学科相结合，研究者们开发出许多新的研究方向和应用场景。在生命科学中，人工智能通过与生物学、化学和物理学的结合，推动了生物信息学、药物设计和基因组学等新兴领域的发展。在艺术与人文领域，AI通过与艺术、设计和文学的融合，开创了计算机创作、数字艺术和文化分析等全新领域。这种跨学科的融合，不仅拓展了人工智能的应用范围，还激发了更多领域的创新与发展，为科学研究和技术应用带来了更多的可能性。

第二节　人工智能的主要技术

一、机器学习（Machine Learning）

机器学习作为人工智能的核心技术，通过算法和统计模型的应用，使计算机系统能够从数据中自动学习和改进。这种学习能力让机器能够在没有明确编程的情况下完成复杂任务，并且随着时间的推移变得更加智能和高效。监督学习是机器学习的基本方法之一，它依赖于标注数据进行训练。通过大量标注的输入数据和对应的输出标签，机器学习算法能够学会映射输入到输出的关系。这种方法在图像分类、语音识别和文本分析等任务中表现出色。在图像分类中，系统通过学习大量已标注的图像，能够识别和分类新的图像。这种基于监督学习的技术广泛应用于人脸识别、自动驾驶中的障碍物检测以及医疗影像分析等领域。除了监督学习，机器学习还包括无监督学习方法，它在没有标注数据的情况下进行训练。无监督学习的目标是发现数据中的隐藏模式或结构，而无需明确的输出标签。聚类分析是无监督学习的典型应用之一，通过将数据分组成不同的簇，系统能够识别数据中的自然分布。在市场分析中，无监督学习可以帮助企业识别客户群体，从而制定更有针对性的营销策略。无监督学习还被应用于降维、异常检测和关联规则挖掘等领域，为数据探索和知识发现提供了强大的工具。

强化学习则是机器学习中的另一个重要分支，它通过试错和奖励机制让系统学会在特定环境中做出最优决策。与监督学习和无监督学习不同，强化学习的核心在于通过与环境的交互来优化决策策略。系统在执行一系列动作后，接收来自环境的反馈（奖励或惩罚），然后根据这些反馈不断调整策略，最终学会如何在特定情境中达到最优目标。强化学习在机器人控制、自动驾驶和游戏 AI 等领域得到了广泛应用。在游戏中，强化学习算法能够通过数百万次的游戏对局学习复杂的策略，从而在复杂的游戏中超越人类玩家。强化学习的应用不仅限于娱乐和模拟，还在能源管理、资源调度和金融交易等领域展现了巨大的潜力。机器学习的成功依赖于大量数据和强大的计算资源，这使得它能够在各个领域取得显著进展。随着数据量的不断增加和计算能力的提升，机器学习模型变得越来越复杂和强大。这种进步不仅提高了算法的准确性和鲁棒性，还扩展了其应用范围，从传统的图像和语音处理扩展到自然语言处理、自动驾驶、金融分析等多个领域。通过不断改进的算法和模型，机器学习在解决实际问题中表现出越来越强的适应性和创新性。

尽管机器学习取得了诸多成功，但它也面临着一些挑战和局限性。监督学习依赖大量标注数据，这在某些领域可能难以获取，且标注数据的质量直接影响模型的性能。无监督学习虽然不依赖标注数据，但其结果的解释性和可用性往往不如监督学习。而强化学习虽然在动态决策问题中表现出色，但其训练过程往往需要大量的计算资源和时间，尤其是在复杂的环境中。此外，机器学习模型的透明性和可解释性也是一个重要的问题，特别是在需要理解模型决策过程的应用场景中。

二、深度学习（Deep Learning）

深度学习作为机器学习的一个子领域，凭借其在复杂数据特征提取和模式识别方面的卓越表现，已成为人工智能发展的重要推动力。它通过多层神经网络的架构，能够从原始数据中自动学习层次化的特征表示，从而在处理复杂任务时表现出色。卷积神经网络（CNNs）是深度学习中最具代表性的模型之一，特别适用于图像和视频数据的处理。CNN 通过卷积层、池化层和全连接层的组合，能够有效地提取图像中的空间特征并进行分类或识别。这种模型广泛应用于人脸识别、自动驾驶中的物体检测以及医疗影像分析等领域，为这些行业带来了巨大的技术进步。与此同时，循环神经网络（RNNs）在处理序列数据方面展现出了强大的能力。RNN 的结构使其能够利用过去的信息来影响当前的输出，这使得它在处理时间序列数据和自然语言处理任务时尤为有效。RNN 在语音识别、文本生成和机器翻译等应用中表现优异，通过捕捉数据中的时间依赖性和上下文关系，RNN 能够生成高质量的输出。尽管传统的 RNN 在处理长序列时存在梯度消失问题，但长短期记忆网络（LSTM）和门控循环单元（GRU）等改进模型有效地缓解了这一问题，使得 RNN 在处理复杂的序列任务时更加稳定和高效。

深度学习的成功在很大程度上得益于大规模数据集和强大计算资源的支持。随着数据量的增加，深度学习模型能够从中学习到更为丰富和准确的特征表示，从而提高模型的精度和泛化能力。特别是在图像识别和语音识别等任务中，深度学习模型通过训练海量数据，能够识别出微小的差异并实现高水平的分类和预测。同时，深度学习模型的训练过程需要大量的计算资源，尤其是 GPU 和 TPU 等高性能计算设备的支持。这些计算资源不仅加速了模型的训练过程，还使得模型能够处理更大规模的数据集和更复杂的任务。尽管深度学习在多个领域取得了显著成果，但其复杂性也带来了一些挑战。深度学习模型通常包含大量的参数，这使得它们在训练和推理过程中需要消耗大量的计算资源和存储空间。此外，深度学习模型的黑箱特性使得其决策过程难以解释，这在一些需要高透明度和可解释性的应用场景中可能会带来问题。在医疗诊断或金融决策等领域，理解模型的决策依据对于用户信任至关重要。因此，如何提高深度学习模型的可解释性和透明性成为当前研究的重要方向。

深度学习的应用已经深入到各个行业，不仅在传统的图像和语音处理领域大放异彩，还在自然语言处理、自动驾驶、智能推荐系统等领域中展现出广阔的应用前景。在自然语言处理方面，深度学习模型如 Transformer 通过捕捉句子中的上下文关系，实现了更高水平的文本理解和生成任务。BERT 和 GPT 等基于 Transformer 的模型已经成为自然语言处理领域的标准，广泛应用于文本分类、情感分析和对话系统等任务。在自动驾驶领域，深度学习模型通过融合多传感器数据，实现了对复杂交通环境的实时感知和决策，为自动驾驶技术的成熟和推广提供了技术保障。在未来，随着深度学习技术的不断发展和应用场景的不断扩展，深度学习将在更多领域发挥重要作用。当前的研究正在探索如何通过更高效的算法、更丰富的数据集和更强大的计算资源，进一步提升深度学习模型的性能和应用范围。同时，深度学习的边界也在不断被扩展，从传统的感知任务逐步向认知任务迈进，如机器推理、复杂决策和自主学习等领域。随着这些技术的进步，深度学习将继续推动人工智能的发展，为社会的各个方面带来深远的影响。

三、自然语言处理（Natural Language Processing, NLP）

自然语言处理（NLP）技术赋予计算机理解、生成和处理人类语言的能力，极大地拓展了人工智能的应用领域。这项技术的核心在于让计算机能够像人类一样理解和使用自然语言，从而实现与用户的有效互动。NLP 在文本分析、情感分析、机器翻译和对话系统等方面展现了广泛的应用潜力。文本分析是 NLP 的基础应用之一，通过对大量文本数据的分析和处理，计算机能够提取出其中的重要信息，进行内容分类、主题建模和关键字提取等操作。这种技术在信息检索、新闻推荐和知识图谱构建等领域得到了广泛应用。情感分析作为 NLP 的一个重要分支，主要用于识别和分析文本中的情感倾向。通过分析用户评论、社交媒体帖子或客户反馈，情感分析工具能够自动判断文本的情感态度，如积极、消极或中立。这种能力使企业能够更好地了解消费者的情感需求，从而优化产品和服务。情感分析在市场调研、品牌管理和社交媒体监控等领域发挥着重要作用，帮助企业更好地把握市场动态和消费者情绪。

通过 NLP 技术，计算机能够自动将一种语言翻译成另一种语言，极大地降低了跨语言交流的障碍。早期的机器翻译系统主要依赖于规则和词典匹配，但随着 NLP 技术的进步，基于神经网络的机器翻译（NMT）系统逐渐成为主流。通过训练大规模的双语数据集，NMT 系统能够更好地捕捉语言间的复杂关系，实现高质量的翻译输出。如今，Google 翻译和微软翻译等商业应用已经广泛使用了这些技术，为全球用户提供即时的多语言翻译服务。对话系统是 NLP 技术的另一大应用领域，包括智能客服、语音助手和聊天机器人等。这些系统通过 NLP 技术与用户进行自然语言对话，能够理解用户的意图并提供相应的回答或服务。对话系统中的关键技术包括意图识别、上下文管理和对话生成。通过不断学习和优化，这些系统能够逐步提升对话的流畅度和准确性，提供更智能和人性化的交互体验。像 Siri、Alexa 和 Google Assistant 这样的语音助手已经成为日常生活中的得力助手，为用户提供从日常信息查询到智能家居控制等多种服务。

自然语言处理的关键技术包括分词、词性标注、句法分析和语义分析。分词是 NLP 中最基础的步骤之一，特别是在中文处理过程中尤为重要。它将连续的文本划分为独立的词语，以便后续的处理和分析。词性标注是对文本中的每个词进行词性标注，帮助计算机理解词语的语法角色。句法分析则是解析句子的结构，确定词语之间的关系。语义分析进一步深入，通过理解文本的语义，计算机能够准确把握文本的含义和意图。这些基础技术共同构成了自然语言处理的技术框架，为更复杂的语言理解和生成任务奠定了基础。

近年来，预训练语言模型如 BERT 和 GPT 的出现，为 NLP 领域带来了革命性进展。BERT（Bidirectional Encoder Representations from Transformers）通过双向训练，能够更好地理解句子的上下文关系，从而提高了文本理解的准确性。GPT（Generative Pre-trained Transformer）通过大量的语言数据训练，具备了强大的文本生成能力。这些预训练模型不仅在语言理解和生成任务中表现优异，还为 NLP 领域的其他任务提供了强大的技术支持。如今，这些模型已被广泛应用于搜索引擎优化、智能问答系统和自动写作等领域，显著提升了计算机处理自然语言的能力。

四、计算机视觉（Computer Vision）

计算机视觉技术赋予计算机从图像和视频中提取有用信息的能力，推动了人工智能在多个领域的广泛应用。通过计算机视觉，系统能够识别、分析和理解视觉数据，这使得许多自动化任务得以实现。物体检测是计算机视觉中一个基础且广泛应用的领域，它通过识别图像或视频中的特定物体并标注其位置，为自动驾驶、机器人导航和智能监控等应用提供了技术支撑。物体检测算法能够实时识别并定位道路上的行人、车辆和障碍物，从而帮助车辆做出安全的驾驶决策。面部识别是计算机视觉的另一大应用，通过分析面部特征，系统能够准确识别和验证个人身份。该技术广泛应用于安防监控、手机解锁和社交媒体平台的自动标记功能。面部识别技术的核心在于特征提取和匹配算法，它能够处理不同光线、角度和表情下的面部图像，并实现高精度的识别结果。在安防领域，面部识别技术被用来监控和识别潜在威胁者，提升了公共安全的智能化水平。

图像分割作为计算机视觉中的关键技术，涉及将图像分割成多个具有独特属性的区域。图像分割不仅在医学影像分析中具有重要作用，还被应用于自动驾驶中的道路识别和物体分割。在医学影像中，图像分割技术可以帮助医生精确定位肿瘤或病变区域，从而为诊断和治疗提供有力支持。通过深度学习模型，如卷积神经网络（CNNs），图像分割技术在复杂的图像处理任务中表现出了卓越的性能，极大地提高了分割精度和效率。动作识别也是计算机视觉的一个重要应用领域，它通过分析视频中的人体运动，识别特定的动作或行为。动作识别技术在智能监控、运动分析和人机交互中得到了广泛应用。在智能监控系统中，动作识别技术能够实时检测异常行为，如跌倒、打斗或非法入侵，为安全管理提供实时报警和分析支持。在体育和健身领域，动作识别技术可以用于运动员的动作分析和训练指导，帮助他们优化运动表现和预防运动伤害。

计算机视觉的关键技术包括图像处理、特征提取和深度学习模型。图像处理技术用于对原始图像进行预处理，如降噪、增强和变换，以提高图像质量并为后续的分析步骤做好准备。特征提取则是从图像中提取出有用的信息，如边缘、纹理和形状，以便计算机能够理解和分析这些视觉数据。深度学习模型，尤其是卷积神经网络（CNNs），在计算机视觉中起到了核心作用。通过多层卷积和池化操作，CNNs能够自动学习图像中的高层次特征，从而在物体检测、图像分类和分割等任务中取得了显著的性能提升。通过整合多个摄像头和传感器的数据，计算机视觉系统能够实时分析车辆周围的环境，识别道路、行人、交通标志和其他障碍物，从而帮助车辆安全驾驶。这项技术的进步推动了自动驾驶技术的成熟，为未来无人驾驶汽车的普及奠定了基础。

通过高效的图像和视频分析，计算机视觉技术可以自动检测和识别潜在的安全威胁，提供智能化的监控解决方案。在公共场所的监控系统中，计算机视觉技术可以实时分析视频流，自动检测异常行为或可疑人员，从而提高安防系统的响应速度和准确性。在医疗影像分析中，计算机视觉技术的应用极大地提高了诊断的准确性和效率。通过对医学图像（如X光片、CT扫描和MRI图像）的分析，计算机视觉系统能够自动检测病变区域，辅助医生进行诊断和治疗规划。这不仅减轻了医生的工作负担，还提高了患者的治疗效果和医疗服务质量。计算机视觉技术的进步正在推动医学影像分析向更加智能化和自动化的方向发展。

五、语音识别（Speech Recognition）

语音识别技术赋予计算机系统将人类语音转换为文本的能力，使得人与计算机之间的互动更加自然和便捷。通过语音识别，用户可以直接用语音控制设备、输入文字或与系统进行对话，这在提高使用效率的同时也增强了用户体验。语音识别的核心技术包括声学模型、语言模型和解码算法。声学模型负责将语音信号转化为声学特征，从而将声音的连续波形转换为计算机可以处理的数字表示。语言模型则利用统计学方法预测可能的词语组合，从而提高识别的准确性。解码算法则综合声学模型和语言模型的输出，将语音信号解码为文本，这一过程需要处理语音中的模糊性和变异性，如不同的口音、语速和背景噪声。智能助手如Siri、Google Assistant和Alexa能够理解用户的语音命令并执行相应的操作，如拨打电话、发送短信、设置闹钟或播放音乐。这种应用不仅简化了用户与设备的交互过程，还提升了智能设备的易用性和功能性。语音识别技术的进步使得智能助手能够更准确地理解用户的意图，并在复杂的对话中提供更加自然和连贯的响应。

通过将语音转换为文本，语音输入法使用户能够快速地输入文字，尤其在手写或打字不方便的情况下，语音输入法提供了极大的便利。这种技术在移动设备上得到了广泛应用，为用户提供了高效的输入方式。此外，语音输入法还可以帮助那些存在书写困难或肢体不便的人群，提高他们与数字世界的互动能力。通过理解用户的语音需求，自动客服系统能够提供相应的服务，如查询信息、处理订单或解决常见问题。这种自动化的服务不仅提高了客服效率，还减少了企业的人力成本。语音识别技术的准确性和鲁棒性直接影响了自动客服系统的性能，通过不断的技术进步，这些系统在处理多样化的语音输入时表现得越来越出色。

通过深度神经网络的应用，语音识别系统能够从大量的语音数据中学习复杂的声学和语言模式。这种方法使得系统在处理不同口音、方言和语速的语音时，依然能够保持较高的准确率。随着训练数据的增加和模型的优化，语音识别的性能不断提升，甚至可以在嘈杂的环境中准确地识别语音内容。这些技术进步使得语音识别系统在各种复杂环境中表现得更加鲁棒，为其在更多场景下的应用提供了可能性。语音识别技术的应用不仅限于日常生活，它还在许多专业领域中发挥着重要作用。医生可以通过语音输入病历和诊断信息，节省时间并提高工作效率。在法律领域，语音识别可以用于会议记录和法律文书的自动生成，减轻法律工作者的负担。语音识别技术可以用于辅助语言学习，帮助学生提高发音和听力能力。随着技术的不断进步，语音识别在各个领域的应用前景将更加广阔，为人们的工作和生活带来更多的便利。

六、强化学习（Reinforcement Learning）

强化学习是一种通过试错和奖励机制，使计算机系统在特定环境中学会进行最优决策的人工智能技术。它不同于传统的监督学习和无监督学习，而是通过与环境的交互逐步学习最优策略。强化学习的核心思想是智能体通过执行动作，从环境中获取反馈（即奖励或惩罚），并利用这些反馈来调整其决策策略，以最大化长期累积奖励。通过不断尝试和调整，系统最终能够在复杂的环境中找到最优的行为策略。强化学习已在多个领域展现出其独特的优势和广泛的应用前景。在游戏AI中，强化学习技术被广泛应用以开发高性能的智能体。在围棋、象棋和视频游戏等领域，强化学习算法通过自我对战和环境模拟，能够逐渐学习并掌握复杂的游戏策略。AlphaGo便是一个典型的例子，通过强化学习与神经网络相结合，该系统成功击败了世界顶级围棋选手，展示了强化学习在高复杂度问题中的强大能力。这种通过不断学习和优化的过程，使得游戏AI能够应对多变的游戏环境，并在极端情况下做出高效决策。

机器人需要在复杂且动态的环境中完成各种任务，如导航、抓取和协作工作。传统的控制方法通常需要预先编写详细的规则和算法，而强化学习则能够让机器人通过自身的经验不断学习最优策略。在自主导航中，机器人可以通过强化学习不断优化路径规划和避障策略，从而在未知环境中实现自主行动。通过奖励机制，机器人可以在不断尝试和失败中学习如何以最少的能量消耗和最高的安全性完成任务。自动驾驶系统需要在复杂的交通环境中做出实时决策，如避让行人、变道和红绿灯识别等。通过强化学习，自动驾驶车辆能够通过模拟和实际驾驶经验，学习如何在不同情况下做出最优决策。Deep Q Networks（DQN）等深度强化学习算法，结合深度神经网络的强大表达能力，能够处理高维输入如摄像头图像，从而在自动驾驶系统中实现实时感知和决策。通过不断积累驾驶经验和优化驾驶策略，强化学习正在推动自动驾驶技术朝着更加安全和智能的方向发展。

强化学习的关键方法包括Q学习、策略梯度和深度强化学习。Q学习是一种基于价值函数的方法，它通过学习一个状态－动作值函数（Q值）来评估每个动作的好坏，从而指导智能体选择最优动作。策略梯度方法则是通过直接优化策略函数，使得智能体能够在每个状态下选取最优策略，适用于更复杂的环境和连续动作空间。深度强化学习（如DQN）则结合了深度学习的强大特征提取能力，使得强化学习算法能够处理更加复杂和高维的输入，从而在更广泛的场景中应用。强化学习的训练过程通常需要大量的试验和反馈，这意味着它需要巨大的计算资源和时间。此外，强化学习算法在实际应用中可能会面临稳定性和样本效率的问题，尤其是在处理高维度和复杂环境时，算法的收敛性和稳定性可能会受到影响。为了应对这些挑战，研究者们不断开发和优化新的算法和方法，如基于经验重放的 DQN 和强化学习与模仿学习的结合等，试图提高算法的效率和稳定性。

七、推荐系统（Recommendation Systems）

推荐系统是通过分析用户行为和偏好，向用户推荐个性化内容或商品的技术，它已经成为电子商务、流媒体和社交媒体等平台的核心组成部分。这项技术的主要目标是帮助用户从海量信息中找到最符合其兴趣和需求的内容，从而提升用户体验和满意度。推荐系统不仅改善了用户与平台的互动，还显著增加了用户的粘黏性和忠诚度。通过个性化推荐，平台能够为用户提供更加精准的内容或商品推荐，提升用户的参与度和平台的转化率。协同过滤主要分为基于用户的协同过滤和基于物品的协同过滤。基于用户的协同过滤是通过分析相似用户的历史行为，向目标用户推荐他们可能喜欢的内容。基于物品的协同过滤则是通过分析用户过去对某些物品的喜好，推荐相似的物品。这种方法的优势在于不需要对内容本身进行深入分析，只需利用用户行为数据就能生成有效的推荐。协同过滤广泛应用于电影推荐、商品推荐和社交媒体中的好友推荐等场景，能够有效地提升推荐系统的准确性和效率。

内容推荐则是另一种重要的推荐技术，它通过分析内容本身的特征，如文本、图像或视频的属性，来匹配用户的兴趣。这种方法特别适用于那些用户行为数据较少的新用户或新内容的推荐场景。内容推荐系统通常利用自然语言处理、图像处理和深度学习等技术，对内容进行特征提取和分类，然后根据用户的历史偏好推荐相似的内容。在新闻推荐中，系统可以分析文章的主题、关键词和写作风格，然后推荐用户可能感兴趣的新闻报道。内容推荐系统能够快速适应用户的兴趣变化，提供实时更新的推荐内容。混合推荐算法则结合了协同过滤和内容推荐的优点，通过综合多种方法的结果，提升推荐系统的整体性能。混合推荐能够克服单一方法的局限性，例如协同过滤在冷启动问题（新用户或新物品时数据不足）上的缺陷，和内容推荐在推荐多样性上的不足。通过权重调整和模型融合，混合推荐系统能够更好地满足不同用户的多样化需求，提高推荐的准确性和覆盖范围。这种方法在大型电商平台和流媒体服务中得到了广泛应用，帮助这些平台在用户体验和商业目标之间找到最佳平衡。

通过分析用户的浏览历史、购买记录和搜索行为，电商平台能够向用户推荐他们可能感兴趣的商品，从而提高购买转化率和客单价。亚马逊的推荐系统利用协同过滤和内容推荐，为用户提供个性化的商品推荐，大大增加了用户的购买频率和满意度。在流媒体平台如 Netflix 和 Spotify，推荐系统通过分析用户的观看和收听历史，推荐个性化的电影、电视剧和音乐，从而增加了用户的观看和收听时长，提高了平台的用户留存率。通过分析用户的点赞、评论、分享等行为，平台可以为用户推荐可能感兴趣的帖子、视频和群组，从而提高内容的曝光率和用户的参与度。这不仅增强了用户与平台的互动，还为平台创造了更多的广告机会，增加了平台的商业价值。

尽管推荐系统在多个领域展现了巨大的潜力，但其也面临着一些挑战和伦理问题。隐私保护和数据安全是其中最为关注的问题之一，推荐系统依赖于大量的用户数据，这些数据的收集和使用需要在保护用户隐私的前提下进行。此外，推荐系统可能会导致“信息茧房”效应，即用户被困在算法推荐的同质化内容中，难以接触到多样化的信息。研究者们正在探索更加透明和公平的推荐算法，旨在为用户提供更加多样化和有价值的推荐。

八、专家系统（Expert Systems）

专家系统是一种人工智能技术，它通过模拟人类专家的知识和推理过程，来解决特定领域的复杂问题。这种系统的设计目的是捕捉专家的经验和知识，并将其转化为计算机程序，从而在没有专家的情况下为用户提供高质量的决策支持。专家系统的核心在于知识表示、推理引擎和知识获取。知识表示是指将专家的知识以某种形式存储在系统中，常见的方法包括规则、框架和语义网络等。通过有效的知识表示，系统能够准确地反映专家的思维过程和决策逻辑。推理引擎则是专家系统的另一个关键组件，它负责利用存储的知识进行推理和决策。推理引擎通过应用规则或模式识别，来推导出新的信息或得出结论。这种推理过程通常是基于逻辑推导或概率推断，使得系统能够在面对不确定性或复杂情况下做出合理的判断。推理引擎的性能直接影响了专家系统的决策能力和准确性，因此，优化推理算法和提升推理效率是专家系统开发中的重要课题。

知识获取是专家系统的基础，指的是从专家或其他知识源中提取并整理知识的过程。传统的知识获取方式通常依赖于知识工程师与专家的合作，通过访谈、问卷和观察等方法收集专家的知识。然而，知识获取一直被认为是专家系统发展的瓶颈，因为将专家的隐性知识显性化并非易事。自动化知识获取技术，如文本挖掘和数据挖掘，开始被应用于专家系统中，帮助从大量文献或数据中提取有价值的知识。通过模拟医生的诊断过程，专家系统可以为复杂的病例提供诊断建议和治疗方案。MYCIN 系统是一个早期的医疗专家系统，它通过一系列规则推理来诊断细菌感染，并推荐适当的抗生素治疗。此类系统不仅提高了诊断的准确性，还为医生提供了重要的决策支持，特别是在复杂或罕见病例中，专家系统可以作为医生的重要参考工具。

在故障诊断领域，专家系统被广泛应用于工业设备的故障检测和维修指导。通过集成专家的故障诊断经验和知识，专家系统能够迅速识别设备的故障原因，并提出修复建议。这种应用不仅减少了设备的停机时间，还提高了维修效率和设备的可靠性。在航空航天领域，专家系统可以实时监控飞机的各项参数，及时发现潜在的故障，并在问题发生前提供预警和处理方案，从而保证飞行安全。金融市场复杂多变，专家系统通过集成金融专家的知识和分析模型，能够为投资决策、风险评估和市场预测提供支持。专家系统可以分析股票市场的历史数据，结合专家的分析规则，预测未来的市场趋势，并为投资者提供买卖建议。这种系统不仅提高了投资决策的准确性，还帮助投资者更好地应对市场的不确定性和风险。

尽管专家系统在多个领域展现了强大的应用潜力，但它也面临一些挑战。专家系统依赖于高质量的知识表示和获取过程，然而，专家的知识通常是高度专业化和领域特定的，如何有效地捕捉和表示这些知识是一个难点。推理引擎的效率和准确性直接影响了系统的性能，在处理复杂或不确定问题时，推理的计算量和时间可能会显著增加。此外，专家系统的维护和更新也是一项艰巨的任务，随着知识的更新和领域的发展，系统需要不断地进行知识库的扩展和优化。

第三节　人工智能的发展趋势

一、强化学习与深度学习的融合

强化学习和深度学习的结合正在推动更先进的智能系统的发展。这种融合使得智能系统能够在复杂和动态的环境中进行自主学习和决策，特别是在自动驾驶、机器人控制和复杂游戏中，展现出巨大潜力。

二、智能系统的可解释性

随着智能技术在敏感领域的应用增多，如医疗和金融，智能系统的可解释性变得至关重要。未来的发展趋势是设计出能够解释其决策过程的模型，从而增强用户的信任并满足法律和伦理要求。

三、边缘计算与智能技术的结合

将智能技术集成到边缘计算设备中，如智能手机和物联网设备，可以减少延迟、节省带宽并提高数据隐私。随着硬件技术的进步，这一趋势将使得智能应用场景更加广泛。

四、自动化机器学习

自动化机器学习技术正在迅速发展，它能够自动选择模型、优化参数并部署智能系统，从而降低了智能技术开发的门槛。这将使得非专业人员也能利用智能技术，推动其普及。

五、多模态智能技术

未来的智能系统将能够整合多种数据类型，如图像、文本、语音和传感器数据，从而提供更加全面和准确的分析与决策。这种多模态的能力将在医疗诊断、智能助手和多媒体分析等领域大展身手。

六、人机协作的增强

智能技术的发展正逐步向人机协作方向推进，通过结合人类的创造性与智能技术的计算能力，能够实现更高效的工作模式。这种趋势将在工业设计、科学研究和创意产业中产生重大影响。

七、伦理和法规制定

随着智能技术的广泛应用，涉及隐私、安全、公平和伦理等问题的讨论将愈加重要。未来将会有更多的法规和政策出台，以规范智能技术的开发和应用，确保其安全性和道德性。

八、量子计算与智能技术

量子计算的发展有望突破传统计算能力的限制，为智能技术提供强大的计算资源。这种结合将推动算法的创新，使得复杂问题的求解速度大幅提升，开辟出全新的应用领域。

九、绿色智能技术

随着对环境保护的关注增加，未来的智能技术将更加注重能源效率和可持续发展。绿色智能技术将通过优化算法、提高计算效率和利用清洁能源，减少模型训练和运行的能源消耗。

十、个性化与定制化智能技术

智能系统将越来越注重个性化服务，通过学习用户的行为和偏好，提供量身定制的解决方案。这一趋势将在教育、医疗、零售等领域实现更高水平的个性化体验和服务。

第四节　人工智能对中等职业教育的影响与挑战

一、人工智能对中等职业教育的影响

（一）个性化学习体验在中等职业教育中的应用

人工智能通过数据分析和学习算法，为中等职业教育的学生提供个性化的学习路径和资源。系统可以根据学生的学习进度和理解能力自动调整教学内容，确保每个学生都能以最适合自己的速度和方式进行学习。

（二）中等职业教育中的智能辅导与反馈

通过人工智能驱动的智能辅导系统，学生可以在课后获得即时的学习支持。系统能够分析学生的作业和考试表现，提供详细的反馈和针对性练习，帮助学生在短时间内掌握关键知识点。

（三）虚拟现实与仿真实训在中等职业教育中的应用

人工智能结合虚拟现实技术，为中等职业教育提供逼真的仿真实训环境。学生可以在虚拟工厂、实验室或手术室中进行实践操作，获得真实的职业技能培训，同时避免实际操作中的风险和资源浪费。

（四）中等职业教育中的职业规划与就业指导

人工智能系统通过分析市场需求和学生的兴趣、能力，为学生提供个性化的职业规划和就业指导。系统可以推荐适合的职业路径和培训课程，帮助学生更好地准备未来的职业生涯。

（五）中等职业教育教师辅助与教学优化

人工智能为教师提供教学辅助工具，帮助他们更好地设计课程和评估学生表现。通过数据分析，教师可以了解每个学生的学习进度和难点，调整教学策略，提高课堂教学效果。

（六）资源共享与在线学习在中等职业教育中的作用

人工智能促进了中等职业教育资源的共享与在线学习的发展。学校可以通过智能平台共享优质教学资源，学生可以随时随地访问在线课程和学习资料，拓展学习渠道，提高学习效率。

二、人工智能对中等职业教育的挑战

（一）中等职业教育中的技术设备更新与维护

随着人工智能技术的快速发展，中等职业教育需要不断更新和维护教学设备，这对学校的资金和资源配置提出了巨大挑战。学校必须确保学生接触到最新的技术设备，这不仅涉及高昂的硬件和软件成本，还包括定期的维护和升级。

（二）中等职业教育师资力量的提升需求

人工智能技术的应用要求教师具备新的技术知识和能力，这对教师的专业发展提出了更高的要求。部分教师可能缺乏相关的技术背景，学校需要提供专门的培训，以帮助教师适应新的教学工具和方法，提升其在智能技术环境中的教学能力。

（三）中等职业教育中的数字鸿沟问题

不同地区和学校在技术资源的获取和应用上存在差异，这可能导致学生获得教育机会的不平等。尤其是在资源相对匮乏的地区，人工智能技术的普及受到限制，导致学生在接受现代化教育方面处于不利地位。

（四）中等职业教育课程内容的适应性挑战

人工智能技术的快速发展对中等职业教育课程内容的更新提出了挑战。课程设计需要快速响应行业变化，但教育体系的灵活性有限，导致课程内容可能滞后于技术发展的步伐，进而影响学生的职业竞争力。

（五）中等职业教育中的数据隐私与安全问题

人工智能系统在教育过程中收集和处理大量学生数据，如何保护这些数据的隐私和安全成为一个重要的挑战。学校需要建立完善的数据保护机制，确保学生的信息不会被滥用或泄露，同时遵守相关的法律法规。

（六）中等职业教育中学生的技术适应能力

在人工智能技术日益融入课堂的背景下，学生的适应能力成为一大考验。尤其对于技术基础薄弱的学生来说，如何在短时间内掌握新技术，并在学习过程中灵活应用，成为影响学习效果的关键因素。学校需要提供更多支持和辅导，帮助学生顺利过渡到智能化的学习环境中。

第二章　中等职业教育概述

第一节　中等职业教育的定义与特点

一、中等职业教育的定义

中等职业教育是为学生提供专业技能培训和职业资格认证的教育阶段，旨在培养适应社会经济发展需求的技术人才。它以实践操作和职业能力为核心，通过理论学习与实训结合，帮助学生掌握特定行业或岗位所需的专业知识和技能。中等职业教育通常面向初中毕业生，学制为三年，学生在完成学业后可以直接进入劳动力市场，或选择继续深造以提升职业竞争力。

二、中等职业教育的特点

（一）实践性强

中等职业教育以其实践性强的特点而著称，这种教育形式特别注重学生的动手能力和实际操作技能的培养。通过实训课程，学生能够在接近真实的工作环境中学习和应用专业知识，积累实践经验。这些课程通常模拟特定行业的工作流程和标准，使学生在校期间就能熟悉未来岗位的要求和操作规程。实训课程的设置不仅帮助学生巩固理论知识，还使他们能够将所学技能应用于实际工作中，这种实用性教学方式有效提升了学生的职业能力和就业竞争力。通过与企业的紧密合作，学校能够为学生提供更多的实践机会，甚至是定制化的培训项目。企业参与课程的设计和实施，使得教学内容更加贴近行业需求，学生在实习期间能够直接参与企业的生产和运营，获得宝贵的工作经验。通过这样的合作模式，学生不仅能学到最新的行业技术和工作方法，还能够提前适应职场环境，培养团队协作能力和职业素养。这种紧密的校企合作模式，不仅为学生提供了真实的职业场景，也为企业输送了符合岗位需求的技术人才。

学校通常采用项目式教学、任务驱动教学等方法，鼓励学生在实际项目中学习和提升技能。这种教学方式要求学生在完成项目的过程中解决实际问题，培养他们的创新思维和问题解决能力。在信息技术专业的教学中，学生可能会被要求开发一个完整的软件系统，从需求分析、编码到测试和维护，整个过程都需要学生独立完成。这种实践导向的教学方式，使学生在毕业时不仅具备扎实的理论基础，还拥有丰富的项目经验，能够迅速适应工作岗位的要求。不同学生在技能掌握和实践能力上存在差异，学校通过灵活的教学安排和多样化的实训项目，帮助学生根据自身的兴趣和能力选择适合的方向进行深度学习。这种个性化的培养模式，使得每个学生都能在实践中找到自己的优势领域，进一步提高学习的积极性和职业发展的潜力。

（二）职业导向明确

中等职业教育的职业导向性十分明确，其核心目标是为学生提供直接面向就业的教育和培训。这一阶段的教育课程设计紧密结合市场需求，注重培养学生的实际操作能力和职业素养，确保他们在毕业后能够迅速融入工作岗位。通过与行业的紧密联系，学校能够及时了解市场动态，并据此调整和更新课程内容，使其始终与时俱进，符合企业的用人标准。这种紧密的课程设置不仅让学生学到实用的技能，还使他们对未来的职业发展有了清晰认识和规划。学校不仅教授学生专业知识，还通过各种实践活动和实习机会，将理论与实践有机结合。这种教学方式确保学生在学习过程中不仅能掌握基础理论，还能通过实际操作巩固和应用所学知识。比如，在机械制造、电子技术等专业，学生会被安排到企业实习，直接参与生产过程，体验真实的工作场景。这种模式培养了学生的职业意识和责任感，使他们在进入职场前就具备了较强的岗位适应能力。

中等职业教育的课程设置还特别重视职业素养的培养。这不仅包括专业技能的提升，还涵盖了职业道德、团队合作、时间管理等方面的教育。这种全面的素质教育使学生在掌握技术的同时，也具备了良好的职业素养，为他们未来的职业发展奠定了坚实的基础。职业素养的培养贯穿于整个教学过程，通过课堂教学、实习实践、校企合作等多种途径，帮助学生树立正确的职业观念，提升综合素质。学生在入学时，就可以根据自己的兴趣和职业目标选择相应的专业方向。学校通过职业指导和生涯规划课程，帮助学生了解不同职业的发展前景和所需技能，并引导他们选择适合的职业路径。这种指导和规划不仅使学生在学习过程中有了明确的目标，也帮助他们在毕业后顺利进入职场，实现从学校到工作的无缝衔接。

中等职业教育的职业导向性还体现在对学生就业能力的培养上。学校不仅教授学生专业知识和技能，还提供就业辅导、面试技巧培训、简历撰写指导等服务。这些支持措施帮助学生在求职过程中更加自信和有竞争力。同时，学校与企业之间的紧密合作也为学生提供了更多的就业机会，通过校企合作和定向培养，许多学生在毕业前就已经与企业签订了就业协议，确保了他们顺利就业。

（三）课程内容实用

中等职业教育的课程设计高度重视实用性，旨在让学生掌握直接应用于工作岗位的知识和技能。这种实用性体现在课程内容紧密围绕行业标准和实际工作需求的设置上，确保学生所学能够与未来工作岗位无缝对接。通过对行业需求的深入分析，学校制定了针对性强的教学计划，涵盖了各类岗位所需的核心技能和操作规范。学生在校期间，通过系统学习和训练，不仅能够掌握基础理论，还能够熟练运用这些知识解决实际工作中的问题。中等职业教育非常注重学生动手能力的培养，课程内容往往涉及大量的实践操作训练。学生通过模拟真实的工作环境和操作流程，积累了丰富的实践经验。在汽车维修、烹饪技术、电子电器维修等专业中，课程内容不仅教授学生如何使用工具和设备，还包括如何应对常见的故障和问题。这种实用性的训练方式，使学生在毕业后能够快速适应工作岗位，减少了企业对新员工的培训成本。

实用性课程内容的另一个显著特点是其更新速度快，能够紧跟行业的发展趋势和技术进步。中等职业教育的课程设计团队通常由行业专家和教学专家共同组成，他们密切关注行业动态，不断更新和调整课程内容，以保证学生学到的是最前沿的知识和技能。这种与时俱进的课程设置，使学生始终保持在技术应用的前沿，为他们未来的职业生涯打下坚实的基础。中等职业教育的课程还注重综合能力的培养，不仅限于某一特定技能的训练，还包括对学生解决实际问题能力的全面提升。通过综合项目、实训任务和案例分析等教学方式，学生学会如何将多种技能和知识结合起来应对复杂的工作挑战。这种教学方法不仅提高了学生的技术水平，也培养了他们的分析、判断和决策能力，使他们在工作中能够独立处理问题，展现出更高的职业素养。中等职业教育不仅传授技术技能，还通过课程融入职业道德、团队合作、沟通技巧等内容，帮助学生在实际工作中展现出专业的态度和良好的职业行为。这些软技能的培养与技术技能的结合，使学生能够在职场中更加游刃有余，适应多变的工作环境，成为企业真正需要的复合型人才。

（四）学制灵活

中等职业教育的学制设计具有很大的灵活性，通常学制为三年，但在实际教学中，学校往往根据不同专业的需求和学生的个人情况，提供更加弹性的学制安排。这种灵活的学制设计旨在满足学生多样化的学习需求和职业发展目标，使他们能够在适合的时间内完成学业并掌握所需技能。灵活的学制不仅使得教育体系更加包容和适应性强，还为学生提供了更多的选择和机会，以应对不断变化的职业市场和个人发展规划。这种学制灵活性尤其体现在对不同专业的个性化安排上。某些技术性较强的专业，如机械加工、电子技术等，可能需要更长的实训时间，学校可以根据专业的特殊需求延长学制，确保学生在毕业时具备充分的实操经验和职业素养。相反，对于一些理论性较强的专业，学校可能会缩短课堂教学时间，增加实践环节，或者采用更加集中和紧凑的课程安排，使学生能够更早地进入职场，积累实际工作经验。

不同学生在学习能力、职业目标和个人背景上存在差异，学校可以根据这些差异提供个性化的学制安排。对于学习进度较快或具有一定基础的学生，学校可以提供加速课程或提前毕业的选项，让他们能够更早地进入职业生涯。而对于那些需要更多时间适应和学习的学生，学校则可能提供延长学制的方案，给予他们更多的学习时间和支持，以确保他们能够在自己的节奏下掌握所需技能并顺利毕业。除了传统的全日制学习模式，许多学校还提供了半工半读、在线学习和校企合作的双元制教育等多种学习方式。这些模式不仅丰富了学生的学习体验，还让他们能够在学习期间积累工作经验，提高职业技能。半工半读模式允许学生在学习的同时进行兼职工作，既能缓解经济压力，又能将所学知识应用于实际工作中。在线学习模式则为那些因地理或时间限制而无法参与传统课堂教学的学生提供了灵活的学习机会，使他们能够自主安排学习时间和进度，顺利完成学业。学生可以在完成中等职业教育后，根据自己的兴趣和职业规划选择继续深造，或者直接进入劳动力市场。对于有意愿进一步提升学历的学生，学校通常会提供与高等职业教育的衔接课程或“2+3”模式，使他们在中等职业教育毕业后能够顺利进入高等教育阶段继续学习。

（五）多元化的培养模式

中等职业教育的多元化培养模式是其重要特色，通过多种形式的教学与实践结合，帮助学生更好地适应职场需求。校企合作是其中最为广泛应用的一种模式，通过与行业企业的紧密合作，学校能够为学生提供真实的职业环境体验。企业参与课程设计和教学过程，使得学生在校期间就能学习到行业内最新的技术和工作流程。通过这种合作，学生不仅能够在学习期间积累宝贵的实践经验，还能提前了解职业要求和工作环境，为未来的就业打下坚实的基础。订单班是另一种行之有效的培养模式，这种模式由企业与学校共同制定人才培养计划，学校根据企业的用人需求定向培养学生。学生在进入订单班时就明确了未来的就业方向和岗位职责，这不仅增强了学习的目标性，也提高了就业的稳定性。订单班的学生在完成学业后，通常可以直接进入合作企业工作，实现无缝对接。这种模式有效解决了学生就业问题，同时也为企业培养了符合其需求的专业人才，形成了双赢的局面。

实习和实训课程在中等职业教育中占据重要地位，通过安排学生到企业或实训基地进行实际操作，增强他们的职业技能和实践经验。实习期内，学生在真实的工作环境中进行岗位操作，面临实际的工作挑战，培养他们解决问题的能力。这种实践教学不仅巩固了课堂上学到的理论知识，还帮助学生积累了丰富的工作经验，使他们在毕业时具备更强的竞争力。实训课程通常模拟真实的工作场景和操作流程，让学生在安全的教学环境中进行多次操作练习，逐步掌握职业技能。这种反复练习和实践的机会，使得学生在进入职场前就具备了较高的专业水平。多元化的培养模式不仅限于传统的课堂教学和企业合作，还包括现代技术的应用，如在线学习平台和虚拟现实技术的引入。这些技术使得学生可以通过多种途径获取知识和技能，提升学习的灵活性和自主性。在线学习平台为学生提供了丰富的学习资源和互动机会，他们可以根据自己的学习进度和兴趣选择课程，随时随地进行学习。而虚拟现实技术的应用，使得一些危险性较高或难以实现的实训项目能够在虚拟环境中进行，确保学生在安全的条件下获得真实的操作体验。这些现代化的教学手段丰富了中等职业教育的培养模式，也为学生提供了更加多样化的学习体验。

（六）就业面广

中等职业教育的一个显著优势在于其毕业生拥有广泛的就业面。学生通过三年的学习和实训，掌握了扎实的专业技能，使他们能够胜任多个行业和岗位的工作。无论是在制造业、服务业，还是在信息技术、电子商务等新兴行业，中等职业教育的毕业生都具备了较强的职业能力，能够迅速适应职场需求。这些技能的掌握不仅使学生具备直接上岗工作的能力，也让他们在就业市场上展现出较强的竞争力。学生在毕业后不仅可以选择直接进入职场，还可以根据自身的职业规划和兴趣，选择继续深造或参加技能培训。这种灵活的选择权，使得学生能够根据市场需求和个人发展目标，不断提升自己的职业素养和专业能力。部分学生可能选择通过“3+2”模式进入高等职业教育，进一步提升学历和技能水平，从而获得更高的职业起点和更广阔的发展空间。对于那些希望立即进入职场的学生，中等职业教育所提供的全面职业培训，使他们能够迅速融入工作环境，并具备独立解决问题的能力。

中等职业教育的广泛就业面还体现在其与行业需求的高度匹配上。学校根据市场需求设置课程，确保学生所学技能与企业用人标准高度一致。这种课程设置使得学生在校期间所学知识能够直接应用于工作岗位，缩短了从学校到职场的适应期。毕业生可以在制造业、信息技术、建筑工程、电子电器维修、汽车维修等多个行业中找到适合自己的工作，并迅速上手，表现出色。就业面广的特点不仅提高了中等职业教育的吸引力，也增强了学生的职业安全感。学生知道自己毕业后有多种就业选择，无论是进入传统行业，还是在新兴产业中寻找机会，他们都能够凭借扎实的技能在职场上立足。这种多样化的就业选择，不仅帮助学生减少了职业选择的风险，还使他们能够在职业生涯中根据市场变化灵活调整发展方向，保持职业生涯的持续性和稳定性。

学校通常与行业企业保持密切联系，为学生提供实习和就业机会，甚至在毕业前就帮助学生对接工作岗位。这种强大的就业支持体系，使得学生在毕业时不仅具备了专业技能，还拥有了一定的职业经验和人脉资源，从而更具备了竞争优势。此外，学校还鼓励毕业生参加各类技能竞赛和认证考试，通过这些方式进一步提升自身的职业资格和市场竞争力。

第二节　中等职业教育的发展历程

一、初期阶段：职业培训的萌芽

在中等职业教育的初期阶段，职业培训的形式主要依赖于传统的手工作坊、师徒制以及行业内部的技术培训。这一时期，职业教育尚未形成系统的学校教育体系，技能的传授方式较为简陋和直接。手工作坊是当时最常见的职业培训场所，学徒通过在作坊中跟随师傅学习技艺，从事手工制作、工具制造等实际操作工作。师徒制作为一种重要的教育形式，师傅不仅传授技艺，还承担了对学徒职业道德和行为规范的指导，学徒则通过长期的实践不断积累经验，逐步掌握一门手艺。这种传统的职业培训模式虽然简单，但在当时的社会背景下，能够有效满足手工业和初级技术服务业对技术劳动力的需求。职业培训在农业领域也有其独特的表现。农民通过家庭传承和集体劳作学习农业生产技术，知识的传递依靠口口相传和实践中的反复操作。这种学习方式虽然没有系统的理论教学，但通过多年的劳动经验积累，农民逐步掌握了农作物种植、畜牧养殖等基本技能。在初级技术服务业，如铁匠、木匠、织布等行业，技术工人通过日复一日劳作，逐渐掌握了相应的职业技能，并能够在市场中谋生。这一阶段的职业教育尽管形式简单，却在技能传递和技术工人培养上发挥了不可忽视的作用。

随着工业革命的兴起，社会对技术工人的需求急剧增加，传统的手工作坊和师徒制已无法满足日益扩大的市场需求。工业化的进程推动了职业培训的重要性逐渐凸显，社会对系统化和标准化的职业技能培训开始产生需求。尤其是在工业生产中，工厂需要大批熟练工人来操作机器和从事生产活动，而传统的职业培训方式难以快速、大规模地培养出符合需求的技术工人。面对这种情况，职业教育的改革与发展成为社会经济发展的迫切需要。职业培训逐渐从家庭和作坊转移到更为组织化和系统化的环境中。虽然学校教育体系尚未完全形成，但职业培训开始出现集中化和规范化的趋势。许多行业开始内部组织培训班或技艺比赛，以提高工人的技术水平，满足生产需要。这一时期的职业培训虽然仍以实践操作为主，但培训内容逐渐丰富，涵盖了基础的理论知识和操作规范。工厂和企业为了提高生产效率和产品质量，纷纷组织内部培训，通过集中教学和实操训练，工人们能够在较短时间内掌握基本的操作技能，迅速投入生产中去。这种变化标志着职业教育从传统的、分散的手工业技能传授模式向更为集中和高效的培训形式过渡。

工业革命不仅改变了生产方式，也促使社会对职业技能的要求发生了变化。技术工人的社会地位和职业前景得到提高，职业培训逐渐成为工人实现社会流动的重要途径。随着工业化进程的加快，各类基础设施建设、工厂机械化生产等需要大量的技术工人，这使得职业教育在社会经济发展中的地位日益重要。职业培训不仅仅是个人谋生的手段，更成为推动社会生产力提高的关键力量。在这一背景下，职业教育逐渐从边缘走向社会经济发展的核心，成为培养技术劳动力的重要途径，为后来职业学校和职业教育体系的建立奠定了基础。

二、发展阶段：职业学校的建立

随着社会经济的进一步发展，各国逐渐认识到培养技术人才对国家经济和社会发展的重要性，中等职业教育也随之从单一的职业培训模式向更为系统化的学校教育模式转变。这一转变标志着专门的职业学校逐渐建立起来，为职业教育的进一步发展奠定了坚实的基础。在此阶段，职业学校开始设立，课程设置愈加系统化，涵盖了从基础理论到专业技能的全面学习。这种系统化的教育模式不仅提高了职业培训的质量，还使得学生在毕业时能够更好地适应工作岗位的要求，具备扎实的理论知识和实用的职业技能。职业学校的建立不仅是教育形式的革新，更代表了职业教育的一次质的飞跃。在这些学校中，课程内容不再局限于单一的操作技能，而是扩展到涵盖行业背景知识、技术原理以及综合职业能力的全面教育。学生既学习到基本的学科知识，如数学、科学等基础课程，也通过专业课程的学习，掌握与自己所学职业相关的专业技能。这样的课程安排，使学生不仅具备了直接上岗的操作能力，还拥有了继续深造和发展的基础，为职业生涯的长远发展奠定了基础。

这一阶段，职业教育的学制逐步规范化，各类职业学校根据专业特点和行业需求，制定了不同的学制方案，通常为两到三年不等。这种规范化的学制安排，不仅使职业教育更加有序，也为学生的学习规划提供了明确的方向。学生在固定的学习时间内，系统地接受理论知识和实践技能的训练，确保在完成学业时具备进入职场的全面能力。与此同时，学制的规范化也使得职业教育能够与普通教育体系更好地衔接，为学生提供多样化的升学和就业选择。职业学校与行业企业之间的合作逐渐增多，形成了初步的校企合作模式。这种合作不仅增强了职业教育的实践性，也为学生提供了更为广阔的就业渠道。通过校企合作，企业可以直接参与学校的课程设计，确保教学内容紧密贴合市场需求，学生在校期间也有更多机会参与企业实习。企业在此过程中，不仅获得了符合自身需求的技术人才，还能通过合作影响职业学校的教育方向，形成双赢的局面。校企合作模式的初步建立，标志着职业教育开始向更加开放和市场化的方向发展，学生在完成学业时，往往已经具备了一定的实际工作经验，能够更快、更好地融入职场。

各国政府逐渐认识到职业教育对国家经济发展的重要性，开始积极出台政策，推动职业学校的建设和发展。政府通过立法、财政支持、政策指导等方式，保障职业教育的发展方向和质量。政府可能通过资助职业学校的基础设施建设，提供教师培训经费，制定职业教育标准等措施，促进职业教育的发展。政府政策的推动，不仅提升了职业教育的社会地位，也为其规范化、规模化发展提供了保障。职业学校在政府的支持下，数量和规模显著增加，逐步成为教育体系中的重要组成部分。随着职业学校的逐渐增多，职业教育的覆盖面也显著扩大，各类专业和学科不断涌现，满足了不同行业对技术人才的需求。无论是在工业、农业还是服务业，职业学校都能够提供针对性培训，使学生能够根据自己的兴趣和职业规划，选择适合的专业方向。这种多样化的发展，使职业教育更具吸引力，吸引了越来越多的学生选择职业教育作为其未来发展的路径。

三、成熟阶段：多元化发展

在中等职业教育进入成熟阶段时，职业教育体系逐渐完善，教育形式更加多元化。各类中等职业学校、技工学校和职业培训中心相继成立，涵盖了工业、农业、服务业以及新兴技术领域，形成了一个全面的职业教育网络。这一阶段的职业教育不仅在数量上显著增加，种类和专业设置也更加丰富多样，能够满足社会各行各业对技术人才的需求。学校与企业之间的合作日益紧密，校企合作、订单班、实习实训等多种培养模式广泛应用，有效提升了学生的实践能力和就业竞争力。职业教育在这一阶段强调与市场需求的紧密结合，课程内容逐渐与市场接轨。各职业学校通过不断调整和更新课程设置，确保教学内容能够反映行业最新的发展趋势和技术进步。学校不仅教授基础理论，还特别注重实用技能的训练，使学生在毕业后能够直接胜任工作岗位。为了确保课程内容的实用性，学校经常邀请行业专家和企业技术人员参与课程开发和教学，定期举办行业论坛和技术交流会，使教育内容始终保持与市场需求同步。

随着校企合作的不断深入，订单班成为一种重要的培养模式。在订单班中，企业根据自身的用人需求，与学校共同制定培养计划，学校则按照企业的要求培养学生。学生在订单班中不仅可以接受专业知识和技能培训，还能通过企业实习积累工作经验。毕业后，这些学生通常会直接进入合作企业工作，确保了人才培养与企业需求的无缝对接。这种模式不仅提高了学生的就业率，也大大减轻了企业的招聘压力。实习实训是职业教育的重要组成部分，通过在企业或学校实训基地的实践操作，学生能够在真实的工作环境中锻炼技能，提升职业素养。学校与企业合作建立实训基地，让学生在学习过程中就能接触到实际操作设备和工作流程，这种"学中做、做中学"的教学模式有效提高了学生的实践能力。此外，职业学校还与各类企事业单位建立长期合作关系，定期组织学生到企业参观、实习，了解企业文化和行业动态，增强了学生的职业意识和就业信心。

各国政府纷纷加大对职业教育的财政投入和政策支持，通过设立专项基金、提供财政补贴、出台优惠政策等方式。政府还通过立法保障职业教育的地位，制定职业教育标准和规范，确保教育质量和教学效果。政府的支持不仅提升了职业教育的社会地位，也吸引了更多的社会资源和力量参与职业教育的发展。随着职业教育的不断发展，其社会影响力和地位显著提升。职业教育逐渐被社会各界认可，成为培养技术人才、促进就业、推动经济发展的重要力量。学校通过多种渠道宣传职业教育的重要性，提升公众对职业教育的认同感和支持度。越来越多的学生和家长认识到职业教育的价值，选择职业教育作为实现职业梦想和提升就业竞争力的途径。在这一阶段，职业教育还不断探索新的教学模式和方法。信息技术的快速发展为职业教育带来了新的机遇，在线教育、虚拟现实、人工智能等新技术逐渐融入职业教育，为学生提供了更多样化的学习方式。学校通过开发在线课程、建立虚拟实训室、利用智能化教学平台，使学生能够随时随地进行学习和训练，提升了教育的灵活性和适应性。

四、现代阶段：信息化与国际化

进入现代阶段，信息技术的迅猛发展为中等职业教育带来了新的机遇和挑战。这一阶段，职业教育逐渐向信息化、智能化方向发展，传统的教学模式与现代科技的结合极大地丰富了教育的形式和内容。在线教育的普及，使得学生能够打破时间和空间的限制，随时随地获取学习资源。职业学校通过建设在线学习平台和数字化教学资源库，提供丰富的课程和学习资料，让学生能够根据自己的进度进行学习。同时，虚拟现实技术的引入，让学生能够在虚拟环境中进行实训，模拟真实工作场景，增强了实践教学的效果。人工智能技术的应用则进一步推动了职业教育的智能化发展。通过人工智能驱动的个性化学习系统，学校能够根据每个学生的学习进度和需求，提供量身定制的学习方案。智能化的教学辅助工具，如智能评测系统和学习分析平台，帮助教师及时掌握学生的学习情况，并做出相应的调整。这些技术不仅提升了教学的效率，也使得职业教育能够更好地适应个性化和多样化的学习需求。

在信息化与智能化的发展背景下，职业教育的国际化趋势也日益明显。各国职业学校通过与国外院校的合作，积极引进先进的教育理念和教学资源，为学生提供国际化的职业培训。这种合作形式多样，包括联合办学、交换生项目、教师培训以及国际认证课程等，目的是让学生不仅掌握国际前沿的技术和知识，还能培养跨文化交流能力和全球视野。通过这种国际化的教育，学生在毕业后不仅能够胜任本国的技术岗位，还具备在国际市场上竞争的能力。全球化的发展进一步扩展了职业教育的目标，不再仅仅满足于本国市场的需求，而是着眼于培养具有国际竞争力的技术人才。职业学校在课程设计上注重国际标准的融入，确保学生所学的技能能够在全球范围内得到认可。为了实现这一目标，学校积极与国际行业组织和企业建立合作关系，参与国际职业技能竞赛和行业认证，提升教育质量和学生的就业竞争力。

学校通过引入混合式教学模式，将在线教育与传统课堂教学相结合，既发挥了线上资源丰富、学习灵活的优势，又保留了面对面教学的互动性和指导性。这种教学模式的灵活性使得学生能够根据自己的需求和兴趣，自主选择学习内容和节奏，增强了学习的主动性和效果。同时，虚拟现实和增强现实技术的应用，让学生在沉浸式的环境中进行操作和训练，进一步提升了他们的实践能力。信息技术的快速更新要求学校不断升级设备和教学内容，这对学校的资源配置和教师的能力提出了更高的要求。此外，国际化合作需要克服文化差异、语言障碍等问题，确保教育质量的同时还要尊重不同文化的多样性。为应对这些挑战，各职业学校不断加强自身的信息化建设，提高教师的技术应用能力，并通过引进和培养具备国际化视野的教师团队，推动教育质量的提升。

现代阶段的信息化和国际化不仅改变了职业教育的教学形式，也为学生提供了更广阔的职业发展空间。学生在这样的教育体系中，不仅能够掌握信息化时代所需的技术技能，还能培养国际化视野和跨文化沟通能力，成为适应全球化市场需求的高素质技术人才。职业教育通过不断引进和应用新的技术，积极参与国际交流与合作，正逐步实现从传统技能培训到现代化、国际化教育体系的转变，为社会经济发展提供源源不断的技术人才支持。

五、创新阶段：灵活与多样化

为了更好地适应不同学生的学习需求和职业发展目标，课程设置变得更加弹性化。这种变化不仅反映了对学生个体差异的尊重，也体现了职业教育在培养技能型人才过程中对市场需求的敏锐反应。学校通过引入模块化课程设计，让学生可以根据自己的兴趣和职业规划，灵活选择学习的内容和进度。模块化课程的设计使学生能够自主组合课程模块，获得更为个性化的学习体验，这种方式不仅满足了不同学习背景学生的需求，也增强了职业教育的适应性和灵活性。学生可以根据自己的时间安排和学习进度，选择不同的课程和学习路径，积累学分。这种学分积累制度打破了传统学制的限制，让学生能够在更长的时间跨度内完成学业，甚至可以在工作中继续学习，逐步提升自己的职业素养和技能水平。学分制的优势在于它为学生提供了更多的选择空间，使他们能够根据个人情况合理规划学习过程，从而最大化地实现学习效果和职业目标的对接。

除了传统的课堂教学，职业学校还引入了在线学习、混合式学习、项目式学习等多种形式，使学生能够在不同的学习环境中提升技能。这种多样化的学习模式不仅增加了学习的灵活性，还使得教学内容更贴近实际工作场景，帮助学生更好地掌握理论与实践结合的能力。项目式学习通过让学生参与实际项目，增强了他们的团队协作和问题解决能力，而在线学习则使学生能够随时随地获取资源，灵活安排学习时间。终身学习的理念在职业教育中得到了广泛认可和推广。职业教育不再仅仅是青少年阶段的学习，而是贯穿于整个职业生涯的学习过程。学校与继续教育、成人教育机构的合作日益紧密，为学生提供了从基础职业技能到高端职业能力的全方位教育支持。这种终身学习体系的建立，不仅有助于学生在职业生涯中不断提升自己，还能够更好地应对技术变革和市场需求的变化。终身学习的推广使得职业教育与继续教育、终身教育之间的衔接更加顺畅，学生可以通过职业教育积累的学分和技能认证，在未来的学习和职业发展中获得更多机会。

政府和社会各界的支持为中等职业教育的发展提供了更加广阔的空间。政府通过政策引导、资金支持、项目推广等多种方式，鼓励职业学校创新教育模式，提升教育质量。同时，企业、行业协会和社会组织也积极参与职业教育的发展，共同推动教学内容的更新和教学资源的共享。这种多方合作的模式不仅丰富了职业教育的内容，还增强了其与市场需求的契合度，使职业教育逐渐成为国家人力资源开发和社会经济发展的重要组成部分。在灵活与多样化的发展过程中，中等职业教育逐渐摆脱了传统教育模式的束缚，走向更加开放和创新的教育体系。这一阶段的职业教育不仅更加关注学生个体的成长需求，也更加注重培养能够适应社会快速变化的技能型人才。学校通过不断创新课程设置、引入多样化学习模式和推广终身学习理念，为学生提供了多层次、多维度的学习和发展平台。政府和社会各界的支持，进一步推动了职业教育向灵活化、多样化方向发展，为社会经济的发展提供了持续的人才保障和技术支持。

六、未来阶段：持续发展与挑战应对

随着科技的快速进步和全球产业结构的不断调整，职业教育必须紧跟这些变化，不断更新课程内容和教学方式，以适应新兴行业和技术的发展需求。未来的职业教育将更加注重与时俱进，特别是在技术革新日新月异的背景下，职业学校需要敏锐捕捉市场动向，及时引入前沿技术和行业标准，确保学生所学技能能够与未来的工作环境无缝对接。这种适应性不仅要求课程内容的更新，也要求教学方法的创新，以满足新一代学生对于灵活、多样化学习体验的需求。随着教育技术的发展，特别是人工智能和大数据的广泛应用，学生的学习路径将变得更加灵活和多样化。未来的职业教育不再是一刀切的模式，而是根据每个学生的兴趣、能力和职业目标量身定制学习计划。这种定制化的教育模式不仅提高了学习的有效性，也使得学生能够更加自主地掌控自己的学习进程，从而更好地适应不断变化的职业市场。学校将利用数据分析工具，实时追踪学生的学习进度和需求，提供个性化的辅导和支持，帮助学生在学习过程中找到最适合自己的发展方向。

在未来的发展中，职业教育将继续加强与行业企业的合作，以确保培养的技术人才符合市场需求。校企合作不仅是提供实习机会和就业通道，更是通过深度合作让企业直接参与到教学内容的制定和教学过程的实施中。这种合作模式将进一步深化，企业不仅作为教育的参与者，也将成为教育的设计者和推动者，确保学生在校所学即为企业所需。通过这种方式，学校能够紧密围绕市场需求调整培养方案，学生在毕业时不仅具备扎实的专业技

能，还能迅速适应职场，提升职业竞争力。此外，全球化带来的竞争和挑战将对中等职业教育提出更高的要求。未来的职业教育不仅要培养本国市场所需的人才，还要具备全球视野，培养能够在国际市场上竞争的技术人才。为此，职业教育的国际化水平需要进一步提升。这包括引入国际通用的职业技能标准、加强与国际职业教育机构的合作以及推动学生和教师的国际交流与培训。通过这些措施，职业学校可以为学生提供更加多元化的学习体验，增强他们的国际竞争力。

政府在未来发展中将扮演重要角色，通过政策支持和资金投入，推动职业教育的改革和发展。政府可以通过制定支持职业教育国际化的政策、提供教师培训和交流的机会以及资助学校与企业的合作项目，来确保职业教育的持续发展。同时，社会各界的广泛参与也至关重要，行业协会、企业和社会组织可以为职业教育提供行业资源、实习岗位和技术支持，帮助学校更好地培养符合市场需求的高素质人才。面对科技进步、产业转型、全球竞争等多重压力，职业教育需要保持灵活性和前瞻性，不断更新教学内容和方式，培养适应新环境的新型技术人才。通过深化校企合作、加强国际化、推进个性化教育等措施，职业教育将为学生提供更加优质的学习体验和职业发展平台。政府、企业和社会的共同努力，将为职业教育的持续发展提供强有力的支持，确保其在未来的全球经济中继续发挥重要作用。最终，中等职业教育将不仅成为国家人力资源开发的重要渠道，也将成为学生实现职业梦想和个人价值的重要途径。

第三节　中等职业教育的现状与面临的挑战

一、中等职业教育的现状

（一）招生规模与学生构成

中等职业教育的招生规模近年来有所扩大，吸引了大量初中毕业生以及部分高中毕业生入学。学生构成多样化，既包括城市学生，也涵盖了来自农村和少数民族地区的学生，为不同背景的青年提供了接受职业教育的机会。

（二）课程设置与教学内容

课程设置注重实用性和技能培养，涵盖了工业、农业、服务业以及新兴技术等多个领域。教学内容与市场需求相结合，强调动手操作和实践技能的训练，同时也开始融入信息技术、创业教育等现代化元素。

（三）师资力量与教学设施

师资力量存在地区和学校之间的差异，部分职业学校面临教师数量不足和专业技能不强的问题。教学设施也参差不齐，有些学校设备齐全，能够提供先进的实训条件，而其他学校则可能缺乏现代化的教学工具和设备。

（四）校企合作与实训模式

校企合作是中等职业教育的重要组成部分，许多学校与企业建立了合作关系，通过订单班、实习实训等模式，将学生的课堂学习与实际工作紧密结合。但校企合作的深度和广度还需要进一步提升，有些合作仍停留在表面，缺乏实际效果。

（五）就业情况与职业发展

毕业生的就业率相对较高，大多数学生能够在毕业后顺利找到工作，主要集中在制造业、服务业和基层技术岗位。然而，就业质量和职业发展路径多样性还存在不足，部分毕业生的职业晋升机会有限，职业教育与高等教育的衔接机制也有待完善。

（六）政府支持与政策环境

政府对中等职业教育的支持力度加大，通过资金投入、政策引导和制度保障，推动职业教育的发展。各地出台了一系列政策，鼓励职业学校改革创新，但政策的执行效果和学校的自主创新能力仍需进一步加强。

（七）社会认知与公众评价

中等职业教育的社会认知正在逐步提升，但仍然存在部分家长和学生对职业教育的偏见，认为其社会地位不如普通高中教育。职业教育的社会影响力有待进一步加强，通过提升教学质量和就业质量，改善公众对职业教育的评价。

二、中等职业教育面临的挑战

（一）师资力量不足

职业学校的师资力量不足问题是当前中等职业教育面临的重大挑战，尤其是在专业技能教师方面。这一问题不仅影响了教学质量，还制约了职业教育的发展。许多职业学校在吸引和留住高水平的专业教师方面遇到了困难，这使得教师队伍的教学能力和行业经验参差不齐，直接导致了教育质量的参差不齐。教师的流动性大、专业素养不一，使得学校在保持教学质量上的稳定性面临巨大压力。教师的教学能力和行业经验的缺乏，使得职业教育的实践性和专业性难以得到充分保障。职业教育的核心在于为学生提供实践技能的培训，然而，由于部分教师缺乏丰富的行业经验，他们在教学中无法为学生提供最新的行业动态和实际操作指导。这不仅使得学生在技能掌握上存在不足，也影响了他们毕业后进入职场的适应性。与此同时，一些教师虽然具备理论知识，但缺乏实践教学的能力，难以将理论与实际操作有效结合，导致教学效果不理想。

在教师队伍建设方面，职业学校往往面临着资源有限、待遇不高等问题，使得高水平的专业教师难以被吸引和留住。许多学校由于经费不足，无法提供具有竞争力的薪酬和职业发展机会，导致优秀教师选择离开或转向其他待遇更优的岗位。这种情况尤其在欠发达地区或偏远地区的职业学校更为严重，那里本来就缺乏教育资源，加上教师待遇低，职业吸引力不足，导致教师流动性大，教学质量难以保证。当前，许多职业学校缺乏系统化的教师培训机制，教师在职提升的机会较少，特别是在新技术和新技能的培训方面更为不足。随着科技的发展和产业的变化，职业教育需要不断更新教学内容和技能要求，但教师的知识更新速度往往跟不上行业的发展，导致教学内容滞后，学生在学习中难以接触到前沿的技能和知识。

为了应对这些问题，教师队伍的建设和专业技能的提升成为职业教育亟待解决的关键问题。职业学校需要加大投入，改善教师的工作条件和待遇，以吸引并留住高素质的专业教师。政府和社会各界也应通过政策支持和资金投入，帮助职业学校提高教师薪酬水平，改善工作环境，增强教师职业的吸引力。建立完善的教师培训体系，对教师进行定期的专业技能和教学方法培训，确保他们能够掌握最新的行业技能和教学技术。特别是对于那些缺乏行业经验的教师，应加强实践教学能力的培训，通过校企合作、行业交流等形式，让教师能够深入企业一线。另外，学校应建立教师激励机制，通过评选优秀教师、提供职业发展机会等方式，激发教师的工作积极性和创新精神。对于在教学中表现出色的教师，可以给予晋升、奖励或其他形式的认可，提升他们的职业成就感和归属感。同时，鼓励教师参与科研项目和行业课题研究，提高他们在专业领域的影响力和学术水平。这不仅能够提升教师个人的专业素养，也有助于推动学校整体教学水平的提高。

（二）教学设施和资源的不足

教学设施和资源的不足问题是中等职业教育面临的重大挑战，直接影响到教育质量和学生的实践技能培养。许多职业学校的实训设备陈旧或数量不足，难以支撑现代职业技能培训的需要。这种设备落后的情况使得学生无法在实训中接触到行业内最新的工具和技术，导致他们在学习过程中所获得的技能和知识与实际工作需求脱节，削弱了职业教育应有的实用性和竞争力。设备的不足不仅限制了学生的动手操作机会，还使得教学内容难以全面展开，教师在教学中往往只能依赖理论讲解，而无法进行充分的实践指导。一些偏远地区的职业学校在教学条件上与城市学校存在显著差距，这种差距影响了教育的公平性和整体质量。城市学校通常能够获得更多的资金支持，因而在教学设施、教材资源和教师配置上都有明显的优势。相反，偏远地区的学校由于资源有限，设备陈旧，难以跟上教育现代化的步伐，这种不平衡的资源配置使得来自不同地区的学生在接受职业教育时面临不平等的学习机会。一些学校甚至缺乏基本的教学设备和实训场地，学生在这样的环境中学习，难以获得实质性的技能训练，毕业后在就业市场上的竞争力也大打折扣。

这种设施和资源不足的情况不仅影响了学生的学习效果，也给教师的教学工作带来了很大挑战。教师在设备落后的情况下，难以进行有效的实训指导，教学过程只能局限于理论层面的传授，无法充分发挥职业教育的实践性特点。这种情况不仅制约了教师的教学发挥，也让学生在学习过程中缺乏实训操作的体验，导致理论与实践脱节，难以在实际工作中应用所学技能。改善教学设施和资源的配置是中等职业教育急需解决的任务。政府应加大对职业教育的财政投入，特别是对偏远地区学校的支持，确保其能够获得必要的教学设备和资源。通过专项资金或政策扶持，帮助这些学校更新和升级实训设备，确保学生能够在现代化的教学环境中学习。同时，社会各界也可以通过捐赠设备、提供技术支持等方式，帮助职业学校改善教学条件，促进教育资源的均衡发展。

学校自身也应积极寻求多方合作，通过校企合作、联合办学等形式，获取更多的教学资源和实践机会。与企业合作不仅可以为学生提供更丰富的实训机会，也能通过企业的技术支持和设备捐赠，提升学校的实训条件和教学质量。校企合作还可以帮助学校更新课程内容，使教学与行业发展同步，确保学生掌握的技能符合市场需求。此外，学校还可以通过资源共享的方式，提升教学设施的利用效率。区域内的职业学校可以联合建立实训中心，共享教学设备和实训资源，使更多的学生受益。这种资源共享模式不仅能提高设备的利用率，还能在一定程度上缓解教学资源不足的问题。教学设施和资源的不足还需通过加强教师的实践教学能力来弥补。在设备有限的情况下，教师可以通过创新教学方法，如虚拟仿真实训、项目式学习等，尽可能弥补实训条件的不足。同时，教师应积极参与行业培训和企业实习，提升自身的实践技能，以更好地指导学生的学习。

（三）课程设置与市场需求的匹配

中等职业教育在课程设置与市场需求的匹配度上仍然存在一些亟待解决的问题。虽然职业教育一向注重技能培养，但由于课程内容的更新速度较为缓慢，导致其难以迅速适应新兴行业和技术的快速发展。这种滞后的课程设置使得许多毕业生在进入职场时，所掌握的技能已经与市场的实际需求产生了脱节，从而影响了他们的就业质量和职业发展。课程内容的滞后不仅表现在对新技术和新兴行业的应对上，还体现在传统行业技能的更新不足上。随着产业升级和技术进步，各行业的技术标准和操作流程不断变化，然而，职业教育的课程往往未能及时反映这些变化，导致学生在学校学习的技能已经无法满足企业的实际需求。这种情况在一些快速发展的行业中尤为明显，例如信息技术、制造业和服务业等领域，市场对新技能和新知识的需求非常强烈，但职业学校在课程更新和教学内容调整上往往滞后，无法提供与市场同步的教育。

课程设置的固化和缺乏灵活性也使得职业教育难以跟上市场变化的节奏。许多职业学校的课程体系相对固定，课程内容和教学方式多年未变，无法根据市场的动态需求进行及时调整。这样的课程体系缺乏弹性，导致学生在学习过程中无法接触到最新的行业技术和操作规范，毕业后在就业市场上竞争力减弱。此外，由于课程的固化，教师在教学中也难以加入最新的行业信息和实践案例，进一步加剧了课程内容与市场需求的不匹配。为了解决这些问题，职业教育必须加快课程内容的更新速度，与市场需求保持同步。学校应加强与行业企业的联系，通过校企合作了解行业最新发展动态，确保课程设置能够及时反映市场需求。企业可以参与到课程开发和教学设计中，为学校提供最新的行业标准和技能要求，帮助学校优化课程内容。通过这样的合作，学校能够及时更新教学内容，确保学生所学技能符合市场的实际需要。

职业学校应建立灵活的课程调整机制，根据市场的变化动态调整课程内容。学校可以定期评估课程的有效性和市场适应性，根据评估结果对课程进行调整和优化。引入模块化课程设计也是一种有效的方法，通过将课程分解为多个模块，学生可以根据自身需求和市场变化选择学习内容，增强课程的灵活性和适应性。此外，职业学校还应加强教师的行业联系和实践能力培养，使教师能够将最新的行业技术和实践经验带入课堂。通过定期组织教师参加行业培训、企业实习等活动，提升教师的行业知识和实践能力，使他们在教学中能够传授给学生最实用的技能和最前沿的行业动态。教师在课堂上的实际经验分享和案例教学，能够帮助学生更好地理解和掌握与市场需求相匹配的技能。

信息技术的应用也可以提升课程设置与市场需求的匹配度。职业学校可以通过引入在线学习平台、虚拟仿真技术和数据分析工具，及时调整课程内容和教学方式。利用大数据分析行业技能需求趋势，针对市场热点和未来发展方向调整教学内容，确保学生掌握的技能始终处于市场前沿。

（四）校企合作深度不足

校企合作作为职业教育的关键组成部分，尽管在理论上受到广泛重视，但在实际操作中却面临合作深度不足的问题。许多企业在参与职业教育合作时积极性不高，这使得合作往往停留在表面层次，缺乏真正的实质性互动。这样的浅层合作不仅未能有效提升学生的实践能力，也未能充分满足企业对技术人才的实际需求。因此，探索更加深入和有效的校企合作模式，以及明确和完善校企合作的利益机制，成为当前职业教育急需解决的难题之一。企业对校企合作的参与度低，部分原因在于企业对合作回报的不确定性。许多企业认为参与教育的投入较大，但短期内难以看到直接的经济回报，尤其是在竞争激烈的市场环境下，企业更倾向于将资源集中在核心业务上，而不是在教育合作上进行长期投入。这种观念导致企业在合作过程中缺乏积极性，往往仅限于提供实习岗位或参与一些表面的教学活动，难以深入到课程开发、教学设计和人才培养的核心环节。

此外，职业学校在推进校企合作时，往往缺乏有效的沟通和协调机制。学校和企业在合作目标、利益分配以及合作方式上可能存在分歧，未能形成合力。学校往往希望通过校企合作提升教学质量、增强学生的实践能力，而企业则更关心合作能否带来实质性的业务增长或人才储备。这种目标上的不一致，加上沟通上的不足，使得校企合作难以达到预期效果，合作深度自然也难以深化。要使合作真正深入，需要从利益机制和合作模式两方面入手。必须明确和完善校企合作的利益机制，使企业能够在合作中获得切实的收益。政府可以在这一过程中发挥积极作用，通过政策激励、税收优惠或资金支持等手段，鼓励企业积极参与职业教育。企业可以通过合作获得定向培养的人才，减少招聘成本，同时也可以通过参与课程开发和教学设计，确保学生的技能与企业需求高度契合，从而在长期合作中实现双赢。

职业学校需要在合作中表现出更加主动和灵活的姿态。学校可以根据企业的具体需求，定制化设计课程和实训项目，使企业在合作中获得更直接的利益。同时，学校应加强与企业的日常沟通和交流，定期组织校企交流会、联合课题研究等活动，增强双方的互动和了解，推动合作的进一步深化。通过建立长期的合作关系，职业学校不仅可以获得企业在资金、设备、技术等方面的支持，也可以在教学内容和方式上获得企业的专业建议和指导。校企合作还可以通过建立“双师型”教师队伍来实现更深层次的融合。职业学校可以聘请企业的高级工程师、技术骨干等担任兼职教师，参与学校的教学工作。同时，学校的教师也可以定期到企业进行实践锻炼，提升自身的行业经验和实践能力。通过“双向流动”的方式，教师能够将最新的行业动态和技术标准带入课堂，使教学内容更加贴近市场需求。通过定期评估合作效果，学校和企业可以及时发现问题并加以改进，确保合作的持续性和有效性。评估内容可以包括学生在实习期间的表现、企业对合作效果的反馈、课程设置的市场适应性等多方面，全面衡量合作的实际成效。

（五）学生就业与职业发展瓶颈

虽然中等职业教育的毕业生在就业率方面表现良好，但就业质量和职业发展路径却面临诸多限制。许多毕业生在进入职场后，虽然能够迅速找到工作，但往往处于较低的岗位，工作岗位的稳定性较差，职业晋升空间也相对有限。这种状况使得他们在职业生涯中难以获得长期的发展机会，导致不少毕业生在职业道路上遭遇瓶颈。职业教育毕业生通常进入的是技术含量较低、薪资待遇较差的岗位，这些岗位的职业发展前景有限，缺乏上升通道。由于行业和企业对高级技术岗位的要求较高，而中等职业教育毕业生往往难以满足这些要求，因此他们的职业晋升路径较为狭窄。这种情况不仅使得他们在职业生涯中缺乏动力和信心，也影响了他们的职业稳定性和长远发展。

此外，职业教育与继续教育、高等教育之间的衔接机制不够完善，进一步限制了学生的职业发展和深造机会。许多中等职业教育毕业生希望通过继续教育提升自身的学历和技能，但由于衔接机制的不完善，他们在进入高等教育或继续教育的过程中面临诸多障碍。职业教育的学分难以在高等教育体系中得到认可，课程内容的差异也使得学生在继续深造时需要花费额外的时间和精力来弥补知识差距。这种衔接上的断层，阻碍了职业教育毕业生进一步发展的渠道，使得他们在职业生涯中面临更多的限制。为了突破这些职业发展瓶颈，职业教育体系需要进行多方面的改革和完善。职业教育应注重提升教学质量，特别是在高端技术和管理技能的培养上。通过加强与行业的深度合作，职业学校可以引入企业资源，开设更多符合市场需求的高级技术课程和职业技能认证课程，使学生在毕业时不仅具备基础操作能力，还能掌握一定的管理和创新能力，从而在职场上获得更好的发展机会。

教育部门和学校应共同努力，制定更为灵活的学分转换制度和课程衔接方案，使得职业教育毕业生能够顺利进入高等教育体系。通过开设“2+3”模式的专升本课程、联合培养项目等方式，给予职业教育毕业生更多的深造机会。同时，学校可以加强职业指导和就业服务，帮助学生规划职业发展路径，提升他们的职业素养和竞争力。为了提升毕业生的就业质量，职业学校还应加强与企业的合作，拓展学生的就业渠道。通过建立长期的校企合作关系，学校可以为学生提供更多的实习和就业机会，使他们在毕业前就能够积累丰富的工作经验。此外，学校应注重就业质量的跟踪和反馈，定期对毕业生的就业情况进行调查和分析，根据市场需求及时调整课程设置和教学内容，确保学生所学技能与岗位需求相匹配。与此同时，企业也应承担起社会责任，提供更多的职业培训和发展机会，帮助职业教育毕业生实现职业晋升。通过定期的技能培训、内部晋升通道的完善，以及工作表现的激励机制，企业可以激发员工的工作积极性和职业发展动力，使得他们能够在企业内长期发展。

（六）信息化与国际化发展滞后

信息化与国际化发展滞后问题在现代职业教育中愈加显现，成为制约教育质量提升的重要因素。尽管信息化和国际化是推动职业教育现代化的关键方向，但在实际推进过程中，许多学校因技术、资金和师资方面的不足，导致信息化教育和国际合作的进展十分缓慢。这种滞后的发展尤其在欠发达地区表现得尤为明显，学校难以引进先进的教育技术和国际资源，使得学生无法接触到最新的行业标准和技术，从而在全球化的职业市场中处于不利地位。信息化教育的实施需要依赖于先进的教育技术和充足的资金支持，但对于许多职业学校，尤其是位于欠发达地区的学校而言，资源的匮乏使得信息化进程缓慢。许多学校的基础设施无法满足信息化教育的需求，缺乏现代化的计算机设备、网络环境和数字化教学资源。这种硬件上的限制使得教师难以开展基于信息技术的教学活动，学生也难以获得使用现代教育工具的机会，无法享受到信息化教育带来的便利和优势。

职业学校的信息化建设需要大量资金投入，但许多学校的财政状况有限，无法承担高昂的设备购置和维护成本。即便在政府和社会的支持下，一些学校能够购置部分现代化设备，但后续的维护和更新依然是巨大的负担。此外，信息化教育的有效推进还需要教师具备相应的技术能力，但由于师资培训的不足，许多教师对信息化教学工具的使用不够熟练，难以将其有效融入教学过程中，进一步制约了信息化教育的发展。国际化也是职业教育发展的重要方向，通过国际合作和交流，职业学校可以引进先进的教育理念、教学方法和行业标准。然而，在实际操作中，国际化推进同样面临诸多障碍。特别是对于欠发达地区的职业学校，由于地理、经济和文化的限制，难以与国际教育资源接轨。国际合作需要跨越语言和文化的障碍，需要长期的沟通和协调，但许多学校缺乏这方面的经验和能力。此外，国际化合作还需要大量的资金支持，包括教师和学生的国际交流项目、引进国外教材和技术标准等，这对于资源本就匮乏的职业学校来说，是难以承受的负担。

学生在校期间难以接触到国际先进的行业标准和技术，毕业后在面对全球化市场时竞争力不足。职业教育缺乏国际化视野，不仅影响了学生的职业发展，也限制了学校整体教育水平的提升。国际合作的缺乏还导致教师无法及时获取全球最新的教学资源和技术进展，教学内容和方法滞后于国际标准，进一步削弱了职业教育的竞争力。为了解决信息化和国际化发展滞后的问题，职业教育需要采取多方面的措施。政府和社会应加大对职业教育的信息化和国际化投入，提供更多的资金支持和政策保障，帮助学校改善基础设施，提升教师的技术能力和国际合作能力。通过设立专项基金、推动校企合作、引进国际教育资源，逐步缩小欠发达地区与发达地区职业教育之间的差距。

职业学校应积极探索与国际教育机构和企业的合作模式，通过联合办学、课程共建、教师互访等形式，推动教育国际化。学校可以通过参与国际技能竞赛、与国外职业学校建立姊妹校关系等方式，提升学生和教师的国际视野和技术水平。此外，学校还应加强师资培训，提升教师的信息化教学能力和国际化教学素养，使他们能够更好地应对现代教育的挑战。信息化与国际化滞后是现代职业教育面临的严重挑战，但通过多方努力和持续投入，这一问题是可以逐步改善的。通过加快信息化建设和国际化进程，职业教育可以更好地适应全球化市场需求，为学生提供更高质量的教育和更广阔的职业发展空间。这不仅有助于提升职业教育的整体水平，也为社会经济发展提供了更加坚实的人才基础。

第三章　人工智能辅助中等职业教育课程设计

第一节　基于人工智能的中等职业教育课程内容优化

一、引入人工智能基础课程

（一）涵盖核心概念和技术原理

在中等职业教育中引入人工智能基础课程的首要目标是让学生掌握人工智能的核心概念和技术原理。课程内容应包括机器学习的基本原理、数据处理技术以及常用的算法基础等。这些内容将帮助学生建立对人工智能的系统性理解，使他们能够从理论层面理解人工智能如何运作。通过这种全面的知识结构，学生不仅能够认识到人工智能的潜在应用领域，还能够掌握分析和解决实际问题的技术方法。

（二）培养实际应用能力

课程设置应注重实际应用能力的培养，让学生在掌握理论知识的同时，也能将这些知识应用到实际场景中。通过项目式学习和案例分析，学生可以接触到人工智能在不同领域的实际应用，例如智能制造、自动化控制、数据分析等。通过这些实践活动，学生将能够动手操作，体验人工智能技术如何在实际问题中发挥作用，培养他们的动手能力和技术应用能力。

（三）激发对新技术的兴趣和探索欲

通过引入人工智能基础课程，教育机构可以激发学生对新兴技术的兴趣和探索欲。课程内容可以通过展示人工智能在各行业的广泛应用和未来发展前景，来引导学生发现人工智能的潜力和价值。教师可以通过互动式教学、技术演示和参与式项目，让学生在学习过程中感受到人工智能的创新魅力和挑战性。激发学生的兴趣和好奇心，不仅有助于提高他们的学习积极性，还能促使他们主动探索新知识，培养终身学习的意识，这将为他们在快速发展的技术领域中不断进步奠定基础。

二、整合人工智能技术与传统课程

（一）融入专业课程内容

在传统的专业课程中整合人工智能技术，通过将人工智能相关的应用内容引入机械、电子、信息技术等专业课程，使学生能够在学习传统技能的同时，接触到人工智能的实际应用。在机械专业中，可以增加智能制造和工业机器人相关的课程模块；在电子专业中，可以引入嵌入式系统和智能控制技术；在信息技术专业中，添加数据分析和机器学习基础等内容。这种融合不仅丰富了课程内容，还帮助学生将人工智能技术与传统技能相结合，提高他们在现代工业环境中的适应能力。

（二）通过项目式学习增强实践能力

采用项目式学习的方法，让学生在完成实际项目的过程中，将人工智能技术应用到具体的行业场景中。在一个智能制造项目中，学生可以设计并优化生产流程，利用人工智能算法提高效率；在信息技术课程中，学生可以开发简单的AI应用程序或数据分析工具。项目式学习使学生在学习过程中能够直接体验到人工智能的实际应用价值，增强了他们的职业技能和自信心。

（三）案例教学促进综合能力提升

通过案例教学，将真实的行业案例引入课堂，帮助学生理解和分析人工智能技术在实际工作中的应用。教师可以通过展示自动驾驶技术在机械和电子工程中的应用案例，或通过分析电子商务中的推荐算法案例，向学生讲解人工智能如何提升行业效率和竞争力。这种教学方式不仅有助于学生掌握实际应用中的技术要点，还能培养他们的分析能力和综合运用知识的能力。通过不断接触和分析这些实际案例，学生将能够更好地理解行业需求，提升综合能力，从而增强在就业市场上的竞争力。

三、开发人工智能应用实训项目

（一）设计实训课程以贴近实际应用

开发人工智能应用实训项目的首要任务是设计贴近实际应用场景的实训课程。这些课程应涵盖数据分析、智能制造、自动化控制等领域，使学生能够在模拟或真实的环境中操作和应用人工智能技术。在数据分析实训课程中，学生可以学习如何使用AI工具处理和分析大数据集，并通过实际项目来理解数据分析在不同领域中的应用价值。智能制造实训项目则可以让学生参与自动化生产线的搭建和优化，通过使用AI算法提升生产效率。这种课程设计确保学生能够将理论知识转化为实际操作技能，增强他们的职业准备。

（二）实施项目驱动的实训教学方法

在实训项目的实施过程中，采用项目驱动的教学方法，使学生在完成具体任务的过程中学习和应用人工智能技术。这种方法要求学生在团队或个人项目中，从问题定义、方案设计到实施和测试，全面参与项目的每个环节。在自动化控制的实训项目中，学生可以负责开发和调试一个基于人工智能的控制系统，从而掌握系统架构设计、算法实现和系统优化等关键技能。项目驱动的实训不仅提高了学生的动手能力，还能培养他们的项目管理、团队合作和创新思维能力，使他们更具备解决实际问题的能力。

（三）强化操作流程和实战经验的积累

实训项目的一个重要目标是让学生在实践中熟悉人工智能技术的操作流程，积累实战经验。通过反复的实践操作，学生可以掌握从数据采集、模型训练到系统部署的完整流程，了解每个步骤中的关键技术和注意事项。实训项目还可以设置不同难度和复杂度的任务，使学生逐步提升操作能力，并在应对复杂问题时积累经验。这种实训方式不仅提升了学生的技能熟练度，也使他们在面对真实工作环境时能够从容应对，具备更强的适应性和竞争力。通过这些实训项目，学生将能够在毕业时带着实战经验进入职场，缩短从学习到工作的适应期。

四、利用人工智能优化教学过程

（一）实现个性化教学

通过智能学习平台，人工智能技术可以实现个性化教学，根据学生的学习进度和理解能力自动调整教学内容。这种平台能够分析学生的学习数据，如作业完成情况、测试成绩、学习习惯等，生成个性化的学习路径和资源推荐。对于学习进度较快的学生，系统可以提供更具挑战性的学习内容，而对于需要更多帮助的学生，则提供复习材料和额外的辅导。这种个性化教学方式不仅提升了学生的学习效率，还能够满足不同层次学生的学习需求，避免“一刀切”式的教学模式。

（二）大数据分析与教学策略调整

利用大数据分析技术，人工智能能够对学生的学习行为和效果进行全面分析。通过收集和处理大量的学习数据，系统可以识别出哪些教学方法和内容对学生最有效，哪些学生在学习中遇到了困难。这种实时的数据反馈可以帮助教师及时调整教学策略，改进教学方法。教师可以根据系统的分析结果，针对学生普遍存在的问题进行重点讲解，或者通过个别辅导来帮助需要更多支持的学生。大数据分析使教学决策更加科学化，能够根据学生的实际情况灵活调整，提升整体教学效果。

（三）辅助制定个性化学习计划

人工智能还可以辅助教师制定个性化的学习计划，为不同层次的学生提供适应性教学资源。通过分析学生的学习能力、兴趣爱好和职业目标，系统可以生成个性化的学习路径，并推荐与之匹配的课程、教材和实践项目。对于准备升学的学生，系统可以提供更高难度的学习内容和考试训练，而对于希望直接就业的学生，则推荐与职业技能相关的课程和实训机会。教师在制定学习计划时，可以借助人工智能的分析结果，更好地理解每个学生的需求和潜力，从而制定更加精准和有效的教学计划。这不仅提升了教学效率，还帮助学生更有针对性地达到他们的学习目标。

五、培养跨学科的综合技能

（一）结合人工智能与设计思维

在课程设置中，将人工智能与设计学科结合，培养学生的跨学科能力。通过学习人工智能技术在设计领域的应用，如用户体验优化、产品创新和数字媒体设计，学生能够理解如何利用 AI 工具提升设计效率和创新能力。这种结合不仅让学生掌握了 AI 技术，还培养了他们的创意思维和设计能力，使他们能够在设计项目中运用智能化工具，提升整体工作质量。这种跨学科的学习方式使学生在职场上更具创新思维和实践能力，能够应对设计领域的快速变革。

（二）融合人工智能与管理知识

将人工智能融入管理学科，帮助学生在技术和管理能力之间建立桥梁。课程可以涵盖如何利用 AI 进行数据驱动决策、优化业务流程和提升管理效率等内容。通过学习这些内容，学生能够理解 AI 如何影响企业管理和战略决策，并掌握运用智能工具进行管理的基本技能。这种融合培养了学生的战略思维和管理能力，使他们在未来的职场中能够胜任数据分析师、业务分析师等角色，或在管理岗位上有效利用技术推动企业发展。

（三）整合人工智能与营销策略

在课程设计中，将人工智能与营销学科结合，提升学生的综合营销技能。通过学习 AI 在市场分析、客户行为预测、个性化营销和广告优化中的应用，学生能够掌握如何利用技术工具进行精准营销和数据驱动的市场策略制定。这种整合不仅让学生具备了技术背景，还培养了他们的市场敏锐度和数据分析能力，使他们能够在营销领域有效利用 AI 技术提升营销效果。这种跨学科能力的培养，使学生在面对多变的市场环境时，能够灵活应对，提升职场竞争力。

六、更新教师培训与专业发展

（一）持续的专业培训计划

为了使教师能够有效教授人工智能相关课程，必须建立持续的专业培训计划。这些培训应涵盖人工智能的基础知识、最新技术发展以及实际应用案例，使教师能够跟上科技进步的步伐。培训可以通过线上课程、实地培训和认证项目等多种形式进行，确保教师在各自的专业领域内具备必要的 AI 知识。持续的培训不仅能够帮助教师提升专业技能，还能增强他们的信心和教学效果，确保他们能够为学生提供高质量的教育。

（二）参与工作坊和行业交流

通过组织和参与各类工作坊和行业交流活动，教师可以在实践中深入理解人工智能的应用场景和技术细节。这些活动为教师提供了与行业专家、技术开发者和其他教育者互动的机会，帮助他们学习最佳实践和创新的教学方法。行业交流还可以让教师了解市场对 AI 技能的需求，确保他们的教学内容能够紧跟行业趋势，保持课程的实用性和前沿性。这种参与不仅丰富了教师的知识结构，还开拓了他们的视野，提升了教学的实际应用能力。

（三）建立教师专业发展支持体系

学校应建立完善的教师专业发展支持体系，为教师的持续学习和职业发展提供资源和激励。支持体系可以包括提供进修机会、设立研究基金、奖励创新教学方法等，鼓励教师在人工智能领域不断探索和进步。同时，学校可以建立内部或与外部机构合作的教师资源平台，方便教师分享教学资源、交流教学经验和协作开发课程。这种系统性的支持有助于教师持续提升自身的专业能力，确保他们能够始终在教学中应用最新的人工智能技术，并为学生提供高质量的教育体验。

七、建立产教融合的合作机制

（一）开发基于行业需求的课程内容

与行业企业的合作使学校能够开发出基于最新技术标准和行业需求的课程内容。企业可以为学校提供前沿的技术发展信息和实际应用案例，帮助教师设计出紧贴市场需求的课程模块。这种合作确保了教学内容的实用性，使学生在学习过程中掌握的知识和技能与行业标准高度契合，避免了课程内容与实际工作需求脱节的现象。学生不仅能够学到最新的人工智能技术，还能够了解这些技术在行业中的具体应用，提高了他们的职业适应能力。

（二）提供真实项目和实习机会

校企合作为学生提供了宝贵的真实项目和实习机会，使他们能够在实际工作环境中应用和强化人工智能技能。这些项目和实习不仅为学生提供了实践经验，还帮助他们将课堂上学到的理论知识与实际工作中的问题解决相结合。企业可以为学生提供真实的项目任务，如开发 AI 应用、优化生产流程、数据分析等，使学生在实践中提升动手能力和问题解决能力。同时，实习机会还让学生能够体验企业文化和工作流程，为未来的职业生涯打下基础。

（三）构建长期合作和反馈机制

为了确保产教融合的长期有效性，学校和企业需要建立持续的合作和反馈机制。通过定期召开合作会议、评估教学效果和项目成果，双方可以及时调整课程内容和合作模式，确保教学与行业发展保持同步。此外，学校可以通过企业的反馈，了解毕业生在职场中的表现，进一步优化课程设置和教学方法。这种动态调整和持续改进的合作机制，不仅提升了教育质量，还确保了学生在毕业时具备市场所需的技能和职业素养，使他们更具备在职场中的竞争力。

八、引导学生参与人工智能创新项目

（一）激发学生的创新意识

通过鼓励学生参与人工智能创新项目和竞赛，学校可以有效激发学生的创新意识。这些项目和竞赛通常涉及前沿技术和新颖的应用场景，要求学生结合所学知识提出创造性解决方案。参与这些活动，学生可以拓展思维方式，挑战传统的思考框架，培养创新精神。学校可以通过设立专项奖励、提供技术支持和指导教师等方式，激励学生积极参与，探索人工智能在不同领域中的应用。这种激励机制不仅提升了学生对人工智能的兴趣，还为他们未来的创新创业奠定了基础。

（二）培养实践能力和解决问题的能力

参与人工智能创新项目让学生有机会将理论知识应用于实际问题中，培养他们的实践能力和解决问题的能力。在开发和应用实际项目的过程中，学生将面对真实的挑战，如数据处理、算法优化、系统集成等，这些都需要他们运用所学知识进行综合分析和解决。通过亲身参与项目，学生能够更深刻地理解人工智能技术的应用场景和操作流程，增强他们在实际工作中的应对能力。实践经验的积累，使得学生在面对复杂问题时能够自信应对，具备更高的职业素养。

（三）提升竞争力与职业发展潜力

通过参与人工智能创新项目和竞赛，学生不仅巩固了所学知识，还提升了自身的竞争力和职业发展潜力。这些项目通常要求团队合作、时间管理和项目规划等技能，这些都对学生的综合素质提出了更高的要求。成功参与并完成项目的学生，不仅在技术上有所提升，还在团队协作、项目管理等方面得到了锻炼。这样的经历使他们在求职时更具优势，能够展示出实践能力和创新能力，这在当前竞争激烈的就业市场中显得尤为重要。参与创新项目为学生提供了展示自我能力的平台，使他们在未来职业发展中具备更强的竞争力。

九、评估与反馈机制的完善

（一）多维度数据收集与分析

建立完善的评估与反馈机制首先需要通过多维度数据收集与分析，全面了解课程的实际效果。这些数据包括学生的学习反馈、考试成绩、就业情况以及行业反馈等。通过收集学生在课程中的学习体验和挑战，学校可以判断教学内容的难易度和实用性。此外，毕业生的就业数据，如就业率、岗位匹配度和职业发展情况，可以为课程内容的实际市场需求提供直接的反馈。行业反馈则能够帮助学校了解课程是否符合当前的技术趋势和企业需求，通过对这些数据的系统分析，学校能够获得课程改进的具体方向和依据。

（二）动态调整课程内容

在获取多维度反馈的基础上，学校应及时进行课程内容的动态调整，确保教学内容与行业发展同步。人工智能技术和应用领域快速发展，课程内容必须跟上行业变化的步伐。通过定期评估和反馈会议，教学团队可以根据数据分析的结果，调整课程设置、更新教学材料，并引入最新的技术案例和应用场景。这样的动态调整机制不仅能够保持课程的前沿性，还能够根据市场需求变化及时更新学生需要掌握的技能，确保他们在毕业时具备与时俱进的职业能力。

（三）持续优化教学方法

除了课程内容，教学方法的优化也是评估与反馈机制的重要组成部分。通过学生的学习反馈和课堂表现，教师可以了解哪些教学方法最有效，以及在哪些方面需要改进。基于这些反馈，教师可以采用更加适应学生需求的教学方式，例如增加互动性教学、实施项目式学习或利用更多的实践案例。同时，学校可以组织教师之间的教学经验交流会，分享成功的教学实践和创新方法。通过不断优化教学方法，教师能够更有效地传授人工智能知识和技能，使学生在学习过程中获得更好的体验和成果。

第二节　智能教材与多媒体教学资源在中等职业教育中的应用

一、智能教材在中等职业教育中的应用

（一）智能教材支持个性化学习

智能教材的一个显著优势是其能够支持个性化学习。这种个性化的教学方式通过深入分析学生的学习数据，能够为每位学生量身定制学习建议和路径。这种定制化的方式意味着每个学生都可以根据自身的知识水平和学习进度获得最适合自己的学习内容，从而提高学习效果。智能教材通过数据分析能够实时监测学生的学习情况。这些数据包括学生的作业成绩、测试结果、学习时间等。基于这些数据，智能教材能够生成每个学生的学习档案，从而更好地了解他们的强项和薄弱环节。如果一个学生在某个特定的主题上表现不佳，系统可以自动推荐相关的补充材料或练习，以帮助学生进一步掌握该主题。

智能教材能够根据学生的学习进度自动调整教学内容。这种动态调整的能力允许学生在学习过程中根据自己的节奏前进，而不是按照固定的课程安排。这种灵活性不仅能够满足不同学生的学习需求，还能够避免一刀切的教学方式，确保每个学生都能在最适合自己的时间和方式下学习。个性化学习的智能教材还能够提供针对性学习建议。当系统发现学生在某个知识点上频繁出现错误时，它可以自动推送相关的补习资源或视频讲解。这种即时的调整不仅有助于学生及时纠正错误，还能帮助他们在理解知识点时获得更多的支持和指导。智能教材的个性化学习功能还包括自适应测试和评估系统。通过这些系统，学生能够在完成练习和测试后立即获得反馈。这种即时反馈机制使得学生能够迅速了解自己的学习成果，并在需要时进行调整。与传统的教学方式相比，这种方法大大提高了学习的效率和效果。

（二）智能教材提供即时反馈

智能教材通过实时评估学生的学习表现，能够在学生完成练习或测试后立即提供反馈。这种反馈机制不仅能够帮助学生迅速识别并纠正错误，还能够在学习过程中巩固和加深所学知识。在学习过程中，学生经常面临学习成果的不确定性。传统的教学方式往往依赖于教师的批改和反馈，这个过程可能会延迟几天或更长时间。然而，智能教材通过集成的自动化评估系统，可以即时处理学生提交的作业和测试。学生完成练习后，系统能够立刻进行评分，并将结果反馈给学生。这种快速反馈机制使学生能够在最短的时间内了解自

己在学习中的表现，并根据反馈迅速采取改进措施。

每当学生在测试中出现错误时，系统不仅会给出正确答案，还会提供详细的解释和解决方案。这种具体的指导有助于学生理解错误的原因，并掌握正确的解题方法。如果学生在数学题目中出现了错误，智能教材可以通过步骤解析来帮助学生理解每一步的计算过程，从而提高他们的解题能力。即时反馈不仅对学生有利，对教师来说也是一种极大的便利。教师可以通过智能教材提供的分析报告，了解每个学生的学习情况和常见错误。这些报告能够帮助教师识别教学中的薄弱环节，并针对性地调整教学策略。此外，教师可以利用这些数据来设计更具针对性的教学活动，进一步提高学生的学习效果。智能教材的即时反馈功能还鼓励学生自我监控和自主学习。由于反馈的迅速，学生可以在学习的每个阶段都进行自我检查，并及时修正自己的学习策略。这种自我调整的能力有助于学生提高学习自主性，增强解决问题的能力，从而在学习过程中取得更好的成绩。

（三）智能教材增强互动性

智能教材的互动功能是其核心优势，这些功能通过虚拟实验、模拟操作和互动练习等形式，极大地增强了学生的学习体验。与传统的静态教材相比，这些互动功能不仅提高了学生的参与感，还有效促进了主动学习，提升了整体学习效果。虚拟实验功能使得学生能够在数字环境中进行实验操作，而无需实际使用实验设备。这种模拟实验为学生提供了一个安全且可控的学习平台。通过虚拟实验，学生可以探索各种科学现象和原理，进行不同的实验操作而无需担心实验材料的浪费或实验设备的损坏。这种动手实践的体验不仅加深了学生对理论知识的理解，还激发了他们的探索精神和好奇心。在化学课程中，学生可以通过虚拟实验进行化学反应观察，实时看到反应过程和结果，从而更直观地理解化学概念。

模拟操作功能让学生能够在虚拟环境中进行实际操作练习。这种功能广泛应用于技术性课程，例如工程、医学和计算机科学等领域。学生可以通过模拟操作练习技术技能，例如编程、机械操作或临床技能。这种实践经验让学生能够在真实操作之前进行反复练习，从而提高他们的操作熟练度和解决问题的能力。模拟操作不仅帮助学生在实际操作中减少错误，还增加了他们的自信心。互动练习是智能教材另一个重要的功能，它通过各种形式的互动活动如问答题、选择题和情景模拟，促使学生积极参与学习。这些互动练习不仅能够巩固学生对知识的掌握，还能够通过即时反馈帮助学生了解自己的学习进展。这种互动方式鼓励学生在学习过程中积极思考，主动参与，从而提升学习动机。英语学习中的互动练习可以通过情景对话的模拟，帮助学生提高语言应用能力和口语表达能力。

许多智能教材设计了在线讨论区和协作平台，学生可以在这些平台上与同伴交流学习经验，共同解决问题。这种合作学习的形式不仅提升了学生的沟通能力，还促进了团队合作精神的培养。通过与同学的互动，学生能够获得不同的观点和解决方案，从而丰富自己的学习体验。

（四）智能教材实现数据驱动的教学改进

智能教材通过数据驱动的功能为教学改进提供了强有力的支持。这种功能能够通过收集和分析学生的学习数据，为教师提供详尽的分析报告，使得教学策略能够基于数据进行调整，从而显著提升教学效果。智能教材通过跟踪学生的学习活动，能够收集大量的学习数据。这些数据包括学生的作业成绩、测试结果、学习时间、错误频率等。通过对这些数据的汇总和分析，智能教材可以生成全面的学习报告。这些报告详细展示了学生在不同知识点上的掌握情况，以及学习过程中的常见问题。这种数据的积累为教师提供了深入了解学生学习状况的基础，使得教师能够精准地识别学生的学习难点和薄弱环节。

智能教材的分析报告能够揭示出学生在某些知识点上的普遍困难，这使得教师可以有针对性地调整教学内容。如果数据显示大多数学生在某一数学概念上表现不佳，教师可以选择更多的练习题或者不同的教学方法来帮助学生克服这些难点。教师的教学策略能够更加符合学生的实际需求，提升教学的针对性和有效性。此外，智能教材的实时数据分析功能还允许教师及时调整教学方法。在传统教学中，教师往往在课程结束后才会评估学生的表现，这样的反馈往往较慢且不够及时。而智能教材的即时数据反馈功能则使得教师可以在教学过程中实时了解学生的学习情况，快速调整教学进度和内容。这种实时调整不仅能够应对突发的教学问题，还能够确保每个学生在学习过程中获得及时支持。

通过分析学生的学习数据，教师能够了解每个学生的学习进度和需求，从而提供个性化的教学支持。对于那些学习进度较慢的学生，教师可以设计额外的辅导材料或提供额外的学习资源，而对于学习进度较快的学生，教师则可以提供更具挑战性的内容。这种个性化的教学方式能够更好地满足每位学生的学习需求，提高整体教学效果。

（五）智能教材支持资源更新与共享

智能教材在资源更新和共享方面具有显著优势，这种优势确保了教学内容的时效性和准确性，同时也极大地拓宽了教师和学生的学习资源。智能教材能够实现内容的实时更新。这一功能的核心在于其能够根据最新的学术研究成果、行业动态以及教学需求，快速调整和更新教材内容。传统的纸质教材一旦印刷完成，就难以进行及时修改，这可能导致信息过时。而智能教材可以通过在线平台进行持续更新，确保学生接触到的是最新、最准确的知识。当某一领域的技术标准发生变化时，智能教材可以迅速反映这些变化，并提供相关的学习资源，使学生能够跟上最新的行业发展趋势。

智能教材支持多种形式的资源共享。这种共享功能允许教师和学生方便地访问和使用各种学习资源，包括课件、参考资料、视频教程和模拟工具等。教师可以将自己开发的教学资源上传到智能教材平台，供其他教师参考和使用。这种资源的共享不仅可以节省教师的备课时间，还能够促进教学资源的有效利用。教师可以分享自己制作的优质课件或教学案例，帮助同行提高教学质量，也可以借鉴他人的经验和资源，以丰富自己的教学内容。学生可以根据自己的学习需要，随时获取额外的学习资料和辅助工具。这种资源的开放性使得学生能够拓宽学习视野，深入探索自己感兴趣的领域。在学习某个专业课程时，学生可以通过智能教材平台访问相关的行业报告、专业期刊和最新研究成果，从而增强对课程内容的理解和掌握。

智能教材的资源更新和共享功能还促进了教师和学生之间的互动与合作。教师可以通过平台发布课外阅读材料或拓展资源，鼓励学生参与到更多的讨论和研究中。学生则可以在平台上与同学分享自己的学习笔记、研究成果和学习经验，从而形成积极的学习社区。这种互动不仅增强了课堂学习的效果，还培养了学生的自主学习能力和合作精神。

（六）智能教材促进职业技能培训

智能教材在职业技能培训方面展现了独特的优势，通过整合行业需求和专业技能培训内容，显著提升了学生的实际工作能力和职业竞争力。这一功能使得智能教材不仅仅是学习知识的工具，更是培养职业技能的重要平台。智能教材能够精准对接行业需求。通过与行业专家和企业的合作，智能教材能够及时更新和调整内容，反映最新的行业标准和技术要求。这种紧密对接行业需求的特点，确保了学生所学的知识和技能与实际工作环境中的要求相一致。在信息技术领域，智能教材会涵盖最新的编程语言、工具和技术应用，使学生能够学习到当前行业中最受欢迎的技能，从而提高他们的就业竞争力。

智能教材提供的职业技能培训内容通常包括模拟实践和案例分析。这些内容帮助学生将理论知识应用于实际操作中。智能教材可以通过虚拟实验和模拟操作，让学生在模拟环境中进行项目管理、工程设计或客户服务等实际工作任务。这种实践体验不仅能够加深学生对专业知识的理解，还能够提高他们解决实际问题的能力，增强他们在职场中的适应能力。另外，智能教材还可以通过整合真实的行业案例和实习机会，进一步提升学生的职业技能。教材中可能包含来自企业的实际案例分析，使学生能够学习如何在真实的工作环境中解决复杂的问题。通过这些案例，学生不仅可以了解行业中的最佳实践，还可以锻炼自己的分析和决策能力。此外，一些智能教材平台还提供在线实习机会，使学生能够在学习期间获得实际的工作经验，为未来的职业生涯做好准备。

在促进职业技能培训的过程中，智能教材还注重个性化学习。系统可以根据学生的学习进度和兴趣，推荐与职业发展相关的额外资源和培训课程。如果学生对某一职业方向特别感兴趣，智能教材可以提供专门的培训模块和相关的行业资讯，帮助学生深入了解该领域的职业发展路径。这种个性化的支持不仅提高了学生的学习动机，还帮助他们制定明确的职业发展目标。

二、多媒体教学资源在中等职业教育中的应用

（一）提升教学效果与参与感

多媒体教学资源通过将文字、图片、音频和视频等多种媒体形式结合，能够显著提升课堂教学效果。相比传统的单一文本材料，多媒体资源能够提供更丰富的视觉和听觉刺激，这种多感官的体验有助于加深学生对学习内容的理解。通过视频教程和动画演示，学生能够直观地看到复杂的技术操作过程或科学原理，从而增强他们的学习兴趣和参与感。此外，多媒体资源还可以通过互动环节，如模拟操作和虚拟实验，激发学生的主动学习欲望，提高学习效果。

（二）支持技能培训与实践操作

多媒体教学资源能够有效支持技能培训和实践操作。虚拟实验室和模拟软件允许学生在虚拟环境中进行实验和操作，从而积累实际经验，而无需实际材料或设备的限制。这种虚拟实践不仅能够帮助学生在实际操作前进行充分练习，还能够提升他们的操作技能和解决问题的能力。此外，多媒体教学资源还可以通过案例分析和项目管理模拟，帮助学生理解职业技能在实际工作中的应用。

（三）增强自主学习与在线教育

多媒体教学资源的灵活性和丰富性使其成为自主学习和在线教育的重要工具。学生可以利用多媒体资源进行自学，随时随地访问教学视频、讲座录音和在线课程。这种自主学习的模式允许学生根据自己的学习节奏和时间安排进行学习，增加了学习的灵活性和便利性。在线课程和电子书籍可以让学生根据自己的需要选择学习内容和深度，进一步拓展学习领域。此外，多媒体资源还可以通过互动平台和论坛支持在线讨论和交流，促进学生之间的合作与学习分享。

（四）促进跨学科知识整合

多媒体教学资源有助于促进跨学科知识的整合。在中等职业教育中，许多课程涉及多个学科的知识点，工程技术课程可能同时涉及数学、物理和计算机科学。多媒体资源能够将这些学科的知识通过互动演示和综合案例进行整合，使学生能够看到不同学科之间的联系和应用。这种跨学科的教学方式不仅能够帮助学生更全面地理解课程内容，还能够提升他们的综合应用能力和创新思维。

（五）支持多样化教学方法

多媒体教学资源能够支持多样化的教学方法，满足不同学习风格和需求的学生。通过视频讲解、音频讨论、图表分析等多种媒体形式，教师能够根据课程内容和学生的学习特

点选择最合适的教学方法。视觉型学习者可能更倾向于观看教学视频和动画，而听觉型学习者则可能更喜欢听讲座录音和音频材料。多媒体资源的丰富性使得教师可以灵活调整教学策略，以适应不同学生的学习风格，从而提高整体教学效果。

第三节　虚拟实验室与模拟培训在中等职业教育中的应用

一、虚拟实验室在中等职业教育中的应用

（一）提供安全的实验环境

虚拟实验室在中等职业教育中的应用，首要优势之一就是提供了一个安全的实验环境。这种安全性通过多种方式得以实现，有效避免了传统实验室中可能遇到的安全风险，保护了学生的健康，并减少了实验材料和设备的损耗。传统实验室往往涉及化学品、机械设备或电气装置的使用，这些设备和材料在操作过程中可能会带来一定的安全隐患。化学实验中使用的试剂和反应物可能具有腐蚀性、毒性或易燃性，操作不当可能导致化学品泄漏、爆炸或有害气体释放。这些风险不仅对学生的身体健康构成威胁，还可能引发实验室火灾或其他意外事件。虚拟实验室通过模拟这些实验过程，学生可以在一个完全虚拟的环境中进行实验操作，而不需要实际接触危险的化学品或设备，从而避免了传统实验中的安全隐患。

通过虚拟实验室，学生可以在没有物理危险的情况下进行各种实验操作。虚拟实验室中的实验环境是数字化的，所有的操作都是在计算机程序中进行的，学生可以通过点击、拖拽等方式完成实验步骤。即便在模拟过程中出现了错误或操作失误，也不会造成实际的危险或损失。举例来说，在化学实验中，学生可以观察反应过程、调整实验条件，而不必担心反应中的化学品会引发爆炸或产生有害气体。学生能够在一个安全的环境中深入了解实验原理和操作步骤，从而提高实验技能和知识掌握程度。虚拟实验室还减少了实验材料的损耗和设备的损坏。在传统实验中，实验材料的使用需要严格控制，以避免浪费和损坏。而虚拟实验室允许学生反复进行实验操作，而无需担心材料的消耗或设备的磨损。学生可以在虚拟环境中多次测试不同的实验条件，探索实验结果，优化实验方案，而这些操作不会带来实际的物质消耗或设备损坏。这种特性不仅节约了教学资源，还提高了实验的经济性和可持续性。

在虚拟实验室中，安全性还体现在对学生操作的实时监控和指导。许多虚拟实验室系统配备了智能提示和错误纠正功能，当学生的操作偏离正确步骤时，系统会及时发出警告并提供纠正建议。这种实时的反馈机制进一步保障了学生在实验过程中能够安全、正确地

完成操作，同时也增强了学生的操作信心和实验技能。

（二）降低实验成本与资源消耗

虚拟实验室在中等职业教育中的应用有效地降低了实验成本和资源消耗，带来了显著的经济和环境效益。与传统实验室相比，虚拟实验室通过数字化模拟实验过程，减少了对实际材料和设备的需求，从而大大降低了实验开支和资源浪费。传统实验室的运作通常需要大量的实验设备和材料，这些设备和材料往往价格昂贵。购买试剂、玻璃器皿、仪器设备的费用往往很高。此外，实验过程中还需要消耗大量的实验材料，这些材料的成本也不容忽视。虚拟实验室通过模拟实验过程，无需实际使用这些昂贵的设备和材料。所有的实验操作都在计算机程序中进行，节省了物理实验所需的资源和费用。虚拟化学实验室可以通过模拟不同的化学反应，而不需要实际采购和处理化学试剂，从而大幅降低实验成本。

传统实验室在实验过程中会产生各种废弃物，如化学试剂残留、实验设备的废弃物等。这些废弃物需要进行处理，可能涉及额外的处理费用和环境保护措施。虚拟实验室则避免了这些实际废弃物的产生，因为所有的实验过程都是虚拟的，不会产生物理材料的消耗或废弃物。这不仅降低了实验的运营成本，还对环境保护产生了积极的影响。此外，虚拟实验室的重复使用性大大提高了资源的利用效率。传统实验室中，实验材料和设备的使用往往受限于实验次数和条件。如果要进行多个实验，可能需要额外的材料和设备。虚拟实验室通过数字化平台允许学生反复进行实验操作，而无需额外的材料消耗。学生可以在虚拟环境中多次调整实验参数，测试不同的实验条件，进行广泛的实验探究，而这些操作不会增加额外的成本或资源消耗。

虚拟实验室还可以通过模拟多种实验场景和操作，提升实验教学的灵活性和效率。教师可以根据教学需要，设计各种实验情境和问题，让学生在虚拟环境中进行探索和实践。这样的灵活性使得实验教学能够适应不同的教学目标和内容，而不会因为材料或设备的限制而受到影响。教师可以创建不同的实验模块和课程内容，让学生在虚拟环境中进行全面学习和练习，进一步提高教学的效果和效率。

（三）提供无限的实验机会

虚拟实验室的一个显著优势是能够提供几乎无限的实验机会，使学生在没有时间和空间限制的情况下进行实验。这种灵活性在传统实验室中难以实现，因为实际实验往往受到设备数量、实验时间和空间的限制，而虚拟实验室通过其数字化特性，突破了这些限制，为学生提供了丰富的实践体验。传统实验室由于物理空间的限制，往往只能容纳有限数量的实验设备和学生。这种空间限制意味着每个学生能够进行的实验次数受到限制，并且实验设备的使用也需要排队等待。虚拟实验室则通过计算机模拟技术，将实验环境和设备虚拟化，学生可以在任何时间、任何地点进行实验。无论是进行复杂的工程设计，还是操作各种实验仪器，学生都可以在虚拟实验室中随时进行，而不必受到物理空间的约束。

在传统实验室中，由于设备的有限性，往往需要对实验设备进行合理调度，以满足多个学生的实验需求。这种设备资源的有限性不仅限制了学生的实验机会，也可能导致实验进度的拖延。而在虚拟实验室中，每位学生都可以独立使用虚拟设备进行实验操作，设备的数量不再成为限制因素。学生可以在虚拟环境中进行各种实验操作，例如机械装置的组装与拆解，或者编程和系统测试等，从而获得更多的实践经验。由于实验材料和设备的消耗限制，学生可能只能进行有限次数的实验操作。即便实验中出现错误或需要调整实验条件，也可能受到实验材料和设备的限制。而虚拟实验室通过模拟环境，使学生能够无限次地进行实验练习。这种反复操作的机会使学生能够在实验中不断尝试、调整和优化实验方案，从而提高他们的技能水平和解决问题的能力。

学生可以根据自己的学习进度和兴趣选择实验内容，进行自主学习。这种个性化的学习方式使学生能够根据自己的需求和目标进行实验探究，而不必依赖于固定的课程安排或实验计划。无论是深入研究某一特定领域，还是尝试不同的实验设计，虚拟实验室都能为学生提供灵活的学习平台。

（四）支持多学科整合与复杂实验模拟

虚拟实验室在中等职业教育中具有重要的优势，能够支持多学科知识的整合和复杂实验的模拟。这种功能特别适用于那些涉及多个学科交叉应用的课程，能够让学生在一个综合平台上进行多学科知识的综合操作，从而提高他们的综合能力和应用水平。虚拟实验室通过其灵活的数字化环境，能够模拟涉及多个学科的复杂实验情境。许多学科的交叉应用往往需要不同实验室和设备的支持，这可能导致学生在实际操作中难以将多个学科的知识结合起来。而虚拟实验室则可以在一个平台上融合物理学、化学、生物学等多个学科的内容。学生可以在虚拟实验室中进行一个综合性的环境监测实验，既涉及化学的污染物分析，也需要物理学的测量技术和数据科学的分析方法，从而全面了解污染物对环境的影响。

学生能够在一个统一的虚拟环境中进行复杂实验，这些实验通常涉及多个学科的知识应用。在一个涉及工程技术和环境科学的虚拟实验中，学生可以同时应用物理学的原理进行机械设计，利用化学知识进行材料测试，并结合环境科学的数据分析方法进行结果评估。这种综合性的实验操作帮助学生理解不同学科之间的联系，提高他们的跨学科解决问题的能力。虚拟实验室还可以通过模拟不同领域的实际问题，让学生进行综合性的解决方案设计。学生可以在虚拟实验室中模拟一个涉及工程设计和环境保护的项目，如设计一个绿色建筑或开发一个污染治理系统。在这种模拟中，学生需要综合应用工程技术、环境科学、数据分析等多个学科的知识，制定出科学合理的解决方案。这种实践经验不仅提高了学生的跨学科整合能力，还为他们未来的职业发展奠定了坚实的基础。

虚拟实验室的多学科整合功能也支持学生进行创新性实验。传统实验室的实验往往受到设备和材料的限制，创新实验的实施可能受到限制。而虚拟实验室提供的灵活平台允许学生自由组合不同学科的实验元素，尝试新的实验方法和技术。学生可以在虚拟环境中探索创新的实验方案，进行跨学科的实验设计和测试，从而激发他们的创新思维和实践能力。

二、模拟培训在中等职业教育中的应用

（一）提高实操技能和操作熟练度

模拟培训在中等职业教育中的应用，显著提升了学生的实操技能和操作熟练度。通过创造接近真实的工作环境和任务，模拟培训使学生能够在虚拟环境中进行实际操作，这种体验为他们掌握必需的职业技能提供了有效的途径。在传统的实操训练中，学生通常需要面对实际设备和材料，这些资源往往成本高且维护难度大。通过模拟培训，学生能够在虚拟环境中完成各种操作练习，无需担心设备损坏或材料浪费。在机械工程课程中，学生可以使用模拟软件进行机械装置的组装、调试和故障排除。这种虚拟实操训练不仅减少了实际操作中的风险，还避免了设备的实际损耗，让学生能够集中精力在技能的提升上。

模拟培训允许学生进行反复操作练习，从而逐步提高技能水平。传统实验室的设备和材料往往有限，学生在实际操作中可能只能进行有限次数的练习。而在虚拟环境中，学生可以无限次地进行操作练习，无论是进行复杂的机械装置调整，还是熟悉各种操作步骤，都可以在虚拟环境中重复进行。这样的练习机会使学生能够逐步掌握操作技巧，增强他们的操作熟练度。通过反复模拟不同的机械故障处理情境，学生能够更好地理解和掌握故障排除的技巧，提高他们的实操能力。传统课堂教学中，学生往往通过理论学习和讲解来理解操作过程，而模拟培训则通过可视化的虚拟环境和互动操作，让学生直接参与到操作中。学生可以在虚拟环境中实时看到操作的结果和影响，这种直观的反馈有助于加深他们对技能和操作步骤的理解。在一个虚拟的电子电路模拟中，学生可以实时调整电路元件，并观察电路行为的变化，这种互动性和反馈机制有助于学生更快地掌握电路设计和调试的技能。

（二）提供真实工作情境的体验

模拟培训通过创建虚拟工作环境和任务，使学生能够在类似于真实工作的情境中进行操作。这种虚拟体验让学生在没有实际工作压力的情况下，熟悉未来可能遇到的各种工作情境。在医疗护理课程中，模拟培训可以创建虚拟病人情境，学生需要进行病历记录、诊断、急救处理等操作。学生能够体验到真实的工作任务和挑战，从而为实际工作做好充分准备。虚拟病人的护理操作不仅让学生了解真实工作中的具体操作流程，还能够帮助他们应对各种突发情况，提高他们的实际应对能力。

模拟培训使学生能够在虚拟环境中练习解决实际工作中可能遇到的问题。传统教学往

往只能提供理论知识和部分实际操作的机会，而模拟培训通过提供复杂的虚拟工作任务，让学生能够实际操作和解决问题。在工程技术课程中，学生可以通过模拟系统进行设备维护和故障排除练习。这种模拟训练不仅让学生熟悉设备的工作原理，还能够帮助他们掌握故障处理的技巧，从而在实际工作中更好地应对设备故障。模拟培训还能够帮助学生在真实工作环境中适应工作节奏和要求。许多职业领域要求工作者能够在高压力和快节奏的环境中高效工作。学生可以在虚拟环境中体验到这种高压工作环境，从而提高他们的工作适应能力。模拟培训可以设置紧急任务和时间限制，让学生在规定时间内完成任务，这种训练有助于学生提高时间管理能力和工作效率，为将来进入职场做好准备。

模拟培训支持个性化学习，能够根据学生的学习进度和能力进行调整。在传统的职业教育中，所有学生通常在同一环境下进行学习，而模拟培训允许根据学生的实际情况进行个性化设置。某些学生可能需要更多的实践机会来掌握特定技能，而另一些学生可能需要更多的挑战来提升他们的应对能力。虚拟环境的灵活性使得这些个性化需求得以满足，帮助学生更好地适应未来的工作要求。

（三）支持复杂问题解决能力的培养

模拟培训在中等职业教育中具有重要的作用，特别是在培养学生的复杂问题解决能力方面。通过模拟各种复杂的工作任务和情境，学生能够在虚拟环境中面对和解决实际工作中可能遇到的复杂问题，从而提高他们的分析和决策能力。传统教学通常侧重于理论知识的讲授，而模拟培训则通过构建复杂的虚拟工作任务，让学生在模拟的工作环境中进行实际操作。在商业管理课程中，学生可以参与模拟的商业决策过程，包括市场分析、财务管理和战略规划等。这种模拟训练不仅让学生体验到实际工作中的复杂问题，还帮助他们理解复杂工作流程中的关键环节。在一个虚拟商业决策模拟中，学生需要根据市场数据和财务报表制定战略计划，这一过程让他们深入了解如何在复杂的商业环境中做出明智的决策。

面对复杂问题时，单次尝试往往难以找到最佳解决方案。虚拟环境提供了多次实验和调整的机会，让学生能够不断尝试不同的解决策略，从中找出最有效的方案。学生可以在虚拟实验室中模拟不同的设计方案，调整参数并测试结果。通过这种反复练习，学生能够深入理解问题的本质，并掌握解决复杂问题的技巧，从而提高他们的综合能力和职业素养。在许多复杂问题的解决过程中，团队合作和有效沟通是至关重要的。模拟培训通过设置团队任务，让学生在虚拟环境中进行合作和交流。在一个虚拟的项目管理模拟中，学生需要与团队成员合作，分配任务、协调进度并解决项目中的各种问题。这种团队合作的体验帮助学生理解在复杂任务中如何有效沟通和协调，从而提高他们的团队合作能力和沟通技巧。

在传统的课堂教学中，学生往往按照固定的教学进度进行学习，而模拟培训提供了更多的自主学习机会。学生可以根据自己的兴趣和需求，选择不同的模拟任务进行练习和探索。学生可以在虚拟环境中开发和测试自己的软件应用，尝试不同的编程方法和解决方案。这种自主学习和创新的机会，鼓励学生积极探索和解决复杂问题，从而提升他们的创新能力和自主学习能力。模拟培训的综合性和互动性大大提高了学生的学习效率和成果。通过模拟的方式，学生能够在接近真实的情境中进行操作，从而更好地理解和掌握复杂问题的解决方法。这种高效的学习方式不仅提高了学生的技能水平，也增强了他们的职业素养，为未来的职业生涯奠定了坚实的基础。

（五）增强团队合作和沟通技能

许多职业领域要求高效的团队协作和有效的沟通，模拟培训通过设计团队任务和角色扮演，帮助学生在虚拟环境中培养这些关键技能。模拟培训通过设置复杂的团队任务，让学生体验到在团队中协作的实际情况。在传统课堂中，学生的工作通常是独立完成的，而模拟培训则通过创建团队项目，要求学生在虚拟环境中与其他“团队成员”一起合作。在项目管理课程中，学生可以参与一个模拟的项目团队，进行项目计划、任务分配和进度管理。这种模拟训练让学生理解团队合作的实际要求，帮助他们在团队环境中明确各自的角色和责任，提升他们的合作意识和协调能力。

模拟培训强调沟通的重要性，通过角色扮演和团队讨论，增强学生的沟通技巧。在真实的工作环境中，良好的沟通能力是成功的关键因素。模拟培训通过设定虚拟工作场景，要求学生与团队成员进行有效沟通。在模拟的商业谈判中，学生需要与其他团队成员讨论策略、交换意见并达成共识。这种模拟练习不仅提高了学生的语言表达能力，还培养了他们的倾听和反馈技巧，使他们能够更好地理解和回应他人的观点。模拟培训还帮助学生发展领导力和组织能力。在团队合作的过程中，往往需要有人承担领导和组织的角色。模拟培训通过设置团队领导和管理角色，提供了锻炼领导力的机会。学生可以在模拟项目中担任项目经理，负责协调团队工作、解决冲突和推动项目进展。这种角色扮演不仅增强了学生的领导能力，还培养了他们的组织能力和决策技巧，为未来的职场挑战做好准备。模拟培训提供了安全的环境，让学生能够尝试和犯错。通过反复练习和调整，学生能够在安全的环境中提高团队合作和沟通的能力，建立自信并改进工作方法。

第四节　人工智能技术在中等职业技能训练中的应用

一、智能化培训平台的应用

利用自适应学习系统能够显著提高学习效率。这些系统通过分析学员的学习进度和掌握情况，能够实时调整学习内容和节奏，提供量身定制的学习建议。学员在学习过程中可能会遇到不同的难点，自适应学习系统会根据学员的具体问题推荐相关的资源和练习，确保每一位学员都能按照自己的节奏进行学习。这种个性化的学习方式不仅提高了学习效率，也增强了学习的针对性，使学员能够更好地掌握所需技能。虚拟实验室提供了一个逼真的模拟训练环境，让学员能够在模拟的场景中进行实际操作。这种环境不仅让学员可以在没有实际风险的情况下进行操作练习，还能够体验到真实操作中的细节和复杂性。学员能够在较低的成本下进行大量的练习，这种重复的操作练习有助于巩固技能，提高实际操作能力。模拟环境的高度真实感使得学员在遇到实际工作情境时，能够更从容地应对挑战。

传统培训模式中，学员的学习进度和效果往往需要通过人工检测和分析，这不仅效率低下，而且容易产生误差。智能化平台利用先进的数据分析技术，能够实时监控学员的学习进度，自动生成学习报告，帮助教师及时了解学员的掌握情况。这种数据驱动的管理方式，使得教师能够更有针对性地进行辅导，确保每位学员都能够得到适合的指导和支持。通过虚拟现实（VR）和增强现实（AR）技术，培训平台能够创建更为丰富和多样化的训练场景。这些技术不仅增强了学习的沉浸感，还能模拟一些难以在现实中再现的操作场景。学员通过这些高仿真的虚拟环境，可以更加全面地理解和掌握复杂的操作流程，提高了技能训练的效果和质量。

二、技能评估与反馈

在现代职业技能训练中，AI 技术的应用极大地提升了技能评估的效率和准确性。借助实时监控技术，AI 能够对学员的操作过程进行全面观察和分析。这种实时监控不仅能捕捉到每一个操作细节，还能够即时识别出操作中的错误或偏差。通过这些数据，AI 系统可以立即向学员反馈错误信息，并提供具体的改进建议。这种及时的反馈机制确保了学员能够在问题刚出现时就得到纠正，防止错误的积累，从而提高学习效率和技能掌握的准确性。此外，技能评估与反馈的另一大优势在于数据分析的深度。AI 技术能够收集和分析大量的学习数据，包括学员的操作频率、错误类型以及学习进度等。这些数据通过先进的分析工具生成详细的进展报告，使得教师和学员能够清晰地了解技能掌握情况。教师可以根据这些报告识别学员的强项和弱点，制定更有针对性的教学计划，而学员则可以通过报告了解自己的学习进展，明确未来的学习方向。这种基于数据的评估方法使得技能训练不再依赖主观判断，而是建立在客观数据的基础上，从而提高了评估的准确性和可靠性。

通过 AI 技术，技能评估不仅局限于静态的测验，还可以进行动态的实时评估。学员在实际操作过程中，AI 系统能够持续追踪和评估其表现，根据操作的实时数据提供即时反馈。这种动态评估能够更全面地反映学员的实际操作能力，避免了传统评估方法中可能出现的时效性问题。此外，AI 系统还能够分析学员在不同训练阶段的表现，识别出潜在的能力瓶颈，为进一步的训练和改进提供有价值的参考。同时，AI 驱动的反馈机制还能够提升学员的学习主动性和参与度。即时的错误反馈和改进建议不仅帮助学员及时纠正错误，还激发了他们的学习兴趣。学员在收到详细的反馈后，可以迅速调整学习策略，集中精力解决自身的薄弱环节。这样，学习过程变得更加互动和参与，学员在自主学习和不断改进的过程中提升了技能掌握的深度和广度。

三、智能辅导与支持

在职业技能培训中，智能辅导和支持系统的引入极大地改变了学员的学习体验。AI助手作为即时技术支持的提供者，为学员解答课程中的各种疑问。在传统的培训模式中，学员在遇到问题时往往需要等待教师的答复，可能会因为时间延迟而影响学习进度。AI助手可以实时响应学员的问题，提供准确而迅速解答。这种即时支持不仅减少了学员的等待时间，还能够帮助他们在学习过程中快速解决问题，避免了由于疑惑未解而造成的学习中断。AI系统通过分析学员的学习数据，能够提供个性化的辅导策略。这些系统能够收集学员的学习记录、成绩数据以及操作习惯，综合分析后生成适合的学习方案。基于这些分析结果，AI系统可以推荐针对性的辅导策略，比如额外的练习题、详细的解释材料或是专门的技能提升课程。这种个性化的推荐不仅提高了辅导的精准度，也能够满足不同学员的学习需求，确保每位学员都能获得最适合自己的学习支持。

通过对学员学习进度和表现的监控，AI可以实时调整推荐的学习资源。当学员在某一特定领域表现出不足时，AI系统可以推荐相关的补充材料和实践资源，帮助学员在短时间内提升该领域的技能。反之，当学员在某一领域表现出色时，AI系统也可以推荐更高级的课程或挑战性的项目，帮助学员继续拓展自己的知识面和技能范围。智能辅导与支持的另一个优势在于提供了灵活的学习方式。AI助手不仅可以在学员需要时提供支持，还可以根据学员的学习时间和节奏进行调整。在非工作时间或晚上，AI助手依然可以为学员提供帮助，解决他们在自主学习过程中遇到的问题。这种灵活性不仅满足了学员的学习需求，也提升了他们的学习体验，使他们能够在任何时间、任何地点进行高效学习。

四、技能训练内容的优化

AI技术在这一领域的应用极大地增强了学习的针对性和实用性。通过对学员兴趣和需求的分析，AI可以精准地推荐相关的技能培训课程和材料。学员的兴趣和需求往往因个人背景和职业目标的不同而有所差异。AI系统能够基于学员的学习记录、职业发展方向及兴趣偏好，推荐最适合的课程和材料。这种个性化的推荐不仅提高了学习的相关性，还确保了学员能够接触到最符合其职业需求的培训内容，从而提升了培训的实用性。传统的培训内容更新往往需要较长的时间且过程烦琐，这可能导致课程内容在实际应用中变得过时。AI系统可以根据最新的行业动态和技术进步，自动更新培训材料，确保内容的时效性和前沿性。当某一技术或行业标准发生变化时，AI系统能够迅速调整课程内容，添加新的信息和案例，确保学员获得最新的知识和技能。这种实时更新的能力使得培训内容始终保持在行业的最前沿，避免了过时信息对学员技能培养的影响。

通过对学员学习效果的数据分析，AI 能够识别出哪些内容或形式对学员学习最有效，从而优化课程设计。如果数据表明某种教学方法或练习形式特别受到学员欢迎，AI 可以建议增加类似的内容或方法。这种基于数据的课程优化不仅提升了学习效果，还能提高学员的参与度和满意度，使得培训过程更加高效和愉快。智能推荐系统还可以帮助学员在不同学习阶段获得相应的支持。AI 可以根据学员的学习进度推荐进阶课程或更高难度的挑战，帮助他们逐步提升技能水平。这种层级化的学习路径不仅有助于学员系统化地掌握技能，还能激发他们的学习兴趣，推动他们不断进步。通过这样动态的优化和推荐，AI 技术为技能训练提供了更为灵活和个性化的支持，确保学员能够获得最符合自身发展需求的培训内容。

五、模拟与预测分析

模拟与预测分析的结合为学员提供了更为全面和安全学习体验。AI 可以创建虚拟手术室，让学员在安全的虚拟环境中进行手术练习，掌握复杂的操作技巧而不必面对实际操作中的风险。这种逼真的模拟环境不仅能够提高学员的操作熟练度，还能有效地减少实际工作中的错误发生，保障操作安全。除了提供逼真的模拟环境外，AI 技术还能够进行精准预测分析，以指导未来的学习方向。通过收集和分析学员在培训过程中的数据，AI 系统能够预测其未来的表现和可能存在的技能不足。这些数据包括学员的操作频率、错误类型、学习进度等，通过对这些数据的综合分析，AI 可以识别出学员在特定领域的潜在问题或技能短板。预测分析不仅帮助教师了解学员的当前能力，还能提前发现其在未来可能遇到的挑战，从而制定出有针对性的辅导方案。

AI 系统能够在预测到学员可能出现的技能不足时，自动触发相应的干预措施。当系统预测到学员在某一技能方面可能会遇到困难时，可以立即推荐额外的练习任务、补充学习材料或安排针对性辅导课程。这种提前的干预不仅能够帮助学员及时弥补技能缺陷，还能够在问题变得严重之前加以解决，防止技能问题影响到实际工作表现。AI 技术能够根据每个学员的学习数据和预测分析结果，制定出量身定制的培训方案。这些方案不仅包括针对性技能训练，还可以结合学员的职业目标和发展方向，提供适合的学习路径和资源推荐。个性化的培训计划有助于提高学员的学习动机和效果，使得每位学员都能够在最适合自己的方式下进行学习和成长。

第四章　人工智能在中等职业教育中的教学模式创新

第一节　翻转课堂与混合式学习在中等职业教育中的应用

一、翻转课堂在中等职业教育中的应用

（一）课前自主学习资源开发

教师需要精心设计和制作学习资源，这些资源的形式可以多样化，包括视频讲解、在线课程、电子教材和互动练习等。通过视频讲解，教师可以直观地展示教学内容，将重点难点清晰地传达给学生。同时，在线课程提供了更多的学习机会和资源，学生可以根据自己的学习进度进行自主安排。这种资源形式的多样化不仅丰富了学生的学习体验，也提高了他们学习的灵活性和主动性。教学内容应简明扼要，突出重点，并通过多媒体手段增强学习的直观性和趣味性。通过合理的课程设计和精炼的内容呈现，学生可以在课前高效地掌握基础知识，为课堂上的深入学习和讨论做好充分准备。此外，互动练习也是不可或缺的一部分，它不仅能帮助学生巩固所学知识，还能为他们提供即时反馈，使他们能够及时发现并纠正自己的理解误区。通过这样的练习，学生能够在预习阶段进行有效自我评估，从而更好地掌握学习内容。

教师可以通过这些平台为学生提供预习指引和自测题，帮助他们更有针对性地进行学习。这些自测题不仅能帮助学生检测自己对知识的掌握程度，还能为教师提供有关学生学习情况的重要反馈信息。根据这些反馈，教师可以进一步调整课堂内容和教学策略，以更好地满足学生的学习需求。与此同时，这种在线互动的方式也增强了师生之间的沟通，使得学生在预习过程中遇到的问题能够及时得到解决，从而提高学习的效果和效率。开发课前自主学习资源的过程中，教师不仅要关注内容的质量，还要注重资源的可访问性和使用的便利性。所有学习资源应尽可能地易于获取，学生能够随时随地通过网络进行学习。此外，教师还应考虑到学生的不同学习风格和需求，提供多样化的资源选项，让学生可以根据个人偏好选择最适合自己的学习方式。对于一些擅长视觉学习的学生，教师可以提供更

多的视频资源；而对于习惯阅读的学生，则可以提供详细的电子教材和文本资料。这种灵活的资源配置有助于提高学生的学习兴趣和积极性，从而更好地发挥翻转课堂的教学效果。

教师还应定期更新和优化课前学习资源，以确保其内容的时效性和相关性。随着教学进度和学生学习需求的变化，原有的学习资源可能需要进行调整和更新。因此，教师应保持与学生的紧密沟通，及时收集他们的反馈意见，不断改进和完善学习资源。这种动态调整的机制能够确保资源始终与教学目标和学生需求保持一致，从而更好地支持学生的学习和成长。通过以上措施，教师可以有效地开发出高质量的课前自主学习资源，为翻转课堂的成功实施奠定坚实的基础。

（二）课堂互动与合作学习

在课堂教学过程中，教师应灵活运用各种互动教学方法，旨在促进学生的参与和合作学习。通过这些互动活动，学生能够在互相交流的过程中加深对知识的理解，并通过集体智慧解决问题。小组讨论是一种常见且有效的互动方式，学生们可以在讨论中分享各自的观点，激发彼此的思维，拓展他们对学习内容的理解深度。这种方法不仅提升了学生的学习主动性，还为他们提供了一个相互学习和互相启发的机会。案例分析作为一种有效的教学方法，可以让学生在课堂上通过分析实际案例来理解理论知识的应用。教师可以选择与学生专业相关的真实案例，鼓励学生结合所学理论进行分析和解决问题。这种方法不仅让学生更加贴近实际工作环境，还能帮助他们培养解决实际问题的能力。此外，案例分析的过程也促进了学生之间的合作，特别是在团队合作解决问题的过程中，每个学生都能发挥自己的特长，共同完成任务，从而培养他们的团队合作能力和沟通技巧。

角色扮演是一种更加互动和富有创造性的教学方法，尤其适合在中等职业教育中应用。通过角色扮演，学生能够模拟真实工作场景，扮演特定角色，并运用所学知识解决问题。这种教学方式不仅让学生更好地理解职业环境中的角色要求，还能提升他们的实际操作能力和职业素养。在模拟一个客户服务场景时，学生需要扮演客户和服务人员，通过实际交流来解决问题，这种体验可以帮助他们更好地理解和适应未来的职业角色。此外，角色扮演还能够增强学生的语言表达能力和临场应变能力，使他们在未来的工作中更加从容自信。通过模拟真实的工作环境，学生能够在实践中应用所学技能，并在实操中发现和解决问题。这种沉浸式的学习体验不仅能够强化学生的职业技能，还能提升他们的职业素养，使他们更加适应未来的工作要求。在模拟一个机械维修的场景中，学生不仅要掌握理论知识，还需要动手操作，完成设备的检查和维修。这种实践活动不仅能加深他们对知识的理解，还能帮助他们在实际工作中更加熟练和自信地运用这些技能。

课堂上的互动与合作学习还可以有效提升学生的软技能，如团队合作能力和沟通技巧。在现代职场中，团队合作和有效沟通是非常重要的能力，而通过翻转课堂的互动教学方法，学生能够在不断合作中提升这些技能。通过在课堂上进行小组任务、合作项目等活动，学生们学会了如何与他人协作，如何表达自己的观点，并如何倾听和理解他人的意见。这些经历不仅为他们提供了宝贵的学习机会，也为他们未来的职业发展打下了坚实的基础。

（三）个性化辅导与差异化教学

个性化辅导与差异化教学是翻转课堂模式的重要组成部分，能够有效提升学生的学习体验和学习效果。在翻转课堂的背景下，教师可以通过课前学习数据的分析，深入了解每个学生的学习进度和理解水平。这些数据不仅包括学生在观看教学视频、完成在线练习中的表现，还包括他们在课堂讨论中的参与度和作业完成情况。教师能够准确地识别出学生在学习中遇到的困难和优势，从而制定有针对性的教学策略，提供个性化的辅导。对于那些在学习过程中表现出困难的学生，教师可以根据他们的具体需求提供补习和一对一的辅导。这种辅导不仅限于学术上的帮助，还可以包括学习方法的指导和心理上的支持。通过与学生的深入沟通，教师能够了解他们在学习中的具体困惑，并提供相应的帮助。这种个性化的辅导方式不仅能够帮助学生克服学习障碍，还能增强他们的学习信心和动力。同时，教师也可以通过调整教学节奏和内容，帮助这些学生逐步跟上课程的进度，避免他们在学习中产生焦虑或挫败感。

对于进度较快、学习能力较强的学生，教师可以设计更具挑战性的任务和项目来激发他们的学习潜力。这些任务可以包括更深入的研究课题、复杂的案例分析或实际应用项目等。通过提供这些高难度的学习任务，教师不仅可以满足这些学生对知识的渴求，还能培养他们的批判性思维和创新能力。此外，教师还可以鼓励这些学生参与到课堂教学的辅助工作中，如帮助同学解决学习问题，或组织和领导小组讨论。这种方式不仅让他们在学习中承担更多的责任，还能够提升他们的领导力和合作能力。教师可以根据学生的不同学习风格和兴趣，提供多样化的学习资源和活动。针对喜欢视觉学习的学生，教师可以提供更多的图表、视频和演示文稿；而对于习惯于听觉学习的学生，则可以提供音频讲解和讨论录音。此外，教师还可以根据学生的兴趣，设计与他们未来职业相关的学习内容和任务，使学习更具吸引力和实用性。这种差异化的教学策略不仅能够提高学生的学习兴趣，还能帮助他们更好地掌握知识，为未来的职业发展做好准备。

在翻转课堂模式下，个性化辅导与差异化教学的实施还可以通过现代教育技术手段来辅助和优化。教师可以利用学习管理系统（LMS）跟踪学生的学习进度，并根据学生的表现动态调整教学内容和策略。教师可以为学生提供个性化的学习路径，并定期为学生推送适合他们的学习资源和练习。此外，在线学习平台还可以为学生提供即时的反馈和评估，帮助他们及时发现和纠正学习中的问题。这种基于数据驱动的教学方式能够极大地提升个性化辅导和差异化教学的效率和效果。

（四）课后反思与持续改进

教师应当鼓励学生在每次课后进行学习心得的记录。这种做法不仅能够帮助学生梳理和总结所学内容，还能让他们更清晰地认识到自己在学习过程中遇到的挑战和问题。通过撰写学习日志或反思报告，学生可以回顾和思考自己的学习过程，分析哪些方法有效，哪些方面需要改进。这种反思过程能够加深学生对知识的理解，并且培养他们的批判性思维能力和自我评估能力，使他们在未来的学习中更加自主和高效。此外，教师需要定期收集和分析学生的反馈，以全面了解教学效果和存在的问题。学生的反馈可以通过多种方式收集，如问卷调查、课堂讨论、匿名建议箱等。通过这些反馈，教师可以了解到学生对教学内容的掌握情况、教学资源的使用情况以及课堂互动的效果。教师在分析这些反馈时，应特别注意学生提出的共性问题和个别学生的特殊需求。通过反馈信息，教师可以及时调整教学策略，确保每个学生都能在适合自己的节奏中获得最大程度的学习成果。

在进行教学反思的过程中，教师还应关注自身的教学实践和专业发展。课后反思不仅是对学生学习效果的评估，也是对教师自身教学效果的检验。通过反思，教师可以审视自己的教学方法是否适应学生的学习需求，教学内容是否具有足够的吸引力和挑战性，以及教学资源的使用是否有效和充分。教师可以通过同行交流、教学研讨等方式，将自己的反思与他人的经验相结合，从中汲取改进教学的灵感和方法。这种持续的反思和改进过程，不仅能够帮助教师不断提高自己的教学水平，还能为学生创造更为丰富和有意义的学习体验。课后反思与持续改进还能够帮助教师优化资源配置，提高教学资源的利用效率。在翻转课堂中，教学资源的质量和使用效果直接影响到学生的学习成果。通过课后反思，教师可以识别出哪些资源最受学生欢迎，哪些资源在教学中发挥了最佳效果。同时，教师也可以根据学生的反馈，调整或更新教学资源，确保其内容的时效性和相关性。教师可以定期更新视频讲解的内容，引入最新的案例或实际应用，增强学生对知识的理解和兴趣。通过优化资源配置，教师能够为学生提供更为丰富和高效的学习支持，进一步提升教学效果。

教师通过引导学生进行自我反思和总结，可以帮助他们更好地理解自己的学习过程和学习方法。这种反思过程能够促使学生更加主动地规划和管理自己的学习活动，培养他们的自主学习能力。此外，教师的持续改进也能够为学生树立榜样，使他们认识到学习和成长是一个不断完善的过程。通过在课堂上实施反思与改进的机制，教师能够帮助学生养成良好的学习习惯，并为他们的终身学习和职业发展打下坚实的基础。

（五）技术支持与资源共享

学校应当为教师和学生提供必要的技术设备和网络环境，以确保在线学习资源的顺利访问。这不仅包括硬件设备，如计算机、平板、投影仪等，还涉及高速稳定的网络连接。只有在良好的技术环境下，学生才能随时随地访问学习资源。同时，教师也需要便捷的技术工具来制作和分发教学资源，例如视频编辑软件、在线课堂平台和学习管理系统（LMS）等。这些技术工具能够帮助教师更好地准备课程，并跟踪学生的学习进度和表现。教师之间应积极开展资源共享与合作，通过建立统一的资源库，共同使用和更新教学资源。资源库可以包含课程视频、课件、练习题、案例分析等多种形式的教学资料，教师可以根据教学需要灵活选择和使用这些资源。通过资源共享，教师能够减少重复劳动，集中精力在教学内容的优化和创新上，从而提升教学效率和质量。此外，教师之间的协作还可以通过教学研讨会和工作坊的形式展开，分享教学经验和方法，探讨如何更好地实施翻转课堂。这种协作不仅有助于教师的专业发展，也能为学生带来更加丰富和多样化的学习资源。

通过云计算平台和学习管理系统，学校可以集中存储和管理大量的教学资源，并为教师和学生提供个性化的访问权限。这些系统不仅能够帮助教师更方便地上传和分享资源，还能为学生提供个性化的学习路径和推荐内容。通过这些技术手段，教师可以根据学生的学习进度和兴趣调整教学内容，提供更具针对性的学习资源和支持，从而提高学生的学习效果。此外，在线平台还可以记录和分析学生的学习数据，为教师提供数据支持，帮助他们更好地理解学生的学习情况，做出相应的教学调整。这不仅包括课堂上的实时互动，还应包括在线平台上的交流与讨论。教师可以通过在线论坛、即时通信工具和电子邮件等方式，与学生保持密切的联系，及时解答他们在学习中遇到的问题。这种互动能够增强学生的学习积极性，并帮助他们更好地理解和掌握所学内容。同时，教师也可以通过在线平台收集学生的反馈，了解他们对教学资源和方法的看法，从而不断改进和优化教学策略。通过这种双向的互动和反馈机制，教师和学生之间的沟通更加顺畅，教学效果也得以持续提升。

技术支持与资源共享不仅能够丰富教学内容，还能为翻转课堂的推广和普及提供有力保障。通过信息技术的支持，学校可以将优质的教学资源推广到更多的学生和教师手中，尤其是在教育资源相对匮乏的地区。通过远程教育平台，教师可以跨越时间和空间的限制，将翻转课堂的教学理念和方法传播给更多的同行和学生，从而扩大其影响力。同时，资源共享的机制也能够促进教育公平，帮助更多的学生获得优质的教育资源和学习机会。

二、混合式学习在中等职业教育中的应用

（一）线上与线下教学的结合

线上与线下教学结合在混合式学习中起到了关键作用，它为学生提供了更为灵活且丰富的学习体验。线上教学部分可以利用现代技术的优势，通过视频讲解、在线测试和虚拟实验等方式，让学生在课堂之外也能进行自主学习。视频讲解提供了一个灵活的学习时间安排，学生可以根据自己的节奏进行学习，反复观看难点内容，直到完全理解。此外，在线测试为学生提供了即时反馈的机会，帮助他们在学习过程中不断校正自己的理解，巩固

所学知识。虚拟实验则为学生提供了一个安全且可重复的实践环境，尤其适用于那些在现实中难以操作或危险性较高的实验项目。这些线上资源使学生能够在课前或课后预习和复习，扩展他们的学习时间和空间。许多课程都需要学生进行动手操作和技能训练，这正是线下教学的优势所在。通过线下的实践操作，学生能够将线上所学的理论知识应用到实际情境中，从而加深对知识的理解和记忆。同时，线下教学还提供了一个直接的师生互动平台，教师可以通过观察和指导，及时纠正学生在操作中的错误，提供个性化的反馈和建议。此外，线下教学中的团队合作和小组讨论也能够培养学生的协作能力和沟通技巧，帮助他们更好地适应未来的职业环境。

线上与线下教学的结合不仅最大化了教学资源的利用，还优化了学生的学习路径。线上部分为学生提供了广泛的资源和灵活的学习时间，而线下部分则通过面对面的互动和实践操作巩固了学生的学习成果。这种结合模式特别适合中等职业教育中需要实操技能的课程，因为它能够在保障理论学习的基础上，提供充足的实践机会，确保学生能够在实际工作中应用所学技能。学生不仅能够更好地掌握知识，还能培养出扎实的操作技能和团队协作能力，为未来的职业发展打下坚实的基础。通过在线学习平台，教师可以方便地跟踪学生的学习进度，了解他们的学习情况，并根据需要调整教学内容和节奏。在线下课堂上，教师则可以通过实际操作评估学生的技能掌握情况，并通过观察学生的表现，及时发现和解决他们在学习中遇到的问题。这样一来，教师可以更加全面地了解学生的学习情况，提供更为精准和有效的教学支持，进一步提升教学质量和学生的学习效果。

（二）自学与指导相结合的学习模式

自学与指导相结合的学习模式在混合式学习中发挥着重要作用。这一模式首先鼓励学生在自主学习中探索知识，他们可以通过线上提供的多种资源，如视频课程、电子书籍和互动练习，按照自己的节奏安排学习进度。这种自主学习的方式给予学生更多的学习自由度，使他们能够根据个人兴趣和学习风格选择最适合自己的学习内容和方法。同时，自主学习还培养了学生的自律性和时间管理能力，使他们在学习过程中更加主动，逐渐养成独立思考和解决问题的能力，这对于他们未来的职业生涯尤为重要。虽然学生在自学过程中可以获得大量的信息和知识，但他们在遇到难题或理解不透彻的内容时，仍然需要教师的帮助和指导。教师可以通过定期的课堂讨论、一对一辅导和在线咨询等形式，了解学生的学习表现和困惑，并提供个性化的辅导和反馈。这种指导不仅帮助学生更好地理解学习内容，还能纠正他们在自学过程中可能产生的误解和错误，从而保证学习的有效性。

在自学与指导相结合的模式中，教师的角色更多地转变为学习的引导者和支持者，而不仅仅是知识的传授者。教师需要敏锐地察觉到学生的学习需求，并通过设计多样化的学习活动和任务，激发学生的学习兴趣和动机。同时，教师还应鼓励学生在学习中主动提出问题，并通过探讨和交流找到解决方案。这种互动不仅提高了学习的深度，还能够促进师生之间的信任和合作，为学生创造一个积极、开放的学习环境。通过在线平台或面对面的互动，学生可以随时向教师请教，获得即时的反馈和指导。这种及时性不仅能够帮助学生在学习过程中快速纠正错误，还能增强他们的学习信心，使他们在面对困难时不会感到孤立无援。教师在提供反馈时，应注意采用建设性的方法，帮助学生看到自己的进步，同时提出改进的建议，以促进他们的持续学习和发展。

自学与指导相结合的学习模式不仅提高了学生的学习效果，还提升了他们的综合能力。在自主学习过程中，学生学会了如何独立思考、管理时间和资源；在接受指导时，他们又得到了专业的辅导和支持，解决了学习中的难题。这种模式的灵活性和有效性使得它特别适合中等职业教育，能够帮助学生更好地适应未来的工作环境，具备解决实际问题的能力。通过这种学习模式，学生不仅掌握了知识和技能，还培养了自主学习和终身学习的意识，为他们的职业生涯打下了坚实的基础。

（三）基于项目的学习与评估

基于项目的学习与评估在混合式学习中具有显著优势，特别是在中等职业教育中，它能够有效地将理论知识与实际应用相结合。教师可以设计一系列综合性的项目任务，这些任务要求学生运用他们在线上所学的理论知识，并在实际操作中加以验证和应用。这种学习方式不仅使学生能够将抽象的概念具体化，还能通过亲身实践增强他们对知识的理解和掌握。教师可以设计一个涉及多学科知识的项目，要求学生从不同角度分析问题并提出解决方案，这样学生在完成任务的过程中，不仅巩固了学科知识，还提升了跨学科的综合应用能力。此外，通过项目制学习，学生有机会在真实或模拟的工作环境中操作，进一步锻炼他们的实践技能和团队合作能力。通过参与项目，学生能够在一个相对真实的情境中应用他们所学的知识和技能，解决实际问题。这种实践性强的学习方式不仅加深了学生对课程内容的理解，还使他们能够在解决问题的过程中培养批判性思维和创新能力。此外，项目制学习通常需要团队合作，学生们通过分工协作，共同完成项目任务，从而提升了他们的沟通能力、协作精神以及团队领导力，这些都是未来职业生涯中不可或缺的技能。

教师可以通过项目成果的展示、学生的工作日志以及团队成员的互评来全面评估学生的表现。这种多维度的评估方式不仅能够全面反映学生的知识掌握情况，还能考察他们在项目实施过程中的实际操作能力和团队合作表现。此外，教师还可以通过对项目完成过程的观察，了解学生在解决问题时所采用的方法和策略，及时发现他们在学习中遇到的困难，并提供个性化的指导和反馈。这种评估方式既注重结果，也重视过程，能够帮助学生更好地认识自己的优势和不足，进一步提升他们的学习效果。通过参与实际项目，学生不仅能够看到自己的学习成果，也能够体验到将知识转化为实际应用的成就感。这种成就感能够极大地激发他们的学习兴趣，使他们在未来的学习中更加积极主动。同时，项目制学习还能够为学生提供一个展示自己能力的平台，使他们能够在项目中发挥创造力，提出创新的解决方案。这种学习模式不仅培养了学生的实际操作能力，还提升了他们的自信心和学习动力，为他们的职业发展打下了坚实的基础。

（四）灵活的学习时间安排

灵活的学习时间安排是混合式学习模式的一大优势，尤其适合需要兼顾工作和学习的中等职业教育学生。这种模式允许学生在工作之外，根据自己的时间表安排学习进度。线上学习的灵活性体现在时间和地点的选择上，学生可以利用碎片化的时间进行学习，无论是在上下班途中，还是在业余时间，都可以通过在线平台访问课程资源和进行学习。这种灵活的安排方式不仅减轻了学生的学习压力，还使得学习能够更好地融入他们的日常生活，从而提高了学习的持续性和有效性。混合式学习的线下部分则通常安排在集中时间段进行，以确保学生能够获得关键的面对面教学支持。在这些集中学习的时间段里，教师可以针对学生在线上学习中遇到的难点进行解答，并通过实践操作、讨论和团队活动等方式，帮助学生深化对知识的理解。这种教学安排既保留了传统课堂教学中师生互动的优势，又通过灵活的线上学习节奏，帮助学生更好地平衡学习与工作之间的关系。对于那些需要在职学习的学生来说，这种安排无疑提供了极大的便利，使他们能够在不影响工作的情况下，继续提升自己的专业技能和知识水平。

由于学生可以根据自己的节奏进行学习，他们在面对繁忙的工作日程时，不会因为固定的学习时间而感到被束缚或压力过大。相反，他们可以灵活地调整学习计划，在合适的时间完成学习任务。这种灵活性不仅让学生能够更好地管理时间，还增加了他们参与学习的积极性和自主性，从而提高了学习的整体完成率。这种安排方式尤其适用于那些工作时间不固定的学生，他们可以根据自己的工作安排来决定学习的时间和节奏，从而实现工作与学习的双赢。在这种模式下，学生需要对自己的学习负责，自主安排学习计划和时间，这无形中培养了他们的自律性和时间管理能力。通过这种自主学习，学生不仅能够更好地掌握学习内容，还能够在实践中提升自我管理能力，这对于他们未来的职业发展具有重要的意义。教师在这种模式中也扮演着支持者和引导者的角色，他们可以通过定期的进度检查和反馈，帮助学生保持学习的动力，并提供必要的指导和帮助。

（五）多元化的教学资源与工具

在混合式学习中，教师需要充分利用多元化的教学资源与工具，以丰富课堂内容并提升教学效果。除了传统的教材和教具，教师可以利用线上平台提供的各种电子资源，如电子书、视频教程和互动练习。这些资源不仅拓展了学生的学习渠道，还为他们提供了更加灵活的学习方式。通过电子书，学生可以随时随地查阅学习材料，而视频教程则以生动的方式呈现复杂的概念和操作步骤，帮助学生更直观地理解课程内容。互动练习则能够在学生学习过程中提供即时反馈，帮助他们及时纠正错误，巩固学习成果。此外，教师还可以通过学习管理系统（LMS）来优化教学过程。LMS 能够跟踪学生的学习进度，为教师提供详细的数据分析，帮助他们了解每个学生的学习状况。教师可以为学生定制个性化的学习路径和资源推荐，从而更好地满足不同学生的学习需求。这种个性化的教学方式不仅提高了教学的针对性，还能激发学生的学习兴趣和主动性。同时，LMS 还为教师提供了一个集中的平台，方便他们管理教学资源、布置作业和进行在线测试，从而大大提高了教学管理的效率。

利用多元化的教学资源与工具，教师还可以设计更具互动性和参与感的教学活动。教师可以通过在线讨论区或学习论坛，鼓励学生在课后继续讨论和交流学习心得。这种方式不仅能够延伸课堂讨论的深度，还能够促进学生之间的互动和协作。同时，教师还可以使用在线测验和模拟实验等工具，让学生在实践中应用所学知识，进一步巩固学习效果。通过这些互动工具，学生能够更加积极地参与到学习过程中，并在实践中不断提升自己的技能和知识水平。此外，多元化的教学资源和工具也为教师带来了更多的创新空间。教师可以根据课程的不同需求，灵活选择和组合各种资源和工具，设计出更加多样化的教学方案。在讲授理论知识时，教师可以利用图表、动画和模拟软件来增强教学内容的直观性；而在实践操作课中，则可以通过虚拟实验室或模拟训练平台，提供更加真实的操作体验。这种多样化的教学方法不仅能够满足不同学生的学习需求，还能够提升他们的学习体验，使学习过程更加丰富和有趣。

第二节　项目式学习与问题导向学习在中等职业教育中的应用

一、项目式学习在中等职业教育中的应用

（一）明确项目目标与任务设计

在实施项目式学习之前，教师需要首先明确项目的学习目标，并根据这些目标设计具体的任务。项目任务应与学生的职业方向紧密相关，具有实际应用价值，同时挑战性和可操作性要适中。这些任务应该涵盖多个学科领域，帮助学生在完成项目的过程中，不仅掌握相关知识，还能提升学生解决问题的能力。通过清晰的任务设计，学生可以更好地理解项目的目的和预期成果，确保学习过程的有效性。

（二）分阶段引导与监控进度

为了确保项目顺利实施，教师应将整个项目分解为若干个阶段，每个阶段设定明确的目标和时间节点。在项目的每个阶段，教师应进行适当的引导，帮助学生克服遇到的困难，并确保他们按时完成任务。通过定期的进度检查和反馈，教师可以及时发现问题，并提供必要的支持和调整。同时，分阶段的实施策略也能帮助学生更好地管理时间和资源，提高项目完成的效率。

（三）提供多元化的资源与支持

在项目式学习中，教师应为学生提供多样化的学习资源和支持，包括在线教程、实用工具、行业案例等。这些资源不仅能够帮助学生更好地理解项目要求，还能为他们提供解决问题的思路和方法。此外，教师还应建立一个开放的沟通渠道，让学生能够随时咨询问题，获得个性化的指导。这种多元化的支持体系有助于学生在项目实施过程中保持积极性和动力，提升他们的自主学习能力。

（四）鼓励团队合作与分工

项目式学习强调团队合作的重要性，教师应鼓励学生在项目中进行分工合作，每个成员根据自己的特长承担相应的任务。通过团队合作，学生可以相互学习，取长补短，增强团队的整体战斗力。在实施过程中，教师可以指导学生进行有效沟通和协作，帮助他们解决团队内部的分歧和冲突。这种合作学习不仅能够提高项目完成的质量，还能培养学生的团队精神和沟通能力，为他们将来的职业发展奠定基础。

（五）开展项目成果展示与反思

项目结束后，教师应组织学生进行成果展示，让学生有机会展示他们的项目成果和学习收获。展示活动可以采取多种形式，如演示、报告、作品展示等，鼓励学生运用各种表达方式展现他们的工作成果。在展示之后，教师应引导学生进行反思，分析项目过程中遇到的挑战和解决方法，总结经验教训。这种反思过程有助于学生巩固所学知识，提升自我认知，并为未来的学习和工作积累宝贵的经验。

二、问题导向学习在中等职业教育中的应用

（一）设计真实问题情境

教师需要根据学生的专业特点和未来职业需求，设计真实且具有挑战性的学习任务。这些问题应当贴近实际工作场景，能够引导学生将理论知识与实践技能结合。通过解决这些问题，学生不仅能够巩固所学，还能提升应对复杂情境的能力。

（二）鼓励团队合作与沟通

问题导向学习强调学生之间的合作与沟通。教师应鼓励学生组建小组，共同讨论和解决问题。在团队合作过程中，学生可以分享不同的观点和思路，培养合作意识和团队精神。同时，通过合作学习，学生的沟通能力也能够得到有效提升，有助于他们在职业生涯中更好地与他人协作。

（三）引导自主探究与创新

在问题导向学习中，自主探究是学生获得深度学习的重要途径。教师应引导学生积极查找资料、提出假设、设计实验等，探索问题的多种解决方案。这一过程不仅能提升学生的自主学习能力，还能培养他们的创新思维，使其能够灵活应对复杂的工作任务。

（四）提供及时有效的反馈

教师在学生进行问题导向学习的过程中，需要提供及时有效反馈。通过对学生的学习过程进行观察和记录，教师可以识别学生在解决问题时遇到的困难，并给予适时的指导和建议。有效反馈能够帮助学生纠正错误，明确改进方向，提升学习效果。

（五）多维度评价学习成果

评价不仅仅关注学生的最终成果，还应包括他们在解决问题过程中的表现。评价应结合过程性评价和总结性评价，涵盖学生的思维过程、合作能力、自主学习能力等方面。通过多维度的评价，教师能够更全面地了解学生的学习成效，并帮助学生在未来的学习中不断进步。

第三节　基于人工智能的中等职业教育协作学习

一、利用智能推荐系统优化学习资源分配

在中等职业教育的协作学习中，智能推荐系统的应用为优化学习资源的分配提供了前所未有的便利。这一系统能够通过对学生学习历史和能力水平的精准分析，自动分配最合适的学习资源和任务，从而确保每个学生在团队中能够最大程度地发挥自身的特长。通过智能推荐系统的支持，学生的个体差异被充分考虑，不再是传统教育模式中“一刀切”式的资源分配，而是根据每个人的具体情况，量身定制学习路径，这种个性化的资源分配方式不仅提高了学生的学习效率，还极大地改善了他们的学习体验。通过这一系统，团队内的资源分配更加合理，每个成员的任务和角色都得到了优化配置。这种优化配置不仅避免

了资源的浪费，也防止了资源分配不均可能导致的团队内部矛盾和分歧。同时，智能推荐系统能够实时监测团队成员的学习进展，并根据实际情况对资源分配进行动态调整，确保整个团队的学习过程始终处于最优状态。通过对团队成员间能力的精细评估，智能推荐系统能够自动识别出哪些学生更适合承担哪类任务，从而使每个学生都能在协作学习中发挥出最大的潜力。

除了优化资源分配，智能推荐系统还在促进个性化学习方面发挥了关键作用。它能够通过大数据分析，深入挖掘每个学生的学习习惯、兴趣以及能力水平，并据此为学生提供针对性学习资源和任务。这种个性化的学习支持，使得学生能够更加专注于自己感兴趣和擅长的领域，从而更有效地掌握职业技能。此外，智能推荐系统还能够根据学生的反馈和学习成果，进行自我调整和优化，进一步提高其推荐的精准度和有效性。这种循环优化机制，不仅使得学生的学习路径更加清晰，也提升了他们的学习自主性和主动性。智能推荐系统通过不断自我学习和调整，能够适应不同学生的学习需求和变化的学习环境。当学生在某个任务中表现出色时，系统会自动提升任务难度，或者为其推荐更具挑战性的学习资源，反之亦然。这种动态的资源分配方式，确保了学生始终处于一个合适的学习压力和挑战水平，从而不断激发他们的学习潜力。这一过程中的每一次推荐和调整，都基于学生的实时数据和学习反馈，确保了推荐系统的决策始终符合学生的实际需求和发展目标。

智能推荐系统还在提升协作学习的整体效率方面扮演了不可或缺的角色。在传统的教育模式中，教师往往需要花费大量时间和精力来分配资源和管理学生的学习进度，而智能推荐系统的引入，则大大减轻了教师的负担，使他们能够将更多精力集中在教学质量的提升和学生个体的成长上。同时，学生之间的协作也变得更加顺畅，因为每个学生都能够明确自己的任务和目标，并且知道自己在团队中的定位和作用，这种明确性极大地提高了协作的效率和质量。

二、通过虚拟助手提升协作沟通效率

在现代中等职业教育的协作学习中，人工智能驱动的虚拟助手正在成为提升沟通效率的重要工具。这些智能助手能够在学习过程中提供多方面的支持，帮助学生更高效地完成任务。通过快速查找信息和提供即时反馈，虚拟助手极大地缩短了学生在资料收集上的时间投入，使他们能够更加专注于核心的学习任务。随着技术的不断发展，虚拟助手的能力也在不断提升，它们能够理解学生的需求，并在适当的时间提供相关资源，从而使学生的学习过程更加流畅和有条不紊。此外，虚拟助手在任务安排和时间管理方面也展现出了独特的优势。通过智能化的任务分配和提醒功能，虚拟助手能够帮助学生合理规划学习时间，避免任务堆积或遗漏。团队中的每个成员都能通过虚拟助手的协助，清楚地了解自己和他人的任务进展，从而提高整体的协作效率。这种精准的时间管理和任务分配，不仅减少了团队沟通中的摩擦和误解，也提高了整个学习过程的连贯性和效率。虚拟助手通过自动化的安排和管理，使学生能够更好地集中精力于学习内容本身，而不是在烦琐的任务管理上浪费时间。

在信息查找和问题解答方面，虚拟助手的应用也显著提高了团队的沟通效率。通过自然语言处理技术，虚拟助手可以快速响应学生的问题，提供准确且有针对性的答案。这种即时的互动和反馈，使得学生在遇到问题时能够第一时间得到解答，避免了因为问题未解决而导致的学习中断。这一功能尤其在团队协作中显得尤为重要，因为它可以在多个学生之间同时提供支持，确保所有成员都能顺利进行学习和任务完成。虚拟助手的存在，使得学生不再依赖于传统的教师指导，而是能够自主解决问题，增强了学习的自主性和主动性。虚拟助手还在促进团队成员之间的沟通方面发挥着不可忽视的作用。它能够自动识别团队成员之间的沟通需求，并通过智能化的沟通平台将相关信息传递给需要的人。这种高效的信息传递机制，极大地减少了团队沟通中的延迟和信息丢失，使得团队成员之间的协作更加顺畅和高效。通过虚拟助手的协调，团队成员可以更加明确地了解彼此的工作进展和需求，从而形成更紧密的协作关系。这种高效的沟通不仅有助于团队任务的顺利完成，也在无形中培养了学生的团队合作意识和沟通技巧。

通过对团队成员的表现进行实时分析，虚拟助手能够为学生提供个性化的建议和改进措施。无论是任务的执行方法，还是沟通的方式，虚拟助手都能够根据学生的实际情况，提出最优的解决方案。这种基于数据的个性化支持，使得学生在团队协作中能够不断提升自己的能力和效率。通过持续的互动和支持，虚拟助手不仅帮助学生解决了学习中的实际问题，还在潜移默化中提升了他们的综合素质和团队合作能力。

三、应用自动化工具进行任务分配与进度管理

在协作学习中，基于人工智能的自动化工具发挥了至关重要的作用，特别是在任务分配与进度管理方面，这些工具提供了前所未有的便利。通过自动化工具，教师可以轻松实现任务的分配，使每个团队成员的工作量得以合理分配。这不仅有效避免了学生因工作量过多而感到压力，也防止了因工作量不足而导致的闲置现象。自动化工具的任务分配功能能够根据学生的能力、兴趣和学习进度，智能地为每个成员分配最合适的任务，从而提高学习的有效性和学生的参与感。此外，自动化工具的实时跟踪功能显著提升了团队的进度管理效率。借助这些工具，团队中的每个成员都可以随时了解任务的完成情况和团队的整体进展。这种透明化的进度管理，不仅增强了学生之间的责任感，还使得整个团队的协作更加顺畅。教师通过这些工具，可以实时监测学生的学习状态和任务执行情况，及时发现和解决问题，确保学习过程中的每个环节都能顺利进行。通过自动化工具的支持，教师能够在不增加额外负担的情况下，有效地管理多个团队的进度和任务，优化教学资源的配置。

自动化工具还具备动态调整任务分配的能力，这一特性极大地增强了协作学习的灵活性。在实际学习过程中，学生的表现和学习需求可能会不断变化，而自动化工具能够根据这些变化及时调整任务的分配。这种动态调整不仅能够保证任务的合理分配，还能根据团队的整体进度做出相应的调整，使得每个学生都能够在适当的时间完成适当的任务，从而保持整个团队的协调性和一致性。学生的学习效率和团队的协作效果都得到了显著提升。在任务分配与进度管理中，自动化工具的另一个关键功能是对团队成员贡献度的分析。这些工具可以通过数据分析，评估每个成员在任务完成过程中的实际贡献，从而为教师提供更为全面和客观的团队评价依据。通过对贡献度的分析，教师可以更好地理解团队内部的工作分配情况，识别出哪些学生在团队中发挥了重要作用，哪些学生可能需要更多的支持和指导。这种数据驱动的分析，不仅有助于优化任务的后续分配，还能帮助教师在评估学生表现时更加公正和科学。

传统的任务分配和进度管理往往需要教师投入大量的时间和精力，而自动化工具则通过智能化的管理系统，极大地减少了教师的工作负担。这使得教师可以将更多的精力集中在教学内容的设计和学生个性化的指导上，从而提升整体教学质量。自动化工具通过其高效的任务管理和进度跟踪功能，使得教师能够在更短的时间内完成更复杂的管理任务，极大地提高了教学的效率和效果。

四、利用数据分析工具进行学习反思与调整

数据分析工具的应用为学生的学习反思与调整提供了全新的视角。通过对学生在学习过程中产生的大量数据进行分析，人工智能能够深入挖掘学生的学习习惯、表现特征以及团队协作中的具体贡献。这些数据不仅为教师提供了精确的教学反馈，也为学生提供了一个客观的、自我反思的平台。学生可以通过这些数据，清晰地看到自己在团队中的表现优劣，从而有针对性地进行改进。这种基于数据驱动的反思方式，使学生的学习过程变得更加透明和可控，有助于他们在日常学习中形成良好的习惯。数据分析工具能够帮助团队进行全面的绩效评估和协作效果的反思。通过对团队整体表现的数据分析，学生可以了解团队在协作学习中的优点和不足，识别出哪些方面需要进一步加强。这种全局性的反思，不仅有助于团队成员之间的相互理解和沟通，也为团队的未来发展提供了明确的方向。教师可以利用这些数据，对团队的协作方式和策略进行必要的调整，确保每个团队成员都能在适合自己的角色中发挥最大的潜力。这种反思与调整的过程，不仅增强了团队的凝聚力，也提升了团队整体的学习效果。

利用数据分析工具进行学习反思，还能够促使学生在自我评价中更加客观和理性。传统的学习反思往往依赖于主观的感受和经验，而数据分析工具则为学生提供了基于事实和数据的评价依据。这种客观的数据反馈，使学生能够更加清晰地认识到自己的优点和不足，

避免了由于个人偏见或情绪波动所导致的错误判断。通过数据驱动的反思，学生可以更科学地制定学习目标和计划，从而提高学习的针对性和有效性。数据分析工具不仅有助于学生的个人反思，也在团队的合作中发挥了重要作用。通过分析团队成员之间的互动数据，工具可以揭示出团队内部的协作模式和沟通效果。学生可以根据这些分析结果，对团队的合作方式进行调整，改进不合理的工作流程和沟通方式。这种基于数据的调整过程，有助于团队在实际操作中不断优化协作模式，从而提高整体的工作效率和协作效果。团队成员之间的紧密合作和有效沟通，是协作学习成功的关键，而数据分析工具则为这一过程提供了有力的支持。

数据分析工具还可以帮助学生在反思中找到创新的学习方式和解决问题的策略。通过对不同学习行为和结果的分析，学生可以探索出更适合自己的学习方法和技巧，并将这些方法应用到团队的协作中去。这种持续的探索和创新，不仅提升了学生的学习能力，也为团队的进步注入了新的动力。数据分析工具所提供的深度学习分析，不仅帮助学生发现问题，更为他们提供了具体的改进方向，使学习反思不再停留于表面，而是深入到学习的每一个细节之中。

五、智能化模拟场景中的协作技能训练

在现代职业教育中，智能化模拟场景的应用为学生提供了一个独特的学习平台，使他们能够在虚拟环境中进行职业技能的协作训练。人工智能技术的进步使得这些模拟场景能够精确还原现实工作中的复杂情境，让学生能够在安全且可控的环境下体验实际工作中的挑战。通过这样的训练，学生不仅能够锻炼自己的技术能力，还能在团队合作中不断提高协作技能，为未来的职业生涯做好充分的准备。这种基于人工智能的模拟场景，为学生提供了一个从理论学习到实践应用的桥梁，使他们在理论知识的基础上，更加熟练地掌握实际操作中的各种技巧。随着智能化技术的日益成熟，模拟场景的逼真度和交互性也在不断提升。学生通过参与这些模拟训练，可以在虚拟环境中面对各种突发事件和挑战，并在团队合作中寻找最佳解决方案。每个学生都可以在模拟场景中扮演不同的角色，从而全面理解工作流程中的各个环节。这种多角色、多任务的训练方式，使学生能够在多方面提升自己的技能，特别是在团队中的沟通与协调能力。这种基于模拟场景的协作训练，不仅能够帮助学生更好地理解职业要求，还能培养他们在实际工作中快速应对和解决问题的能力。

智能化模拟场景还具有高度的灵活性和可定制性，使得训练内容可以根据不同职业和学习目标进行调整。学生可以通过重复练习不同的场景，熟悉各种工作情境下的操作流程和决策过程。每次训练后，学生都会收到来自系统的反馈，帮助他们识别在操作中存在的不足，并提供改进建议。通过这种循环的练习与反馈机制，学生能够不断优化自己的操作技能，逐步掌握在团队中高效协作的技巧。这种系统化的训练方式，极大地提高了学生的

学习效率，使他们能够在短时间内掌握更多实用技能，为实际工作打下坚实的基础。此外，智能化模拟场景的应用还能够培养学生的创新能力和应变能力。在虚拟环境中，学生可以自由地尝试不同的解决方案，而不必担心失败的后果。这种安全的练习空间，使得学生在面对复杂问题时，能够更加大胆地提出创新的想法和策略，并通过团队合作将这些想法付诸实践。通过不断尝试与调整，学生能够学会如何在实际工作中灵活应对各种挑战，从而提升自己的职业素养和竞争力。这种在虚拟环境中的创新实践，为学生在未来职业生涯中的成功奠定了基础。

在模拟训练中，学生需要与团队成员密切合作。这种高度模拟真实工作的环境，使学生能够在团队中体验不同的角色和责任，从而更好地理解团队合作的重要性。在实际工作中，团队合作往往是成功的关键，而通过在模拟场景中的协作训练，学生可以提前积累丰富的团队协作经验，学会如何在团队中高效地沟通、协商和协调。这种训练不仅提升了学生的协作能力，也培养了他们的领导力和决策力，为未来职业中的团队工作打下了坚实的基础。

六、个性化的协作学习评估与指导

个性化的评估与指导已成为提升教育质量的重要手段，而人工智能的引入为这一过程注入了新的活力。AI 技术能够深入分析每个学生在协作学习中的表现，提供详尽且个性化的评估报告。这些评估不仅仅局限于学生的学术表现，还涵盖了他们在团队合作、沟通能力、解决问题的技巧等多个方面。通过对这些数据的分析，人工智能能够识别出学生的优势和不足，为教师提供精准的教学反馈。这种详尽的评估使得教师能够全面了解每个学生的学习状态，从而为他们制定更加贴合个人需求的指导计划，确保每个学生都能在协作学习中得到最大化的成长和提升。与此同时，人工智能的个性化评估还为学生提供了清晰的发展方向。每个学生都可以根据 AI 生成的评估结果，了解自己在团队中的具体表现，从而识别出需要改进的地方。AI 不仅能指出学生在学习中的薄弱环节，还能根据学生的个人特点，建议适合他们的学习策略和资源，从而帮助学生更加高效地学习和进步。这种基于数据的指导，不仅提高了学生的学习效果，还增强了他们的学习自主性和积极性，使学生在学习过程中变得更加自信和主动。

通过 AI 分析的学生表现数据，教师可以清晰地看到哪些教学方法最有效，哪些方面还需要改进。AI 的评估报告不仅提供了学生的个体表现，还通过数据汇总和分析，为教师提供整个班级或团队的学习趋势和动态。这些信息可以帮助教师调整教学计划，设计更具针对性的教学活动，以更好地满足学生的需求。个性化指导的实施，使得教学不再是单一化传授知识，而是以学生为中心，针对每个学生的特点进行有针对性指导，从而实现教学的精准化和个性化。教师通常难以为每个学生提供及时的个性化反馈，而人工智能则弥补了这一不足。AI 系统可以实时监测学生的学习进展，并根据学生的最新表现，动态调整评估和指导策略。这种持续性的反馈机制，使得学生能够在学习过程中不断获得支持和鼓励，避免了因为缺乏指导而导致的学习停滞或放弃。学生能够始终保持学习的动力和方向，确保他们在协作学习中的持续进步。

个性化的协作学习评估与指导还为教师和学生之间的沟通提供了新的渠道。通过 AI 生成的详细评估报告，教师可以与学生进行更加深入和有效沟通，帮助学生理解自己的学习状况和发展潜力。这种沟通不仅有助于学生的学业进步，还能增进师生之间的信任和理解，构建更加和谐的学习环境。AI 所提供的个性化指导，不仅局限于学术层面，还涵盖了学生的情感支持和心理发展，使得教育过程更加全面和立体。

第四节　智能课堂与中等职业智慧教室

一、智能课堂中的智能化教学设备

智能课堂广泛应用了智能化教学设备，如智能黑板、交互式投影仪、电子白板等。这些设备不仅丰富了教学的表现形式，还提升了课堂的互动性。通过智能设备，教师可以更加生动地展示教学内容，学生也能更直观地理解和掌握知识。在中等职业智慧教室中，这些设备能够模拟真实的职业环境，为学生提供更加实际的技能训练平台，增强他们的实践能力。

二、智能课堂中的数据驱动教学管理

在智能课堂中，数据驱动的教学管理已成为教学优化的重要手段。通过对学生学习行为的数据分析，智能系统可以帮助教师实时调整教学策略，以更好地适应学生的学习需求。

三、智慧教室中的虚拟现实与增强现实技术

智慧教室通过整合虚拟现实（VR）和增强现实（AR）技术，为学生提供沉浸式的学习体验。这些技术能够将抽象的理论知识转化为可视化的互动内容，让学生在虚拟场景中进行模拟操作，增强他们的实际操作能力。VR 和 AR 技术的应用使学生可以提前熟悉未来的工作环境和操作流程，提高他们的职业技能水平。

四、智能课堂中的移动学习与多端协作

智能课堂支持移动学习和多端协作，学生可以通过手机、平板等设备随时随地参与学习。智能系统能够同步课堂内容，让学生在课后也能继续学习和讨论。这种灵活的学习模式在中等职业智慧教室中尤为重要，帮助学生在繁忙的实习和工作中继续学习，并与教师

和同学保持互动，提升学习效果和职业技能。

五、智慧教室中的个性化学习路径设计

智慧教室中的学习系统通过分析学生的学习数据，能够为每个学生设计个性化的学习路径。这种定制化的学习体验，使得学生可以根据自身的兴趣和职业发展目标，专注于特定技能的学习和提升。个性化学习路径的设计帮助学生更加高效地掌握职业技能，提升他们在就业市场中的竞争力。

六、智能课堂中的智能化考核与反馈机制

智能化考核系统能够自动评估学生的学习成果，并即时提供反馈。通过这一机制，学生可以随时了解自己的学习进度和不足之处，并进行及时调整。这种考核与反馈机制可以全面评估学生的职业技能水平，为教师和学生提供详细的改进建议，确保学生在职业技能训练中取得最佳效果。

第五章　人工智能技术与中等职业教育师资培训

第一节　人工智能技术对中等职业教育教师能力的要求

一、人工智能技术对中等职业教育教师数字素养的要求

（一）熟练使用智能教学工具和平台的能力

在人工智能技术不断发展的背景下，中等职业教育教师需要具备熟练使用智能教学工具和平台的能力，这对于提高教学效率和质量至关重要。智能教学工具如在线学习管理系统和智能课堂设备，已经成为现代教育中不可或缺的一部分。教师不仅可以实现对课堂的有效管理，还能够实时追踪学生的学习进度。这种实时监控和管理的能力，使得教师可以根据学生的具体情况，灵活调整教学内容和进度，从而为学生提供更为个性化的学习体验。此外，智能教学工具还支持多种形式的教学内容展示，如视频、音频、互动动画等，极大地丰富了课堂教学的表现形式，使得教学内容更加生动有趣，从而激发学生的学习兴趣和参与度。不仅如此，教师在掌握这些智能教学工具后，还能通过它们来组织更加高效的远程教育和混合式教学。远程教育平台使得教师可以突破传统课堂的时空限制，为学生提供灵活的学习机会。这种教学模式尤其适用于中等职业教育中的学生，因为他们可能需要兼顾实习或其他实际工作任务。通过在线学习管理系统，教师可以方便地布置作业、组织讨论、进行测验，并实时监控学生的学习情况，确保每个学生都能跟上学习进度。智能课堂设备则为课堂提供了更多的互动和协作机会，学生可以通过这些设备进行小组讨论、问题解答、实验模拟等活动，增强了学习的互动性和参与感。

中等职业教育强调技能培训，而虚拟实验室能够让学生在虚拟环境中进行模拟操作和实践练习，不仅避免了物理实验中可能存在的风险，还节省了实验材料和设备的成本。教师可以为学生设计各种仿真的职业场景，帮助他们熟悉实际操作流程，提升实际操作技能。这种仿真训练不仅增强了学生的动手能力，还为他们在进入真实工作环境前提供了宝贵的实践经验。此外，智能教学工具和平台的广泛应用，使得教师能够更好地满足不同学生的

学习需求。学生在学习过程中可能会遇到各种各样的问题和挑战，智能教学工具可以为教师提供多种解决方案。在线学习管理系统可以为学习进度较慢的学生提供额外的学习资源和辅导，帮助他们及时跟上课堂进度。智能化的教学管理使得教师能够更加关注学生的个体差异，实现因材施教的教育目标。

（二）数据分析工具的应用能力

在人工智能技术的广泛应用下，数据分析工具已经成为教师教学中的一项关键技能。通过这些工具，教师可以收集、整理和分析学生在学习过程中产生的各种数据，从而获得对学生学习行为和学习效果的深入理解。这些数据不仅涵盖了学生的成绩，还包括他们在课堂上的参与度、作业完成情况、测试表现等多个维度。教师可以准确地识别出学生的学习模式，发现其中存在的个体差异，并根据这些差异制定有针对性的教学策略。这种基于数据的分析与指导，能够帮助教师更加精准地把握教学重点，从而提升整体的教学效果。同时，数据分析工具还为教师提供了一个全面的学生画像，使得教师能够更好地理解每个学生的学习需求和挑战。通过对比不同学生的学习数据，教师可以发现哪些学生在某些知识点上表现出较强的理解能力，哪些学生则在某些方面需要更多的帮助。教师可以为每个学生制定个性化的学习计划，提供针对性辅导和支持，从而确保每个学生都能在自己的学习节奏中取得进步。这种数据驱动的个性化教学，不仅提高了教学的针对性，还增强了学生的学习积极性和参与感，使得他们在学习中获得更多的成就感。

传统的教学方法往往难以及时获取学生的学习反馈，而数据分析工具则能够实时监控学生的学习情况，并根据数据变化为教师提供即时的反馈。这种实时性使得教师可以在发现问题的第一时间进行干预，调整教学内容和方法，避免问题的积累和放大。比如，如果数据分析显示某个知识点的大多数学生掌握不佳，教师可以立即在下一堂课中加强对这一知识点的讲解和练习，确保学生能够牢固掌握。此外，教师还可以根据实时数据，灵活调整课堂节奏和教学重点，保证教学的有效性和学生的学习效果。数据分析工具的另一个重要作用在于它能够帮助教师评估和改进教学方法。通过长期的数据积累和分析，教师可以对不同教学方法的效果进行对比和评估，发现哪些方法对学生更为有效，哪些方法则可能需要改进。这种基于数据的教学反思，使得教师能够不断优化自己的教学策略，不断提高教学质量。比如，教师可以通过分析学生在不同教学模式下的表现，判断出哪种模式最适合当前的教学目标，进而在未来的教学中更有针对性地选择和应用这些模式。

数据分析工具不仅仅为教师提供了对学生个体学习情况的分析，还能够从整体上分析班级或团队的学习动态。这种群体层面的数据分析，能够帮助教师识别出集体学习中的共性问题，如某些普遍存在的学习障碍或薄弱环节，并据此调整集体教学计划。教师还可以更加有效地进行课堂管理，优化教学资源的分配，使得每个学生都能在最适合自己的环境中学习和成长。

（三）基本编程和数据处理技能的掌握

在人工智能技术快速发展的背景下，中等职业教育教师掌握基本的编程和数据处理技能已成为不可或缺的一部分。这些技能不仅为教师提供了理解和应用先进教育技术的基础，还使他们能够在教学中融入更加丰富和多样化的内容。通过编程，教师可以创建自定义的教育软件和应用程序，使教学内容更加生动和互动。教师可以开发简单的教学工具，如计算器、图表生成器或互动式学习游戏，以更好地传授复杂的概念。此外，数据处理技能的掌握对于教师在现代教育环境中应对大数据的挑战至关重要。教师在教学过程中会接触到大量的学生数据，包括学习成绩、出勤率、作业提交情况等。通过掌握数据处理技能，教师能够有效整理、分析和解读这些数据，从中提取有价值的信息，用于优化教学策略。数据处理不仅帮助教师识别学生的学习模式和个体差异，还可以用于评估教学方法的有效性，从而不断改进教学内容和教学方法。这种基于数据的教学优化，使得教师能够更有针对性地进行教学，帮助学生更好地掌握学习内容。

在教育技术的开发过程中，教师作为教学实践的直接参与者，拥有第一手的教学经验和需求。通过编程和数据处理，教师可以直接参与到教育软件和工具的设计与开发中，确保这些技术工具更好地满足教学实际需求。教师可以根据课堂需求，开发定制化的学习平台、在线测试系统或学生表现跟踪工具，使这些技术更贴合实际的教学场景。参与开发不仅增强了教师的技术能力，还使他们能够为教学创新做出更大贡献，提升教学质量和学生的学习体验。与此同时，编程和数据处理技能的掌握还为教师在职业发展中提供了更多的机会。在当前教育技术不断发展的环境下，具备这些技能的教师能够更好地适应新技术的应用，并在教育领域中占据更为主动的地位。编程能力不仅使教师能够开发和定制教学工具，还使他们能够更好地理解人工智能和机器学习等前沿技术的基本原理，从而在教学中更加灵活地应用这些技术。这种技术能力的提升，不仅扩展了教师的专业技能，也为他们的职业发展开辟了新的方向。

掌握基本的编程和数据处理技能还能增强教师与技术支持团队之间的沟通与合作。教师在使用教学技术工具时，往往需要与技术支持团队紧密合作，以确保这些工具的顺利实施和应用。具备编程和数据处理技能的教师，能够更清晰地表达自己的技术需求和教学目标，与技术团队进行更加有效沟通和协作。这种技能的掌握，不仅有助于提高教学工具的应用效果，还能加快问题的解决速度，确保教学活动的顺利进行。

二、人工智能技术对中等职业教育教师教学方法创新的要求

（一）从传统讲授式教学向以学生为中心的教学模式转变

随着人工智能技术的逐步融入教育领域，传统的讲授式教学模式正在被更具灵活性和互动性的以学生为中心的教学方法所取代。在这种全新的教学环境下，教师的角色发生了深刻的转变，不再是单纯的知识传递者，而是成为学生学习的引导者和支持者。这一转变使得课堂教学变得更加注重学生的个性化需求和学习节奏，从而为每个学生量身定制学习体验。通过人工智能技术的支持，教师可以收集和分析学生的学习数据，从中发现学生的兴趣、优势和不足，并据此设计出灵活多样的教学内容和任务。这种高度个性化的教学方式，使得学生能够在自己适应的学习环境中进行学习，极大地提高了他们的学习效果。通过人工智能辅助工具，教师可以为学生提供丰富的学习资源和工具，帮助他们在课堂之外进行自主探究和学习。学生不再被动地接受知识，而是能够主动参与到学习过程中，从中获得更大的成就感和满足感。这种自主学习能力的培养，不仅有助于学生在学业上取得进步，也为他们在未来职业生涯中应对不断变化的工作环境打下坚实的基础。通过激发学生的学习兴趣和好奇心，教师能够促使学生在学习中保持持续的动力和积极性，从而使他们能够更加主动地参与到课堂讨论和合作学习中，进一步增强课堂的互动性。

在传统的讲授式教学中，师生之间的互动往往是单向的，学生被动接受教师传授的知识，缺乏参与和表达的机会。然而，在新的教学模式下，教师通过人工智能技术的辅助，能够实时获取学生的学习反馈，并根据这些反馈调整教学内容和方法。这种双向的互动使得教师能够更好地了解学生的学习需求，并在教学过程中不断优化和改进自己的教学策略，从而使教学更加精准和有效。教师不仅能提高课堂的教学质量，还能增强学生的学习体验，使他们在课堂中获得更多的收获和成长。在这种教学模式下，学生的角色也发生了显著变化。他们不再是被动的知识接受者，而是课堂的积极参与者和知识的创造者。通过参与小组讨论、项目合作和案例分析等活动，学生能够在实践中应用所学知识，并通过与同伴的互动和合作，进一步深化对知识的理解。这种学习方式不仅培养了学生的团队合作能力和沟通技巧，还增强了他们的批判性思维和解决问题的能力。在这个过程中，教师扮演着指导者的角色，帮助学生克服学习中的困难，并为他们提供必要的支持和建议。学生能够在一个充满支持和鼓励的环境中成长，并在学习中取得更大的进步。

（二）运用 AI 辅助教学工具设计个性化学习路径

人工智能通过对学生学习数据的深度分析，能够准确地识别出每个学生的学习特点、优势和不足。这种精准的分析能力，使得教师能够为学生量身定制学习计划，将教学内容与学生的实际需求紧密结合。个性化学习路径的设计，不仅能够为学生提供更有针对性的

教学内容，还能够帮助他们以更加适合自己的节奏进行学习，从而提高学习的效率和效果。利用人工智能辅助工具，教师能够为学生设计出灵活多样的学习路径，使得教学过程变得更加动态和个性化。这些工具通过对学生的学习行为、成绩、学习习惯等多方面数据的综合分析，生成详细的学生画像，为每个学生制定最适合他们的学习计划。对于学习速度较慢或在某些知识点上存在困难的学生，AI 则会提供补充材料和强化练习，确保他们能够跟上整体的学习进度。这种个性化的学习路径，不仅照顾到了学生的个体差异，还能够有效减少学习中的挫败感和压力，提升学生的学习积极性和自信心。

人工智能辅助工具能够实时监测学生的学习进展，并根据最新数据进行动态调整。这种灵活性使得教师能够及时发现学生在学习过程中遇到的问题，并迅速做出调整，确保个性化学习路径的有效性和适应性。当 AI 检测到学生在某一阶段的学习效果不佳时，它可以自动调整学习计划，增加针对性练习或复习内容，以帮助学生巩固知识。这种即时的调整机制，使得个性化学习路径不仅仅是一个固定的计划，而是一个可以根据学生实际情况不断优化的动态过程，从而最大限度地满足学生的学习需求和发展目标。由于职业教育的特殊性，学生在掌握基础知识的同时，更需要具备具体的职业技能。这些技能的学习往往需要根据学生的个人特点和未来职业发展的需求进行定制化的教学。教师可以为学生设计专门的技能训练计划和实践任务，使他们在学习中逐步掌握所需的职业技能。这种个性化的教学方式，不仅能够帮助学生更加高效地学习和掌握技能，还能够提高他们在未来职场中的竞争力和适应能力。

个性化学习路径的设计还能够有效促进学生的自主学习能力。通过 AI 辅助工具，学生可以更加自主地管理自己的学习进度，选择适合自己的学习内容和方式。这种自主性使得学生能够在学习过程中保持更高的积极性和参与度，从而更加深刻地理解和掌握所学知识。在这种学习模式下，教师的角色从传统的知识传授者转变为学生学习的指导者和支持者，帮助学生在个性化学习路径上不断进步和成长。

（三）通过数据分析进行教学内容和方法的灵活调整

在当今教育领域，人工智能技术的应用为教师提供了新的工具，使得他们能够通过数据分析灵活调整教学内容和方法。通过 AI 技术的支持，教师可以实时监控和分析学生的学习行为与表现，从而获得详细的数据反馈。这些反馈不仅包括学生的学业成绩，还涵盖了他们在课堂上的参与度、理解力、作业完成情况以及知识掌握程度等多个方面。通过对这些数据的深入分析，教师能够精准地识别出教学过程中的薄弱环节，并据此作出相应的调整。这种基于数据驱动的教学调整，使得教学更加具有针对性和有效性。教师在运用这些数据分析时，可以迅速识别出哪些教学内容需要进一步加强。如果发现多数学生在某个知识点上表现不佳，教师可以立即增加相关内容的教学时长或设计补充练习，以帮助学生更好地理解和掌握该知识点。与此同时，数据分析还可以帮助教师发现最有效的教学方法，并在实际教学中加以推广。这种针对性调整使得教师能够更加灵活地应对学生的学习需求，避免了传统教学模式中“一刀切”的弊端。通过不断调整教学内容和方法，教师能够创造出一个更加动态和灵活的课堂环境，确保每个学生都能在最适合自己的方式下学习和成长。

教师可以利用AI工具实时监测学生的学习进展，并根据数据反馈及时调整教学策略。这种即时反馈机制，使得教师能够在发现问题的第一时间进行教学干预，从而避免问题的积累和放大。如果数据显示学生在某个学习单元中的理解度普遍较低，教师可以立即采取行动，重新解释难点或提供更多的例子和练习。这种快速响应学生需求的能力，不仅提高了课堂教学的效果，还增强了学生的学习体验，使他们感受到教师对其学习进展的关注和支持。通过这种数据驱动的教学调整，教师还能够更加有效地管理课堂时间。传统教学模式下，教师往往难以准确掌握每个学生的学习进度，导致课堂节奏不均匀，部分学生感到内容过于简单或过于困难。而通过数据分析，教师可以更好地了解学生的实际学习情况，合理安排教学进度，使课堂节奏更加科学和合理。这种对教学内容和方法的灵活调整，不仅有助于提升课堂效率，还能更好地满足学生的个性化学习需求，激发他们的学习兴趣和积极性。

通过对教学数据的分析，教师可以回顾和反思自己的教学实践，发现哪些策略效果最佳，哪些方面仍需改进。这种反思和调整的过程，有助于教师不断优化自己的教学方法，提升教学水平和教学质量。同时，教师还可以通过与同事分享和讨论数据分析的结果，共同探索更有效的教学策略和方法，促进教育团队的整体进步。

三、人工智能技术对中等职业教育教师职业技能更新的要求

（一）熟悉行业最新的技术发展和应用趋势

在当前人工智能技术迅速发展的背景下，中等职业教育教师面临着前所未有的挑战和机遇。为了确保教学内容的前瞻性和实用性，教师必须密切关注并熟悉行业内最新的技术发展和应用趋势。这不仅是对自身专业水平的提升，更是为了让学生能够在职业教育中学到最具实际应用价值的技能。随着人工智能在各个领域的广泛应用，许多传统职业正在经历深刻的转型。教师如果不能及时掌握这些变化，将无法为学生提供具有时代意义的教育内容，从而影响学生未来的职业发展。因此，保持与时俱进的能力对于职业教育教师来说至关重要。另外，教师在不断更新自己的知识储备时，还需要考虑如何将这些新兴技术融入现有的教学框架中。这并非易事，因为技术的发展速度往往超出我们的预期，教师需要不断学习和适应新的工具、方法和行业标准。通过积极参加行业会议、研讨会和技术培训，教师可以及时获取最新的行业信息和技术动态。这些学习和交流的机会，使得教师不仅能够丰富自己的知识结构，还能够与同行和行业专家建立联系，分享和讨论新技术的教学应

用。这样的交流和学习不仅帮助教师紧跟行业步伐，还能为教学创新提供新的灵感和思路。

在教学实践中，教师可以通过引入行业最新的技术案例和应用实例，使课程内容更加贴近实际工作环境。这些案例不仅可以帮助学生更好地理解理论知识，还能使他们掌握在实际工作中如何应用这些技术。通过分析这些真实的案例，学生能够了解AI技术如何在不同的行业中实现应用，从而加深对技术的理解和应用能力。与此同时，教师也可以通过这些案例来激发学生的兴趣和探索精神，鼓励他们主动学习和研究这些前沿技术。这种教学方式不仅增强了课堂的互动性和吸引力，还提高了学生的实际操作能力。此外，教师需要不断反思和调整自己的教学策略，以适应技术发展的快速变化。这意味着教师不能固守传统的教学方法，而是要敢于尝试新的教学模式，如项目式学习、问题导向学习等，这些模式更符合现代职业教育的需求。通过这些创新的教学模式，教师可以更好地将最新的技术应用融入教学过程中，帮助学生在实践中理解和掌握这些技能。与此同时，教师也需要保持开放的心态，接受并适应技术对教育行业的改变，积极探索如何更好地利用技术提升教学效果。

掌握行业最新的技术发展趋势不仅仅是为了应对当前的教学需求，更是为了为学生的未来做好准备。在一个技术飞速发展的时代，职业教育的核心目标之一就是培养学生的适应能力和持续学习的能力。通过让学生接触到最新的技术和行业趋势，教师能够帮助他们建立起一种积极主动的学习态度，这种态度将使他们在未来的职业生涯中更加从容地面对技术的变化和挑战。通过培养这种适应能力，学生不仅能够在毕业后迅速融入工作环境，还能够在职业生涯中不断成长和进步。

（二）持续的职业技能培训

教师职业技能的更新已成为教育领域不可或缺的一环。这种更新不仅依赖于教师的自我学习和探索，更需要通过系统化的职业技能培训来实现。职业教育教师面对的是一个技术不断演变的世界，他们必须持续不断地进行技能培训。通过参加各种职业培训项目和行业研讨会，教师能够及时获取最新的技术知识和教育方法，从而在教学中应用这些前沿技术。这样的培训不仅帮助教师了解AI技术的基本原理和应用方式，还使他们掌握将这些技术有效融入教学的技巧，进一步提高教学质量和学生的学习体验。此外，系统化的职业技能培训为教师提供了一个与行业专家和同行交流的宝贵平台。在培训过程中，教师不仅能学习到新的知识和技能，还可以与其他教育工作者分享教学经验和技术应用的心得。这样的互动和交流，使得教师能够开阔视野，了解不同学校和教育环境中的实践经验，这对于他们在自身教学中应用新技术提供了重要参考。通过与行业专家的对话，教师可以更好地理解行业需求和技术应用的最新趋势，从而在教学中更有针对性地传授知识。这种知识的传递不仅丰富了教师自身的专业素养，也使他们在面对学生的学习需求时，能够提供更为精准和实用的指导。

通过不断参与这些培训，教师能够提高自己的创新能力和问题解决能力，在课堂上更好地应对各种复杂的教学情境。人工智能技术的应用使得教学方法和内容的灵活性大大增加，教师需要在实践中不断尝试和调整教学策略，以找到最适合学生的教学方式。持续的职业技能培训正是帮助教师在这一过程中不断进步的关键。通过学习新技术和新方法，教师能够更加自信地在课堂上进行创新和实验，为学生创造更加丰富和多样化的学习体验。知识的更新和技能的提升是教师保持竞争力的关键。通过定期参加培训，教师能够始终保持对新技术和新知识的敏锐感知，避免教学内容和方法的落后。这种持续的学习不仅提升了教师的职业成就感，也增强了他们在职业生涯中的发展潜力。教师通过不断更新自己的技能，不仅能够在教学中保持领先地位，还能为学生提供最新的行业信息和技术应用指导，帮助学生在未来的职业生涯中取得成功。

教师还可以将学到的新知识和技能应用到实际教学中，不断进行反思和总结。这种理论与实践相结合的学习方式，使得教师能够更深入地理解所学内容，并将其有效地转化为教学资源。通过不断实践和反馈，教师可以逐步完善自己的教学方法，确保学生能够在学习中获得最大的收益。这种动态的学习与教学过程，使得职业教育更加贴近行业实际需求，也使得学生在课堂中能够学到更实用、更具前瞻性的知识和技能。

（三）将最新行业技术融入教学中

在当前迅速发展的技术环境中，教师在掌握最新行业技术之后，需要迅速将这些知识融入教学内容中，确保学生所学的知识和技能具有实际应用价值。将最新的人工智能技术和行业应用案例引入课堂，不仅丰富了教学内容，还使得教学更加贴近实际需求。通过这样的教学方式，学生能够更直观地理解这些前沿技术在实际工作中的应用场景，从而在学习过程中积累宝贵的实践经验。这种教学模式注重理论与实践的结合，使得学生在掌握基础知识的同时，也具备了实际操作能力，为未来的职业发展奠定了坚实的基础。教师通过设计实战意义强的教学项目和任务，能够有效地将最新的行业技术融入学生的学习过程中。在人工智能技术日新月异的今天，教师可以根据行业最新的应用案例，设计模拟真实工作环境的项目任务，让学生在解决实际问题的过程中掌握新技术。这不仅提高了学生的学习积极性，还使他们在实践中巩固了所学知识。学生不仅能够更加深入地理解和应用最新的技术，还能培养出解决实际问题的能力，这对于他们未来进入职场具有重要意义。

职业教育的一个核心目标就是培养学生的实际操作能力，使他们在毕业后能够迅速适应工作岗位的要求。通过引入行业技术和案例，教师可以为学生提供更多动手实践的机会，帮助他们在学习中掌握实际操作技能。这种以实践为导向的教学策略，不仅增强了学生的学习效果，还为他们未来的职业生涯提供了必要的技能支持。通过不断地实践和反馈，学生能够逐步提升自己的操作能力，为进入职场做好充分准备。将行业技术融入教学中，还能够帮助学生更好地理解技术的实际应用场景。很多学生在学习过程中，往往会遇到理论知识与实际应用脱节的问题，而通过引入真实的行业案例，教师可以帮助学生搭建起理论与实践之间的桥梁。在具体的案例教学中，学生可以看到技术在不同场景中的实际应用，从而更好地理解这些技术的实际价值和作用。这种教学方式不仅能够激发学生的学习兴趣，还能帮助他们更全面地掌握知识，将理论与实际结合得更加紧密。

与此同时，这种以行业技术为导向的教学方式，也显著提升了职业教育的质量和声誉。通过不断更新教学内容，使其与最新的行业发展保持一致，职业教育可以更好地满足社会对技术人才的需求。这不仅提高了学生的就业竞争力，也提升了学校在行业中的声誉。学校通过培养具备实际操作能力和最新技术知识的毕业生，可以吸引更多优秀学生报考，同时也能与更多企业建立合作关系，为学生提供更多实习和就业机会。这种良性循环使得职业教育在技术发展和市场需求中始终保持领先地位。

四、人工智能技术对中等职业教育教师数据分析能力的要求

（一）分析和解读学生学习数据的能力

在人工智能技术广泛应用的背景下，中等职业教育教师必须具备强大的数据分析能力，以便有效地处理和解读学生的学习数据。教师需要熟练掌握各类数据分析工具，能够从学生的成绩、出勤率、作业完成情况、课堂参与度等多方面的数据中提取有用信息。这种能力不仅要求教师能够理解数据背后的趋势和模式，还需要他们能够识别出潜在的问题和挑战。教师可以发现某些学生在特定学科或技能上的学习进度缓慢，从而及时调整教学策略。通过准确分析和解读，教师可以更好地了解学生的学习状态，为后续的教学决策提供数据支持。

（二）识别学生学习模式和个体差异的能力

人工智能技术能够生成详尽的学习数据报告，帮助教师发现学生的学习习惯、优缺点以及学习中的瓶颈。教师可以识别出哪些学生更适合自主学习，哪些学生需要更多的指导和支持。一些学生可能在实践操作中表现优异，而在理论学习上存在困难，教师可以根据这些分析结果，为学生量身定制学习计划和指导策略。这种基于数据的教学调整，使得教学过程更加精准和高效，能够更好地满足每个学生的学习需求，帮助他们在个性化的学习路径上不断进步。

（三）进行精准教学干预和个性化学习指导的能力

教师能够进行精准的教学干预，并为学生提供个性化的学习指导。这种数据驱动的教学方式，极大地提升了教学效果。教师可以利用数据分析结果，及时调整教学内容和方法，

为每个学生提供量身定制的指导。针对某些在特定技能或知识点上表现薄弱的学生，教师可以安排额外的辅导时间或设计特别的学习任务，帮助他们弥补不足之处。此外，数据分析还可以帮助教师发现班级或团队中的共性问题，并据此调整集体教学策略。

五、人工智能技术对中等职业教育教师沟通与协作能力的要求

（一）与 AI 系统和技术支持团队的协作能力

在人工智能技术广泛应用的教育环境中，教师必须具备与 AI 系统和技术支持团队紧密合作的能力。教师需要熟悉智能教学工具的操作和功能，理解这些工具如何优化教学过程。然而，仅仅了解技术是不够的，教师还必须能够与技术支持团队沟通，解决在教学中遇到的技术问题。这个合作关系至关重要，因为它确保了 AI 技术在课堂中的顺利实施和有效应用。教师可能需要与技术团队合作，定制特定的 AI 功能以满足课堂需求，或解决在使用过程中出现的技术故障。通过这种密切的协作，教师不仅能更好地运用 AI 技术，还能提升教学质量和课堂管理的效率。

（二）与学生的有效沟通和协作

人工智能技术的引入使得教学环境更加复杂化，教师因此需要具备更高水平与学生沟通和协作的能力。教师必须能够清楚地向学生解释 AI 工具的使用方法，以及这些工具如何帮助他们提高学习效果。与此同时，教师还需要倾听学生的反馈，了解他们在使用 AI 工具时遇到的困难，并及时提供帮助和支持。这种沟通和协作不仅有助于学生更好地适应智能化的学习环境，还能增强他们的学习积极性和参与度。此外，教师在运用 AI 技术进行个性化教学时，需要与学生密切合作，确保每个学生都能充分利用这些技术资源，达成学习目标。

（三）跨学科合作的能力

在 AI 技术的推动下，中等职业教育越来越强调跨学科合作，这要求教师具备与其他学科教师协作的能力。教师不仅要在自己的领域中掌握 AI 技术，还需要与其他学科的教师共同设计和实施跨学科项目，以培养学生的综合能力和创新思维。教师可能会与数学、科学或技术课程的教师合作，开发一个整合 AI 技术的项目，让学生能够在不同学科的交叉点上进行学习和探索。通过这种跨学科的合作，教师可以帮助学生打破学科界限，培养他们的系统思维和问题解决能力。这种合作能力不仅提高了教学的广度和深度，还为学生提供了更为丰富和多样化的学习体验，使他们能够在未来的职业生涯中更加灵活和创新。

第二节 基于人工智能的中等职业教师培训与发展

一、基于人工智能的中等职业教师培训

（一）培训内容的定制化和个性化

在当前技术飞速发展的时代，基于人工智能的中等职业教师培训正日益成为提升教育质量的重要手段。这种培训模式的一个显著特点就是能够实现内容的定制化和个性化。通过人工智能技术，教师的培训内容不再是传统的“一刀切”模式，而是根据每位教师的个人需求量身定制。AI 系统可以根据教师的现有技能水平、知识储备以及具体的教学需求，自动生成个性化的培训计划。这种定制化的培训方式，确保教师能够在最短的时间内获得最有效的知识和技能提升。利用人工智能技术，教师培训的内容可以更加精准地匹配他们的实际需要。通过对教师的教学背景、专业领域和当前技能的分析，AI 系统能够识别出每个教师在教学中需要提升的关键领域。对于技术操作较弱的教师，AI 可以提供更多关于智能教学工具的操作培训；而对于理论知识相对薄弱的教师，系统则会推荐相关的学科知识强化课程。

人工智能技术还能够根据教师的学习进度和表现，动态调整培训内容。这种灵活的调整机制，确保教师在学习过程中始终能够获得最适合自己的内容，避免了因培训内容过于简单或过于复杂而导致的学习效率低下的问题。当 AI 系统检测到某位教师在某个培训模块中表现优异时，它可以自动跳过该模块或提升难度，转而提供更具挑战性的内容。而对于在某些模块中进展缓慢的教师，系统则会提供更多的学习资源和支持，以帮助他们更好地掌握相关技能。通过这种个性化的调整，教师可以在培训过程中始终保持高效学习状态，快速提升自身能力。此外，个性化的培训内容还能够极大地激发教师的学习兴趣和参与度。教师往往面对的是固定的课程内容，缺乏针对性和灵活性，容易导致学习动机不足。而通过 AI 技术的定制化培训，每位教师都能够按照自己的需求和节奏进行学习，从而获得更大的自主性和学习主动性。教师在这种模式下，不仅可以更好地掌握所需技能，还能更加积极地参与到培训中，提升整体学习效果。

个性化培训还能够帮助教师在面对快速变化的教育环境时，迅速调整和适应。随着人工智能技术和其他新兴技术的不断发展，教师的教学环境和要求也在发生快速变化。通过定制化的培训计划，教师能够及时掌握最新的技术和教学方法，从而在课堂上应用这些新知识和新工具，为学生提供更高质量的教育。这种与时俱进的能力，使得教师能够在教学

中保持领先地位，带领学生适应并迎接未来的挑战。在整个培训过程中，教师的反馈和学习数据也会被 AI 系统实时监控和分析。这些数据不仅用于优化教师的个性化学习路径，还可以为教师提供即时的学习反馈，帮助他们在学习过程中不断调整和优化自己的学习策略。通过这种持续的反馈机制，教师能够更加清晰地了解自己的学习进展和成效，从而在培训中获得更大的成就感。

（二）实时反馈和持续改进

在当今的教育领域，人工智能技术为教师培训引入了实时反馈和持续改进的机制，使得培训过程更加高效和个性化。通过 AI 系统的持续监测，教师能够在学习过程中即时获取自己的进度和效果反馈。这种即时反馈机制帮助教师随时掌握自己的学习状况，使他们能够根据实时信息及时调整学习策略，从而更加有效地利用培训资源。这种实时性不仅提高了教师在培训中的参与度，还确保了他们能够在第一时间纠正错误，优化学习路径，达到更好的学习效果。实时反馈的作用在于它能够让教师对自己的学习进展有清晰认识。通过 AI 系统，教师可以看到自己在哪些模块表现优异，哪些方面还需要进一步加强。这种透明的反馈机制，使教师可以有针对性地进行学习调整。如果某位教师在某一知识点上理解不透彻，AI 系统会立即提供相关的补充材料或练习，帮助他们巩固该部分内容。通过这种动态的学习调整，教师能够不断改进自己的学习方法，确保每个培训环节都达到最佳效果。

人工智能系统不仅仅是提供静态的反馈，还能够记录和分析教师的学习行为，进而提出优化建议。这些数据分析功能使得 AI 系统能够识别出教师在学习过程中遇到的常见问题，并为他们提供个性化的解决方案。系统可以通过分析教师的学习习惯，推荐更适合他们的学习节奏和方法，从而提高整体的学习效率。此外，AI 还能够通过对大量教师学习数据的比对，找出哪些学习策略在特定背景下最为有效，并将这些策略推荐给其他教师使用。这种基于数据的优化建议，使得每位教师都能从他人的学习经验中获益，进一步提升培训的整体效果。这种动态调整和持续改进的培训模式，不仅确保了教师能够最大化地利用培训资源，还使得学习过程变得更加个性化和高效化。实时反馈使教师能够主动参与到培训中，而持续改进则帮助他们在学习过程中不断进步。这种双重机制有效地解决了传统培训模式中常见的效率低下、反馈滞后等问题，使得教师能够以更高的投入度和动力完成培训课程。

教师往往只能在课程结束后才能得到整体反馈，导致学习过程中可能存在的错误或误解得不到及时纠正。而通过 AI 技术，教师能够在学习的每一步都得到即时反馈，这不仅增强了他们的学习信心，也减少了学习中的挫败感。随着教师不断收到正向反馈和改进建议，他们在学习中能够保持更高的积极性和参与感，从而更加有效地达成学习目标。这种基于人工智能的实时反馈机制，还促进了教师之间的协作与交流。通过共享学习进展和反馈信息，教师可以相互学习，分享彼此在培训中的经验和心得。这种互动不仅丰富了教师的学习体验，也创造了一个支持性强、协作性高的学习社区。通过不断交流和反馈，教师们能够在一个积极的学习氛围中共同进步，提升整体的教育质量。

（三）培训模式的灵活性和多样性

在现代教育培训中，人工智能技术赋予了教师培训高度的灵活性和多样性，能够有效适应不同教师的时间安排和学习风格。这一特点使得 AI 培训系统在满足教师个性化学习需求方面表现出色。通过提供多种学习模式，AI 系统能够为教师设计出更为灵活和适应性的培训计划。在线课程、自主学习模块、互动式案例分析和虚拟实践场景等多种模式，使教师可以根据自己的需求和时间安排进行学习。这种多样化的培训选择，既满足了教师在繁忙的教学工作中对灵活学习时间的需求，也提高了培训的实际效果。此外，人工智能技术还能够实时监测教师的学习表现，并根据他们的学习进展和偏好，推荐最适合的学习内容和资源。这种个性化推荐机制，不仅增强了培训的针对性，也使得教师的学习过程更加高效和有趣。AI 系统能够识别出教师在某些方面的学习需求，提供相关的深度课程或额外资源，帮助教师进一步提升专业技能。这种动态调整的培训模式，使教师能够在自主掌控学习进度的同时，确保学习内容的质量和实用性。

灵活的培训模式不仅体现在学习内容和时间安排上，还体现在学习方式的多样性上。教师可以选择自己最喜欢或最适合的学习方式，如线上互动课程、模块化学习路径、虚拟现实场景下的实践训练等。不同的学习方式满足了教师在学习过程中的不同需求，有些教师可能更喜欢通过实践来掌握技能，而有些教师则可能偏好通过理论学习来夯实基础。AI 系统通过提供多样化的学习体验，使教师能够在不同的场景中锻炼和提升自己的能力。这种多样性不仅提高了教师的学习兴趣，还增加了他们在学习过程中的参与度和主动性。传统的教师培训通常需要固定的时间和地点，这对许多忙碌的教师来说是一个不小的挑战。基于人工智能的培训系统则打破了这一限制，教师可以在空闲时间、业余时间甚至是在碎片时间里进行学习。这种灵活性使得教师可以更好地安排自己的时间，不必因为培训而牺牲教学工作或个人生活。教师能够在不影响日常工作的前提下，持续提升自己的专业技能。

AI 培训系统还支持随时随地学习，这对于希望在业余时间进修的教师来说尤为重要。无论是在学校的休息时间、家中的闲暇时光，还是出差途中，教师都可以通过移动设备访问培训内容。这种便利性进一步消除了传统培训模式中时间和地点的限制，使教师的学习变得更加自由和高效。通过灵活的学习安排，教师能够在不增加额外压力的情况下，有效利用零散时间进行学习。同时，AI 技术还能够为教师提供个性化的学习路径，确保每个教师都能在最适合自己的节奏下进行学习。通过分析教师的学习数据，AI 系统可以动态调整学习内容和难度，确保教师在每个阶段都能获得最大的学习收益。这种灵活且个性化的培训模式，不仅满足了教师的多样化学习需求，还提升了他们的学习效率和效果。

（四）数据驱动的培训效果评估

在当前教育领域，数据驱动的培训效果评估正成为衡量教师学习进展和成果的关键工具。人工智能技术的引入，使得这一过程更加精确和全面。AI 系统能够收集和分析教师在培训过程中的各种学习数据，包括完成任务的时间、正确率、参与度等，进而评估教师的学习效果和进步情况。这种数据驱动的评估方式，不仅为教师和教育管理者提供了客观的反馈，还为培训过程的持续优化提供了依据。通过对数据的详细分析，AI 系统可以准确识别出教师在培训中的强项和不足之处。系统能够指出教师在某些模块中表现出色的原因，同时也能揭示在其他模块中可能存在的学习困难。基于这些洞察，教师可以更有针对性地调整自己的学习计划，集中精力提升不足之处。这种数据驱动的反馈，避免了传统培训中主观评估的局限性，使得培训效果的评估更加科学和公正。

通过对比不同时间段内的数据，AI 系统能够显示教师的学习曲线，展示出他们在培训过程中的进步情况。教师可以通过这些数据清晰地看到自己的学习成果，了解哪些方面已经取得了显著的进展，哪些方面还需要继续努力。这种透明的进步跟踪，不仅激励教师在培训中保持高昂的学习热情，也帮助他们更好地规划后续的学习路径，确保培训的目标得以顺利实现。除了传统的学术成绩评估外，AI 还能够分析教师在参与度、互动性、任务完成情况等方面的表现。这种多维度的数据分析，能够提供更加全面的培训效果评估，让教师和教育管理者可以从不同角度审视培训的有效性。通过分析教师在讨论区的参与频率和互动质量，AI 系统可以判断教师的积极性和参与度，从而评估他们对培训内容的掌握程度。这种多维度的评估方式，使得培训效果的反馈更加立体和深入。

通过数据驱动的评估，教育管理者也能够更好地了解整个培训项目的整体效果。AI 系统不仅可以分析个体教师的学习数据，还可以对整个教师团队的培训数据进行综合分析，识别出共性问题和成功经验。如果系统发现大多数教师在某个特定模块中的学习效果不佳，教育管理者可以据此判断该模块的设计是否存在问题，进而进行改进。相反，如果某些培训内容在整体上效果显著，管理者可以考虑将这些内容扩展到更多的培训项目中。这种数据驱动的全局分析，有助于教育管理者对培训项目进行全面的评估和优化，不断提升培训的整体质量。这种基于数据的培训效果评估，不仅帮助教师和教育管理者识别问题，还为持续改进提供了指导方向。教师可以根据评估结果，主动调整学习策略，选择更合适的学习资源和方法，而教育管理者则可以根据整体数据，优化培训内容和流程，确保每次培训都能为教师带来最大的价值。这种持续改进的循环，不仅提升了培训的效果，也使得教师在职业发展中能够更快地提升自身的专业能力。

（五）培训资源的优化和共享

人工智能技术不仅革新了学习方式，还大大优化了培训资源的利用和共享。通过对教师学习行为和反馈的深入分析，AI 技术能够识别出最受欢迎和最有效的培训资源。这种精准分析使得 AI 系统可以优先将这些高质量资源推荐给更多的教师，从而提升整体培训效果。这种资源优化的过程，不仅确保了教师能够获得最适合自己的学习材料，还避免了时间和资源的浪费，最大化地提高了培训的效率和质量。AI 技术在培训资源优化方面的优势还体现在其能够动态调整资源的分配上。通过持续监测教师的学习进展和反馈，AI 系统可以实时更新资源库，确保教师始终接触到最新和最相关的学习材料。比如，某一培训模块如果得到了许多教师的积极评价，系统会自动增加其在资源库中的推荐权重，反之，如果某些资源反馈不佳，系统则会进行相应调整或替换。这种动态更新机制，使得资源库始终处于一个最优状态，教师无论何时访问都能获取到高效的学习内容。

通过收集和分析来自不同教师的成功案例和教学经验，AI 可以将这些宝贵的信息整理成易于学习和应用的资源，供所有教师参考和学习。这个动态更新的资源库，不仅为教师提供了丰富的教学素材，还成为教师之间交流和合作的平台。在这个平台上，教师可以借鉴他人的成功经验，从而不断提升自己的教学水平。通过这种共享机制，教师不再是孤立的个体，而是成为一个互助学习社区中的一员，集体智慧的汇聚大大促进了教师的共同进步。AI 技术使得教师能够轻松访问和共享各种教学资源，包括课程计划、教学方法、评估工具等。这种资源共享不仅有助于教师之间的合作，也增强了教师的教学能力和创新能力。在一个开放的资源环境中，教师可以自由分享和讨论各自的教学实践，激发出新的教学思路和方法。这种合作氛围，既提升了教师的专业发展，也推动了整个教育领域的进步。

通过人工智能的介入，培训资源的优化和共享机制不仅提高了资源的利用效率，还显著提升了教师培训的整体质量。教师们不再局限于单一的学习资源或孤立的学习环境，而是能够充分利用 AI 系统提供的丰富资源库，实现跨越地域和时间的学习与交流。这种开放的学习环境，不仅拓展了教师的知识面，也提升了他们的教学技能和专业素养。进一步来说，资源优化和共享还推动了教育资源的公平分配。无论教师来自何种背景或地理位置，这种资源的普遍可及性，极大地缩小了不同地区教师之间的差距，使得每位教师都有机会提升自己的专业能力。这种公平性和普遍性，是 AI 技术在教育培训中带来的重要革新。

二、基于人工智能的中等院校职业教师发展

（一）个性化职业发展规划

在人工智能技术的支持下，中等职业院校教师的发展可以通过个性化的职业发展规划得到有效推动。AI 系统能够通过详细分析教师的背景、教学经验、专业知识以及个人职

业目标，量身定制一条适合每位教师的职业发展路径。这种个性化的规划不仅帮助教师明确了职业发展的方向，还为他们选择合适的进修课程和职业培训项目提供了科学依据。通过精确的分析和数据支持，教师能够快速识别自己在职业发展中的优势与不足，从而采取更为精准的行动计划。同时，人工智能的个性化职业规划能够帮助教师在短时间内取得显著进步。AI 系统根据教师的特定需求和目标，推荐最适合他们的培训项目和学习资源，这使得教师能够将时间和精力集中在最需要提升的领域。这种有针对性学习与培训，不仅提高了学习效率，还确保了教师在职业发展的过程中不断前进，不会因资源不匹配而浪费时间或陷入停滞。通过持续优化的学习路径，教师可以在职业发展中保持稳定的进步，实现既定的职业目标。

AI 系统会持续跟踪教师的发展进度，并根据实时数据进行动态调整。这种灵活性使得教师能够根据变化的环境和需求，及时调整自己的职业发展策略，确保自己的职业能力始终与行业的发展需求相匹配。通过这种动态更新的个性化规划，教师不仅能够应对当前的职业挑战，还能为未来的职业发展打下坚实的基础。

（二）动态学习资源推荐

人工智能技术的应用使得动态学习资源推荐成为中等职业教师职业发展中的一项重要工具。通过实时监测和分析教师的学习进展和反馈，AI 系统能够精准识别教师在职业发展过程中遇到的瓶颈和挑战。基于这些分析，AI 系统会及时推荐最适合教师当前需求的学习资源和实践机会。这样的资源推荐机制，确保教师能够在正确的时间获取到所需的学习材料，从而有效提高学习效率。动态学习资源推荐使得教师能够在职业发展的每个阶段获得最合适的支持。无论教师处于职业生涯的哪个阶段，AI 系统都能根据他们的学习行为、反馈以及职业目标，提供相应的学习路径和资源。这种灵活性和针对性，使得教师在面对职业发展的挑战时，能够迅速找到应对之策，避免因学习资源不匹配而导致的学习瓶颈。通过这种智能化的资源推荐，教师能够更快地掌握新知识、新技能，提升教学质量和职业素养。

AI 系统还能够通过持续的数据分析，不断优化资源推荐的精准度。系统可以根据教师的学习进展，动态调整推荐的内容，确保教师始终接触到最新、最有价值的学习资源。这种实时更新的机制，使得教师的学习过程更加高效、连贯，不会因为资源的陈旧或不适而影响学习效果。教师通过这种不断更新的资源支持，能够保持持续的专业成长，适应快速变化的教育环境和技术进步。

（三）职业技能提升与转型支持

人工智能技术在教师职业发展中发挥着重要作用，尤其在职业技能提升与转型支持方面表现尤为突出。通过 AI 技术的帮助，教师能够清晰地识别自己在专业技能上的不足，并获得定制化的培训和发展资源。这种个性化的支持，使得教师能够快速弥补技能短板，并进一步强化已有的专业优势。AI 系统不仅提供了精准的技能诊断，还能根据教师的需求推荐最合适的学习路径和资源，确保教师在职业发展中始终保持前进的动力和方向。随着教育技术的不断演进，AI 系统还为教师提供了从传统教学模式向新兴教学领域转型的支持。在线教育、虚拟课堂管理等新兴领域对教师提出了新的要求，而 AI 技术通过提供相关的培训和实践机会，使教师能够逐步适应这些新的教学环境。通过学习和应用新技术，教师不仅能够掌握在线教育工具的使用方法，还能了解虚拟课堂中的互动技巧和管理策略。这种转型支持，不仅帮助教师适应现代教学的变革，还使他们能够更好地应对未来教育的挑战。

AI 系统在帮助教师转型的过程中，还能够提供持续的支持和反馈。教师在转型过程中遇到的各种问题和挑战，AI 系统能够及时给予帮助，提供相应的解决方案。通过这种持续的支持，教师在学习新技术的过程中，不再感到孤立无援，而是能够在 AI 的陪伴下，逐步掌握新技能，顺利完成职业转型。这样的支持体系，使得教师在职业发展中能够更加自信和从容，减少了因技术变革带来的焦虑和压力。职业技能的提升和转型不仅是教师自身发展的需要，也是教育质量提升的关键。教师能够不断更新自己的知识体系和教学方法，为学生提供更加现代化和有效的教育。这种与时俱进的教学能力，使得教师能够在教育变革中始终处于前沿，带领学生探索新知识、新领域。无论是在线教育的普及，还是虚拟课堂的广泛应用，教师的转型都将为学生创造更为丰富和多样化的学习体验。

（四）实时反馈与职业指导

人工智能技术在教师职业发展中的应用，为教师提供了实时反馈与职业指导的独特优势。在学习和工作的过程中，教师可以随时通过 AI 系统获取到精确的反馈和建议。这种即时性使得教师能够迅速识别自己的不足之处，并进行及时调整，无论是在教学方法、课程设计，还是职业发展策略上，AI 系统都能提供有针对性的指导。这种即时反馈机制不仅提升了教师的学习效率，还增强了他们的自我反思能力，使得职业发展过程更加主动和高效。AI 系统能够根据教师的具体学习行为和工作表现，提供量身定制的职业指导。这种个性化的指导能够帮助教师针对性地解决在职业发展中遇到的瓶颈，克服技术难关或管理挑战，进而顺利实现职业目标。AI 系统的指导不仅限于技术层面的支持，还包括职业发展路径的规划，帮助教师明确职业目标，制定合理的发展策略。在这一过程中，教师能够在 AI 系统的帮助下，不断优化自己的职业发展路线，确保在竞争激烈的教育环境中保持领先地位。

实时反馈与职业指导的结合，极大地提高了教师职业发展的有效性。通过 AI 系统的持续支持，教师不仅能够迅速修正职业发展的方向，还能在每一步都获得必要的指导和帮助。这种实时的互动，使得教师在职业发展中不再孤立无援，而是始终有一个智能化的助手在背后提供支持。AI 系统可以通过对教师长期表现的分析，帮助他们发现潜在的问题，并提出有效改进建议。这样的持续反馈和指导，确保了教师能够稳步前行，不断提升职业技能和教学质量。同时，AI 系统还通过与专业导师的合作，进一步增强了职业指导的深度。教师可以在 AI 的支持下，与专业导师进行深入的讨论和交流，制定更为细致的职业发展计划。AI 系统提供的数据和分析，为导师的指导提供了坚实的基础，使得职业规划更加科学和有针对性。通过这种智能与人力相结合的方式，教师能够在职业发展的每个阶段都得到最有力支持，确保他们能够充分发挥潜力，实现职业理想。

（五）促进职业网络和协作平台建设

教师可以更轻松地建立职业网络，与同行、行业专家以及教育领域的各类专业人士保持紧密联系。这种网络不仅为教师提供了一个丰富的交流平台，还拓宽了他们获取资源和支持的渠道。教师能够通过这些网络分享教学资源、探讨教学策略，并相互学习先进的教学方法，这种合作和交流有助于不断提升他们的专业能力。教师可以利用这些平台参与到各种专业发展社区的活动中，与其他教育工作者共同讨论教育趋势、探索教学创新。这种协作平台为教师提供了一个持续学习的环境，使他们能够在实践中不断获取新知识、新技能。通过与同行的合作和交流，教师不仅可以解决教学中遇到的问题，还能激发新的教学思路。这样的协作平台不仅限于地域限制，教师可以跨越地理障碍，与来自不同地区和背景的专业人士进行交流和合作，丰富他们的职业视野。

通过分析教师的兴趣、需求和职业发展目标，AI 系统可以精准推荐相关的职业网络和协作机会。系统可能会推荐适合教师的在线讨论组、专业研讨会或是协作项目，帮助他们更好地融入专业社区。这种个性化的推荐不仅增强了教师的参与度，还确保他们能够从职业网络中获得最有价值的支持和资源。与此同时，AI 系统还能帮助教师更有效地分享和获取教学资源，建立起一个动态更新的资源库，供所有成员学习和参考。职业网络和协作平台的建立，为教师提供了一个多元化的支持系统，使他们在职业发展过程中能够获得更加全面的资源和指导。通过与同行的紧密联系，教师能够更好地了解行业的最新动态，获取第一手的教学信息，并在不断交流中提升自身的教学水平。AI 技术的辅助，使得这一切变得更加高效和有条理，教师能够在一个开放而又支持性的环境中成长和进步。

第三节　中等职业教师与人工智能的协作教学

一、人工智能在教学内容定制中的应用

在现代教育中，人工智能技术的应用正在逐步改变教学方式，教师可以根据每个学生的个性化需求和学习进度，自动生成适合其学习水平和兴趣的教学材料。这种定制化的教学内容，不仅使得学习变得更加贴合学生的实际需求，也极大地提高了学生的学习效率。AI 系统能够分析学生的学习行为，识别他们的强项和弱点，进而调整教学内容和难度，使每个学生都能在自己最适合的节奏中学习。教师在这种协作教学模式下，能够将更多的精力集中在教学方法的优化和学生的个性化指导上。AI 系统承担了烦琐的后台数据分析和内容生成任务，使教师能够更专注于课堂管理和学生互动。AI 可以实时分析学生的作业成绩、课堂参与度等数据，并生成个性化的学习报告供教师参考。这些数据不仅为教师提供了深入了解学生学习情况的依据，还帮助他们更好地制定教学计划和策略，确保每个学生都能充分理解和掌握所学知识。

AI 技术在教学内容定制中的应用，也为教师提供了更多的教学资源和创作灵感。通过 AI 系统的支持，教师可以快速获取大量的教学材料，包括课件、习题、案例分析等，并根据学生的实际情况进行灵活调整。这种资源的丰富性和灵活性，使教师能够更加自如地应对不同学生的学习需求，为他们提供更加个性化的学习体验。教师不仅是知识的传授者，更是学习的引导者，他们利用 AI 技术创造一个更加互动和高效的学习环境，使学生在参与中获得更深的学习体验。人工智能在教学内容定制中的应用，还能够帮助教师更好地应对课堂上的差异化教学挑战。在传统的教学模式中，教师往往难以同时兼顾所有学生的学习进度和理解能力，这种差异性在中等职业教育中尤为明显。而通过 AI 系统的支持，教师可以更好地理解和应对这种差异。对于学习进度较慢的学生，AI 系统可以自动推荐补充材料和强化练习，帮助他们巩固基础知识。这种个性化的教学内容调整，不仅提升了学生的学习效果，也使得教学过程变得更加灵活和高效。

AI 技术还能够通过分析学生的学习数据，帮助教师发现教学中的潜在问题，并及时进行调整。通过对大量学生数据的分析，AI 可以识别出哪些知识点学生普遍掌握较差，哪些教学方法效果不佳，从而为教师提供有针对性改进建议。这种数据驱动的教学优化，使得教学内容的设计和调整更加科学和精准，教师可以在第一时间调整教学策略，避免因教学内容不适而导致的学习障碍。在未来，随着人工智能技术的不断发展，教学内容的定

制化将变得更加普及和深入。教师与AI的协作，不仅使教学变得更加个性化和高效，还为教育创新提供了新的可能性。教师可以通过与AI系统的紧密合作，探索更加灵活和互动的教学模式，使学生在学习中不仅能掌握知识，还能培养独立思考和解决问题的能力。这种协作模式的最终目标，是让每个学生都能在最佳的学习环境中实现自己的学习潜力，并为他们未来的职业发展打下坚实的基础。

二、AI辅助的实时反馈与课堂管理

在协作教学中，人工智能技术为教师提供了强大的支持，尤其在实时反馈与课堂管理方面展现出了显著的优势。教师能够实时监控学生的学习表现，包括作业完成情况、课堂参与度等多个方面。这些数据被即时采集并分析，AI系统能够迅速将结果反馈给教师。这样的实时反馈机制，让教师能够在课堂上对学生的表现有清晰了解，并根据这些信息做出相应的调整。这不仅使教学过程变得更加动态和互动，也让教师能够更加精准地满足学生的学习需求。AI辅助的实时反馈系统还能够帮助教师灵活调整教学内容和进度。每个学生的学习进度和理解能力不同，传统教学模式往往难以顾及所有学生的需求。通过AI系统提供的实时反馈，教师可以了解哪些学生在某些知识点上存在困难，哪些学生已经掌握了相关内容。对于进度较慢的学生，教师可以提供更多的复习和补充练习，而对于进度较快的学生，则可以增加更具挑战性的任务。这种灵活性使得教学更加个性化，学生能够在适合自己的节奏中学习。

实时监控学生的课堂参与度，帮助教师及时发现学生的注意力变化，调整教学方法以保持学生的兴趣。当AI系统检测到某些学生的参与度下降时，教师可以通过调整教学方式或引入互动环节来重新吸引学生的注意力。这种动态调整不仅提高了学生的课堂参与度，也增强了他们的学习效果。通过AI的辅助，教师能够更加有效地管理课堂，确保每个学生都能积极参与到学习过程中。AI系统的实时反馈还为教师提供了一个有效的工具来识别和解决学生在学习过程中遇到的困难。通过对学生学习数据的分析，AI可以识别出学习中的常见问题，如某些知识点的普遍理解困难，或是特定任务完成度较低等。教师可以根据这些反馈，及时调整教学内容，重点讲解学生容易出错的部分，或者提供更多的支持和资源，帮助学生克服学习中的障碍。这样，学生在学习过程中能够得到及时帮助和指导，减少了因理解困难而导致的学习压力和挫折感。

AI辅助的实时反馈与课堂管理，为教学提供了一个持续改进的机制。通过不断收集和分析课堂数据，AI系统可以帮助教师发现教学中的薄弱环节，并提供改善建议。教师可以在教学过程中不断优化自己的教学方法和策略，确保每次教学都比上一次更有成效。这样的循环反馈机制，使得教学不再是一个静态的过程，而是一个不断调整和优化的动态过程，这对提高整体教学质量具有重要意义。AI技术的支持，实时反馈与课堂管理的结合，使得教师在教学中能够更加高效地进行学生管理和教学调整。这不仅提升了教学效果，也为教师减轻了课堂管理的负担。教师可以将更多的精力放在教学内容的设计和学生的个性化指导上，而 AI 系统则负责数据的监控和反馈。这种协作模式的最终结果是，教学变得更加灵活、互动，学生的学习体验也得到了显著提升。

三、AI 与教师协作的技能培养

人工智能技术的应用为教师与学生之间的协作带来了新的可能性，尤其在职业技能培养方面，AI 技术展现出了巨大的潜力。通过虚拟现实和模拟训练等 AI 技术，学生能够在一个高度仿真的环境中进行实践操作，这种训练方式为他们提供了安全、可控的学习条件，使其能够反复练习，直至掌握所需的职业技能。这种技术不仅有效地弥补了传统教学中实践机会不足的短板，还使学生能够在逼真的情境中熟悉未来工作环境。教师可以利用 AI 技术设计个性化的训练方案，根据学生的学习进度和能力水平调整模拟训练的内容和难度。AI 系统可以实时监控学生的表现，收集数据并提供反馈，帮助教师更好地了解学生的学习进展。这种协作模式，不仅提高了学生的学习效率，还使教师能够更精准地指导学生，确保他们在模拟训练中得到充分的实践经验。教师不仅仅是在技术层面的结合，更是一种教学方法上的创新，为职业教育提供了更多的灵活性和可能性。

教师在职业技能的培养过程中能够更加高效地进行监督和指导。传统的实践教学往往受到场地、设备和安全等因素的限制，而 AI 提供的虚拟现实和模拟训练则能够突破这些限制，提供更广泛的训练场景。在制造业、医疗护理、机械操作等领域，AI 系统可以模拟真实的工作环境，让学生在虚拟世界中进行复杂的操作和决策。这种训练方式，不仅让学生能够在安全的环境中进行尝试和错误，还使他们在面对实际工作时更加自信和从容。AI 技术在职业技能培养中的应用，还大大减轻了教师的负担。通过自动化的模拟训练系统，教师可以从繁重的操作监督中解放出来，将更多的时间和精力投入课程设计和学生的个性化指导中。这种协作方式，使教师的角色从传统的知识传授者转变为学习的引导者和支持者。AI 系统承担了大量的重复性任务，使得教学过程更加高效和有条理，同时也为教师提供了更多的教学创新空间。教师可以与 AI 共同开发新的教学方法，探索更加丰富和多样的教学内容，使职业教育变得更加生动和富有吸引力。

AI 技术在技能培养中的应用，也为学生提供了一个不断进步的学习环境。通过模拟训练，学生可以在不同的情境下进行实践，逐步提升自己的技能水平。AI 系统能够根据学生的表现，自动调整训练的难度，并提供个性化的反馈。这种持续的反馈和调整，使学生能够在不断练习中巩固知识、提高技能，最终达到职业要求。AI 与教师的协作将进一步深化，推动职业教育向更加智能化和个性化的方向发展。教师可以利用 AI 技术，开发更加复杂和多样化的模拟训练，帮助学生更好地适应多变的职业环境。协作模式不仅提高了职业技能的培养质量，也为职业教育带来了更多的可能性和创新空间。AI与教师的紧密合作，将职业教育提升到一个新的高度，使学生能够在更短的时间内掌握更加复杂和多样化的技能，为他们未来的职业发展打下坚实的基础。

四、AI 辅助的学习进度跟踪与评价

AI系统能够自动记录学生的各种学习行为，如测试成绩、作业提交时间、课堂参与度等，进而通过数据分析生成详细的学习报告。这些报告不仅帮助教师更全面地了解学生的学习状况，还为他们提供了制定个性化教学策略的重要依据。通过AI的实时跟踪与反馈，教师能够精确掌握每个学生的学习进展，从而更有效地调整教学内容和节奏，确保每个学生都能在自己的节奏中前进。与此同时，AI辅助的学习进度跟踪不仅限于记录学生的成绩和行为数据，它还能深入分析这些数据，从中提取有价值的教学信息。AI系统可以通过对多次测试成绩的对比，发现学生在特定知识点上的理解困难，或者通过作业提交时间的变化，识别出学生在时间管理上的问题。这种细致入微分析，使得教师能够对学生的学习困难进行早期识别，并及时采取干预措施。AI不仅是一个数据记录工具，更是一个分析助手，为教师提供深入的洞察和建议。

AI系统生成的学习报告，不仅为教师提供了个性化教学的依据，也使得学生的学习评价变得更加科学和公正。传统的学习评价往往依赖于期中期末考试的成绩，忽略了学生在日常学习中的进步和努力。而通过AI的辅助，教师可以综合考虑学生的日常表现、作业质量、参与度等多维度的数据，进行更加全面和精准评价。这种评价方式，不仅能更好地反映学生的实际学习情况，还能鼓励学生在日常学习中保持积极性和参与度。通过更加科学学习评价，教师能够更有效地激励学生，促进他们的全面发展。AI辅助的学习进度跟踪与评价还为教学提供了一个动态调整的机制。随着教学的推进，学生的学习状态和需求可能会不断变化，而AI系统可以实时跟踪这些变化，并为教师提供及时的反馈。教师可以灵活调整教学策略，例如为进度较慢的学生提供更多的复习和支持，为进度较快的学生提供更具挑战性的学习任务。这样的动态调整，使得教学能够更加贴合学生的实际需求，避免了传统教学中一刀切的弊端。

教师不仅能够更好地了解每个学生的学习情况，还能在教学中采取更具针对性指导和支持。这种精准的学习评价，使得教师能够更有效地识别出学生的强项和弱项，并进行相应的教学调整。AI系统可以帮助教师发现某些学生在某一特定领域表现出色，教师可以据此为他们提供更深入的学习资源和机会，进一步培养他们的潜力。同时，对于在某些领域存在困难的学生，教师也可以提供更有针对性辅导，帮助他们克服学习障碍。AI辅助的学习进度跟踪与评价，不仅有助于提升学生的学习效果，还能为教师提供宝贵的教学反馈。教师可以利用这些数据反馈，不断优化教学策略，提升教学质量。这样一种基于数据

驱动的教学改进机制，不仅使教学更加科学和有效，也促进了教师的专业发展。

五、AI 促进教师专业发展的协作

教师能够及时获取最新的教育资源，学习前沿的教学方法，并参与到各种在线培训和研讨会中。AI 技术能够根据教师的职业发展需求，精准推荐相关的学习材料和培训课程，使得教师在繁忙的教学工作之余，依然能够保持持续的专业成长。这种基于 AI 的个性化学习支持，不仅提升了教师的教学水平，也增强了他们在职业生涯中的竞争力。此外，AI 系统的应用使得教师能够更加便捷地获取到适合自己的教育资源。AI 可以自动筛选和推荐与教师专业背景、教学需求以及职业目标相匹配的学习内容，使得教师的学习过程更加高效有序。这种资源的个性化推荐，不仅让教师能够迅速找到自己所需的知识和技能，还减少了无效信息的干扰，提升了学习的专注度和效果。通过这种高效的资源获取方式，教师能够在最短的时间内吸收最新的教育理念和教学技术，从而在实际教学中灵活应用，提升课堂教学效果。

教师可以通过 AI 平台参与各种形式的在线学习活动，包括直播课程、互动研讨、案例分析等。这些活动不仅帮助教师在职业发展的过程中不断获取新知识，还为他们提供了与同行和专家交流的机会。通过与行业领军人物和同事的互动，教师能够获得新的教学灵感和思路，进一步提升自己的教学水平和专业素养。AI 平台的参与，使得教师的职业发展不再局限于地域和时间的限制，真正实现了随时随地学习和交流。通过分析教师的学习行为和职业进展，AI 可以帮助教师识别出自己在职业发展中的强项和不足，进而为他们制定更为精准的学习计划。这种实时的反馈机制，使得教师能够在职业发展的过程中不断调整自己的学习策略，确保自己始终保持在职业发展的正确轨道上。AI 技术的这种指导作用，不仅为教师的职业规划提供了科学依据，还为他们在面临职业选择时提供了更加清晰的方向。

在 AI 的帮助下，教师还能够不断拓展自己的专业网络，参与到更广泛的教育社群中。AI 平台可以帮助教师连接到全球范围内的教育专家和同行，建立起一个互助学习的职业网络。通过这个网络，教师不仅可以分享自己的教学经验和实践案例，还能够从他人的经验中汲取教训和灵感。这种开放的学习交流环境，为教师提供了一个持续发展的平台，使得他们能够在职业生涯中始终保持与时俱进的能力。

第四节　人工智能技术在中等院校职业教师评估与反馈中的应用

一、人工智能技术在中等院校职业教师评估中的应用

（一）数据驱动的绩效评估

在现代教育管理中，人工智能技术的引入为教师绩效评估带来了显著的变革。学校可以收集并分析教师在教学中的各种数据，如课堂互动频率、学生成绩变化、作业提交情况等。这些数据经过系统整合和分析，能够生成详细的绩效评估报告。与传统的评估方法相比，基于数据驱动的评估方式显得更加客观和全面。传统评估往往依赖于主观判断或有限的观察，而AI系统能够通过大量数据的积累和分析，提供一个更加全景式的教师表现图像。这种全面的评估方式，使得教师的教学效果和学生的学习成果得到了更加准确反映。与此同时，数据驱动的绩效评估还能够帮助学校管理者更精确地了解每位教师的教学表现。通过对教师各方面数据的分析，AI系统能够识别出教学中的强项和需要改进的地方。某些教师在课堂管理和互动方面表现突出，但在学生成绩的提升上可能存在不足。AI系统能够将这些信息整理成清晰的报告，使管理者可以有针对性地进行反馈和指导。这种科学、精准的评估，不仅有助于提升教师的教学质量，也为教师的职业发展提供了可靠的依据。

通过对绩效数据的长期跟踪和分析，AI系统能够识别出教师在职业生涯中的发展趋势和潜在问题。管理者可以根据这些分析结果，制定相应的职业发展计划，帮助教师提升专业能力。如果AI系统发现某位教师的课堂互动效果较好，但学生成绩提升不明显，学校可以提供相关的教学资源和培训，帮助这位教师在教学内容传授方面取得更大进步。这种有针对性支持，使教师在职业发展过程中能够不断提升自我，实现更高的职业目标。数据驱动的绩效评估不仅仅是一个评估工具，更是教师与学校之间沟通的桥梁。通过详细的数据分析和科学评估报告，教师可以更加清晰地了解自己的教学表现和改进方向。这种透明、客观的反馈机制，使得教师能够在职业生涯中保持积极的态度，主动寻求提升。同时，管理者也能够通过这些评估数据，更好地制定学校的整体教学策略，优化教育资源配置。

（二）个性化的评估标准

在教师评估领域，人工智能技术为定制化评估标准带来了新的可能性。不同学科和年级的教学特点各异，传统的评估标准往往采用统一的模式，难以充分考虑这些差异性。而AI技术的应用，则可以根据不同教学环境和学科需求，设计出更具针对性的评估体系。

这种个性化的评估方式，能够更准确地反映教师的教学效果，帮助他们识别教学中的优势和不足，从而进行更有针对性改进。同时，AI 系统能够深入分析不同学科的特点，定制出符合各自需求的评估标准。在职业教育中，实践操作是教学的重要组成部分。AI 系统可以针对这一特点，重点评估教师在实训课中的指导效果和学生的实际操作能力。通过分析学生在实际操作中的表现和反馈，AI 能够提供详细的评估报告，帮助教师了解学生在实践环节中的掌握情况。这种评估标准不仅考察了理论知识的传授效果，也充分反映了实践教学的成效，为教师提供了更为全面的教学反馈。

不同年级的学生在认知能力、学习方法和兴趣点上存在显著差异，AI 系统可以根据这些特点，设计出适合不同年级学生的评估标准。在低年级的评估中，系统可以更多地关注基础知识的掌握和课堂参与度，而在高年级的评估中，则可能更多地关注学生的自主学习能力和应用能力的培养。通过这种差异化的评估，教师能够更清楚地了解各个年级学生的学习状态，使教学更加有针对性。AI 系统还能根据教师个人的教学风格和职业发展需求，进一步细化评估标准。每位教师的教学风格和优势各不相同，AI 系统可以根据教师的教学数据和职业目标，设计出专门的评估指标。对于侧重互动式教学的教师，评估标准可以更多地考察课堂互动的质量和学生的参与情况；对于注重考试成绩的教师，则可以更关注学生的学业表现和进步情况。通过这种个性化的评估，教师不仅能够看到自己在传统评估中被忽略的教学成效，还能找到提升教学效果的新方向。

AI 技术提供的个性化评估标准，不仅帮助教师更准确地了解自己的教学效果，也为他们的职业发展提供了科学的支持。通过 AI 系统分析和反馈，教师能够有针对性地参加培训和进修，提升自身的教学技能和专业水平。同时，个性化评估也为学校管理者提供了更丰富的决策依据，帮助他们更好地制定教师发展规划和教育资源配置策略。随着 AI 技术的不断进步，这种基于个性化评估标准的教师评估模式，将成为教育领域中不可或缺的工具，推动教育质量的持续提升。

（三）长期跟踪和动态评估

在教师评估的领域，人工智能技术的引入为长期跟踪和动态评估提供了新的可能性。学校可以对教师的教学表现进行长期的监测和分析，不仅记录下他们在特定时间段内的教学数据，还能够对这些数据进行深入的长期分析。这种长期跟踪机制能够揭示教师在职业生涯中的发展轨迹，识别出他们的成长和进步，以及在教学中遇到的挑战和瓶颈。AI 的动态评估方式，使得教师的教学表现得以全面、持续地监控，为教学质量的提升提供了重要依据。此外，长期跟踪和动态评估的优势在于，它不仅关注教师的即时表现，还能够洞察他们在不同阶段的职业发展变化。AI 系统可以综合分析教师在多个学期或年度内的教学数据，从中提取出教师在教学方法、学生反馈和学术成就等方面的变化趋势。这种趋势分析，不仅帮助教师了解自己在教学中的成长和进步，还能够为他们指出职业发展的方向和潜在的改进空间。通过这种长期的视角，教师能够更加清晰地规划自己的职业道路，明确在教学实践中需要关注和提升的具体领域。

AI 系统通过对大量数据的持续分析，能够迅速发现教师在某些教学环节上的困难或学生在特定内容上的理解障碍。这些及时反馈的信息，使得教师能够迅速调整教学策略，改善课堂管理或教学内容，避免问题的进一步扩大。这样的动态反馈机制，不仅提升了教学的响应速度，还使得教学过程变得更加灵活和适应性强。教师在面对教学挑战时，可以依靠 AI 提供的实时数据支持，做出更为精准的教学决策。长期跟踪和动态评估还为学校提供了更加科学的教师管理工具。学校管理者可以全面掌握教师的职业发展状况，发现他们在教学中的优点和需要改进的领域。这种全面而精准的数据支持，为学校在制定教师发展规划、培训项目和资源分配策略时提供了重要依据。如果 AI 系统显示某些教师在创新教学方法上有显著成效，学校可以鼓励这些教师分享经验，或在校内推广其成功做法。相反，对于在某些教学指标上表现不佳的教师，学校则可以提供定制化的支持和培训，帮助他们提升教学效果。

通过这种持续的跟踪评估，教师不仅能够得到更加个性化和有针对性的职业指导，还能够在职业生涯的不同阶段获得必要的支持和资源。这种动态评估的方式，使得教师在职业发展中始终保持前进的动力和方向感。在 AI 技术的辅助下，教师的教学质量和专业水平将会得到持续提升，为学生提供更优质的教育服务。

二、人工智能技术在中等职业教师反馈中的应用

（一）实时反馈与即时改进

AI 系统能够实时监控学生的课堂表现和学习进度，为教师提供即时的反馈信息。这些信息包括学生对课堂内容的理解情况、参与度，以及学习过程中遇到的困难等。教师可以快速识别教学中的问题和不足，并及时做出调整。这种实时反馈机制，使得教师能够更灵活地管理课堂，根据学生的实际情况调整教学方法和内容，确保每个学生都能跟上教学进度，从而提高整体的教学效果。与此同时，实时反馈的优势不仅在于帮助教师识别问题，还在于为教师提供了即时改进的机会。教师能够在课堂上或课后立即获取学生的反馈，这使他们能够迅速采取措施，改善教学策略。比如，如果 AI 系统检测到某个知识点的普遍理解困难，教师可以在接下来的课程中重新讲解或提供补充资料，帮助学生更好地理解该内容。这种即时改进的方式，极大地提升了教学的响应速度，使得教学过程更加动态和互动，教师能够更有效地满足学生的学习需求。

传统教学中，教师往往只能在学期结束后通过考试成绩和学生评语来评估教学效果，而 AI 系统则能在教学进行时就提供相关数据。这种数据驱动的反馈机制，使教师能够持

续监控教学效果，并在发现问题的第一时间进行调整。这种持续的反馈和改进，不仅让教师的教学方法更加精细化，也显著改善了学生的学习体验。通过不断调整和优化，教师能够更好地帮助学生理解和掌握学习内容，确保他们在学习过程中的每一个环节都能获得支持。更为重要的是，实时反馈的机制还为个性化教学提供了坚实的基础。教师在这个过程中，也能够更好地掌握学生的个体差异，提供更为精准的教学支持。

（二）个性化的教学建议

人工智能技术的进步使得个性化教学建议成为可能，为教师提供了针对性支持。AI系统能够分析教师的教学数据和学生的反馈，提供具体的改进建议。通过对课堂互动、学生成绩以及教学内容的分析，AI能够识别哪些教学策略和方法取得了良好的效果，哪些则需要进一步优化。这种数据驱动的分析不仅能够揭示教学中的优势和不足，还能提供具体的改进方向。通过个性化的教学建议，AI系统能够为教师推荐最适合的教学资源和策略。这些建议不仅包括教材和教学工具，还可能涉及教学方法、课堂管理技巧等方面。如果AI系统发现某一类教学活动的学生反馈较差，它可能会建议教师调整活动的形式或增加互动环节，以提升学生的参与感和学习效果。这种基于数据的建议，使得教师能够在教学中更加灵活地应对各种挑战，从而提高课堂教学的整体效果。

传统的反馈通常是笼统的，不易直接应用于实际教学中，而AI提供的建议则是针对性的、操作性强的。比如，在发现某个知识点的学生理解度较低时，AI可以推荐额外的练习题、补充材料或教学视频，帮助教师更好地解释这一内容。此外，AI系统还能够分析教师的教学风格和策略，提供个性化改进建议，帮助教师不断优化教学实践。教师能够根据AI系统的建议，调整教学方法和策略，满足学生的不同学习需求，从而提高学生的学习动机和成果。通过不断优化和调整，教师能够在教学中实现更高的精准度和灵活性，确保每个学生都能在适合自己的节奏和方式中获得最佳的学习效果。

（三）长期反馈和职业发展指导

人工智能技术为教师职业发展提供了持续的支持，尤其是在长期反馈和职业发展指导方面。AI系统通过分析教师的长期教学数据，能够跟踪教师的职业成长轨迹，识别其在教学和专业技能方面的优势和不足。这种长期反馈不仅提供了关于教学表现的详细数据，还揭示了教师的职业发展潜力，从而为教师的职业规划提供了科学依据。利用这些数据，AI系统能够提出有针对性的职业发展建议。根据教师在教学中的表现和成长，系统可以推荐相关的培训课程、专业发展研讨会或认证项目。这些建议不仅有助于教师在当前岗位上提升技能，还能为其职业生涯的进一步发展提供方向。通过参与这些推荐的活动，教师能够不断更新自己的知识体系，提升教学能力，适应教育领域的最新发展趋势。

AI系统能够分析教师的教学数据和职业成长记录，指出教师在某些领域的表现特别出色，而在其他领域可能存在改进的空间。这种细致入微反馈，使教师能够了解自己的职业发展状况，制定更加切实可行的发展计划。系统可能发现教师在某种教学方法上的应用效果较好，建议进一步探索相关领域的高级课程，以进一步提升这方面的专业水平。通过对教师历史数据的分析，AI 可以预测教师未来的职业发展路径，并提出相应的策略。如果 AI 系统识别到教师在教育技术方面有较强的潜力，它可能会建议教师探索教育技术的相关领域，或参与相关的创新项目。这种个性化的职业规划帮助教师制定长远的发展目标，规划职业路径，并采取具体措施实现这些目标。

第六章　人工智能与中等职业教育学生发展

第一节　个性化学习路径与中等职业教育职业规划

一、个性化学习路径的定义

个性化学习路径是指根据学生的学习能力、兴趣、目标以及背景，量身定制的学习计划。这种学习路径不仅关注学生的知识掌握程度，还考虑到学生的个性化需求和职业目标。

二、个性化学习路径的重要性

（一）提升学习效率

个性化学习路径能够显著提升学生的学习效率。通过根据每位学生的学习能力和进度量身定制的学习计划，能够确保学生在适合自己的节奏下进行学习。这样不仅避免了传统“一刀切”教学方法带来的效率低下，还能够使学生在学习过程中聚焦于自身的薄弱环节，减少了不必要的重复和浪费。个性化学习路径通过针对性地安排学习内容，使学生能够快速掌握必要的知识和技能，从而更高效地达成学习目标。

（二）增强学习动机与兴趣

通过个性化学习路径，学生能够根据个人兴趣和职业目标选择学习内容和方向，从而提高学习的自主性和积极性。学生在学习过程中能够参与到与自身兴趣相关的活动中，体验到学习的乐趣和成就感。这种兴趣驱动的学习方式，不仅能增强学生的学习动机，还能提高学习的持续性和效果。当学生看到自己的学习与个人职业规划紧密相关时，他们更有可能投入更多的精力和时间，致力于提升自我能力。

（三）减少学习上的盲目性

个性化学习路径能够有效减少学习过程中的盲目性。传统的教学模式往往缺乏针对性，学生可能会在不适合自己的学习内容和方法中浪费大量时间。个性化学习路径通过对学生的个体差异进行详细分析，确保学习内容和方法的选择与学生的实际需要相匹配。这种方法帮助学生避免在不必要的知识点上过多消耗精力，使其能够专注于真正需要掌握的内容，减少了学习中的盲目探索和无效努力。

（四）为未来职业发展奠定基础

个性化学习路径不仅关注当前的学习需求，还能够为学生的未来职业发展奠定坚实的基础。通过与职业规划相结合的个性化学习，学生可以在学习过程中积累与未来职业相关的技能和经验。这种预先规划的学习路径使学生能够有针对性地进行职业技能培训，为进入职场后能够迅速适应工作要求和挑战打下良好基础。同时，学生在学习过程中获取的专业知识和实践经验，使他们在求职和职业发展中更具竞争力，能够更好地实现职业目标。

三、个性化学习路径与职业规划的结合

（一）精准对接职业兴趣与学科内容

将个性化学习路径与职业规划结合，有助于精准对接学生的职业兴趣与学科内容。AI 技术通过分析学生的职业兴趣和发展目标，能够为学生制定符合其职业规划的学习路径。如果学生对某一特定行业有强烈兴趣，AI 系统可以推荐与该行业相关的课程和实践项目。这种对接方式不仅使学生的学习内容更加贴近他们的职业目标，还能增强学习的针对性和实用性，使学生在学习过程中感受到与未来职业的紧密联系。

（二）定制化的职业技能培训

通过结合个性化学习路径与职业规划，AI 系统能够提供定制化的职业技能培训。学生的学习计划不仅包括基础学科知识，还涵盖了与未来职业相关的技能培训。系统可以根据学生的职业目标推荐特定的技能培训课程或认证项目，帮助他们在学习阶段就积累与职业发展相关的技能。这种定制化的培训使学生在完成学业的同时，获得了与行业需求相匹配的专业技能，从而在进入职场后能够更好地应对职业挑战。

（三）实践项目与职业发展结合

个性化学习路径的制定不仅关注理论学习，还强调与职业发展的结合。AI 技术能够推荐与学生职业规划相关的实践项目，如实习机会、行业项目或实验室研究。这些实践项目不仅能够帮助学生将理论知识应用于实际工作中，还能够积累与职业相关的实践经验。通过这种结合，学生在学习过程中能够逐步探索自己感兴趣的职业领域，了解行业动态和工作要求，从而为未来的职业生涯做好充分准备。

（四）动态调整与反馈机制

结合个性化学习路径与职业规划，还可以实现动态调整与反馈机制。AI 系统能够实

时跟踪学生的学习进度和职业发展状况，根据数据反馈调整学习路径。如果学生在某一领域表现突出，AI 系统可以推荐更高级别的课程或挑战性更大的项目。同时，系统还能够提供职业发展建议，帮助学生根据最新的行业动态和个人表现不断优化职业规划。这种动态调整的机制确保学生能够在学习过程中不断更新和调整自己的职业目标，保持与行业发展的同步。

四、AI 在个性化学习路径设计中的应用

（一）精准的数据分析与学习需求识别

AI技术在个性化学习路径设计中，首先通过精准的数据分析来识别学生的学习需求。AI 系统能够汇总和分析学生的考试成绩、课堂表现、作业提交情况等数据，从中提取出每位学生的学习特点和需求。这种数据驱动的分析方式，能够为每个学生提供量身定制的学习建议，确保学习路径的设计充分考虑到学生的实际情况和学习进度。

（二）智能推荐个性化学习资源

AI 技术能够智能地推荐个性化的学习资源，帮助学生在学习过程中获得最适合自己的材料。系统可以根据学生的学习数据和兴趣爱好，推荐相关的课程、书籍、视频教程以及实践项目。针对某一学生在数学领域的薄弱环节，AI可以推荐额外的练习题和辅导视频，帮助其提高特定技能。这种资源推荐机制能够确保学生获得高效且针对性的学习材料。

（三）动态调整学习路径

AI系统能够实时动态调整学习路径，确保其与学生的实际需求和发展方向保持一致。通过持续监控学生的学习进展，AI 可以及时识别出学习中的问题和变化。如果学生在某个课程中遇到困难，系统会自动调整学习计划，推荐额外的辅导课程或修改学习内容，以帮助学生克服挑战。这种动态调整机制使得个性化学习路径能够灵活适应学生的变化。

（四）预测学习困难与提前干预

AI 技术能够预测学生可能遇到的学习困难，并提前制定针对性辅导计划。通过对学生学习数据的深入分析，系统可以识别出潜在的学习难点，并在问题出现之前采取预防措施。如果 AI 检测到某位学生在某一科目中的学习成绩持续下滑，它可以自动生成详细的干预计划，包括个别辅导、学习小组等，帮助学生解决问题并保持学习进度。

（五）提升学习体验与成果

通过个性化学习路径的设计，AI 技术显著提升了学生的学习体验和成果。个性化的学习建议和资源推荐，使得学生能够以自己的节奏和方式进行学习，增强了学习的自主性

和积极性。动态调整和优化机制确保了学习路径的有效性和针对性，帮助学生实现最佳的学习效果。这种以学生为中心的学习模式，不仅提高了学习成果，还增强了学生的学习动力和自信心。

五、个性化学习路径对职业发展的影响

（一）提升专业技能与知识匹配度

个性化学习路径能够帮助学生获得与其职业兴趣和目标高度匹配的技能和知识。通过根据学生的职业方向定制学习内容，个性化学习路径确保学生在学习过程中掌握与其未来职业密切相关的专业技能。针对未来希望从事信息技术工作的学生，学习路径可以特别强调编程技能和数据分析能力的培养。这种匹配度的提升，使得学生在学习过程中直接为未来的职业角色做好准备，增强了在就业市场上的竞争力。

（二）增强职场竞争力与自信

通过个性化学习路径，学生能够在学习过程中积累与职业相关的实践经验和专业技能。这些实践经验不仅提升了学生的实际操作能力，也增强了他们在求职过程中的自信心。学生在学习过程中参与的项目和实习经历，能够为他们的简历增加含金量，使他们在求职面试中能够展示出具体的技能和成果。这种自信心和实际能力的提升，使学生在面对激烈的职场竞争时，能够更具竞争力。

（三）明确职业发展目标

通过系统的职业规划和个性化学习建议，学生能够清晰地了解自己未来职业发展的方向和步骤。在制定学习路径时，AI 系统可以根据学生的职业兴趣和目标，推荐相应的实习机会、专业课程和认证考试，从而帮助学生形成明确的职业目标和发展计划。这种目标的明确性，有助于学生在职业生涯中做出更加有针对性的决策和规划。

（四）制定合理的职业规划

个性化学习路径不仅帮助学生明确职业目标，还能够帮助他们制定合理的职业规划。通过结合学生的学习成果和职业目标，AI 系统能够提供详细的职业发展建议，包括所需的技能、经验积累以及职业进阶的路径。系统可以建议学生在完成某些专业课程后，进行相关行业的实习，进一步积累实际工作经验。这种规划的合理性，能够确保学生在不同阶段的职业发展中，按照既定的目标逐步前进，实现长期的职业发展目标。

（五）促进职业生涯的长期发展

个性化学习路径通过帮助学生规划职业生涯的各个阶段，促进职业生涯的长期发展。

通过持续学习和技能提升，学生能够在职业生涯中不断适应行业的变化和新的挑战。AI系统可以跟踪学生的职业进展，及时调整学习路径，推荐新的学习资源和培训机会，以保持学生的职业能力与时俱进。这种长期的发展支持，不仅帮助学生在职业生涯的早期阶段建立坚实的基础，也为未来的职业发展奠定了长期的成功基础。

第二节　中等职业学生综合能力的智能评估与提升

一、中等职业学生综合能力的智能评估

（一）数据驱动的能力评估

数据驱动的能力评估依赖于先进的智能系统，通过系统化的数据收集和分析，为学生提供全面的综合能力评估。该系统从多个维度收集学生的表现数据，包括课堂互动、作业成绩、考试结果以及项目完成情况等。这些数据通过复杂的分析算法处理，生成详细的评估报告。评估报告不仅反映了学生在学术知识上的掌握程度，还评估了他们在实际操作和解决问题方面的能力。借助这种全面的数据分析，教育工作者能够对学生在不同能力领域的表现有一个清晰了解，识别出学生的优势和待改进的方面。这种精准的评估方式使教师能够根据学生的具体情况进行有针对性教学调整，提高教学效果，并为学生提供个性化的支持。智能评估系统能够实时更新数据，确保评估结果的时效性和准确性。通过持续跟踪学生的学习进度和表现，系统能够动态调整评估标准和反馈策略。这种实时更新机制使得评估不仅是静态的反映，更是动态的调整工具，能够及时响应学生的学习变化和需求。这种灵活的评估方式确保了学生能够在不断变化的学习环境中得到及时和有效支持，从而促进其综合能力的全面提升。

数据驱动的能力评估还提供了丰富的分析报告，帮助教师和教育管理者制定更科学的教育决策。这些报告通过图表和数据可视化工具呈现，使得复杂的数据变得更加直观易懂。教育工作者可以根据这些报告进行详细的教学分析，识别教学中的有效策略和改进点。这种基于数据的决策支持系统，提升了教学管理的科学性和针对性，为学生的个性化发展和教育质量的提升提供了有力的保障。数据驱动的能力评估不仅对学生的学习有帮助，还对教育管理和课程设计提供了重要的参考依据。通过对学生能力数据的分析，教育管理者可以识别出课程设置中的不足之处，并进行有针对性调整。这样的数据支持系统，使得教育管理更加精准和高效，从而推动教育质量的整体提升。

（二）能力维度的细化分析

智能评估系统通过将学生的综合能力分解为多个具体维度，实现了对能力的细化分析。这种细化分析包括但不限于技术技能、沟通能力、团队合作能力和创新能力等多个方面。系统通过对每个能力维度的深入评估，能够提供更为精准的能力分析。在团队项目中，智能评估系统不仅能评估学生的总体表现，还能分别分析其领导能力、协作精神和任务执行能力。这种详细的分析有助于揭示学生在各个能力领域的具体优势和不足。通过对每个能力维度的单独评估，教师能够识别出学生在某一方面的突出表现或需要改进的地方。这种精准的能力识别，帮助教师制定个性化的教学策略，以满足每个学生的具体需求。比如，对于在技术技能上表现优秀的学生，教师可以提供更具挑战性的项目任务，以进一步提升其能力；而对于在沟通能力上有所欠缺的学生，则可以设计专门的练习和活动来提高其相关技能。

智能评估系统不仅仅提供了学生整体表现的反馈，还根据不同能力维度给出具体的改进建议。这些建议可能涉及如何提升技术操作的熟练度、如何增强团队协作中的贡献，或如何在创新过程中更好地表达和实现创意。通过这些具体的指导，学生能够在明确自身的强项和短板的基础上，制定有针对性的个人发展计划，从而有效地提升综合能力。通过了解自己在各个能力维度上的表现，学生可以更清晰地规划未来的学习和职业路径。比如，一个在团队合作能力上表现优异的学生，可能会倾向于选择需要强大团队协作的职业方向，而一个在技术技能上表现突出的学生，则可能会更加关注技术性职业的发展。这种能力与职业规划的对接，使得学生能够在职业发展的早期阶段就做好相应的准备，从而在未来的职场中更加得心应手。

传统的评估方法往往只能提供整体的能力评价，难以深入分析学生在各个具体方面的表现。而智能评估系统通过细化分析，能够克服这一不足，使得评估结果更加全面和公正。这种科学化的评估方式，不仅提高了教育管理的有效性，也为学生的成长和发展提供了更加客观的评价标准。

（三）实时反馈与动态调整

智能评估系统的实时反馈功能为学生在学习和实践过程中提供了即时的能力表现反馈。通过对学生学习活动的数据进行实时分析，系统能够迅速生成反馈报告，指出学生在不同能力领域的表现优点及需改进的地方。这种即时的反馈机制对学生来说极为重要，因为它能够在学生完成某个项目或任务后，立刻提供准确的分析和建议，从而让学生及时了解自己的表现和进展。传统的评估方式通常依赖于定期的测试和评估，学生在获得反馈时往往已错过了最初的问题解决时机。而智能评估系统能够在学生完成任务后立刻提供反馈，及时揭示学生在学习过程中的优点和不足。这种即时性确保了学生能够在错误和不足发生时立即调整策略，而不是在较长时间后才进行修正，从而更有效地提升学习效率和能力水平。

学生在收到反馈后，可以迅速调整自己的学习方法和策略。如果系统反馈指出学生在某个技能上表现不佳，学生可以立刻针对这个问题，进行额外的练习或寻求帮助。学生能够根据实际情况灵活地调整学习计划，优化自己的学习过程。这种动态调整不仅能够提升学生的学习效率，也能够帮助他们在不断变化的学习环境中保持进步。由于智能评估系统能够即时提供反馈，学生可以更主动地参与到学习中，独立分析自己的优劣势。学生能够根据反馈信息，自行制定学习计划，设置目标，并监控自己的进展，这种自主学习的能力对于学生未来的职业发展也具有重要的促进作用。了解自己在学习过程中的即时进展和取得的成果，会激发学生的成就感和自信心，从而提高他们的学习积极性。当学生看到自己在某些能力领域的不断进步时，会更加愿意投入时间和精力去进一步提升这些能力。整体来说，这种即时反馈和动态调整机制，使学生能够在学习过程中不断优化自身表现，从而实现能力的持续提升。

（四）个性化的学习建议

智能评估系统能够根据对学生综合能力的分析，提供个性化的学习建议，帮助学生在不同能力维度上进行针对性提升。通过对学生的学习数据进行详细分析，系统可以识别出学生在各个能力领域的优势和不足，并根据这些发现推荐相应的学习资源和活动。智能评估系统会根据学生在不同技能和知识领域的表现，提供针对性的补习课程或实践活动。如果系统检测到学生在实际操作技能方面表现较弱，它可能会推荐额外的实践项目或技能培训课程。这种针对性的建议，确保学生能够在其需要提升的领域进行有针对性练习，从而有效提高这些领域的能力水平。

通过对学生学习行为的分析，系统能够推荐最适合的学习材料和资源。系统可能会建议学生使用某些特定的学习平台或工具，这些平台和工具经过验证能够帮助学生在某个特定领域取得更好的成绩。这种个性化的学习建议能够确保学生在学习过程中使用最适合的资源，从而提高学习效率和效果。通过分析学生的职业兴趣和未来目标，智能评估系统能够推荐与职业发展相关的技能培训和实践活动。如果学生的职业目标是成为一名项目经理，系统可能会建议参加项目管理相关的课程和模拟实践。

由于这些建议是基于学生自身表现和需求制定的，学生能够清楚地了解自己的发展方向和提升空间。这种明确的目标和计划，可以激发学生的学习兴趣和积极性，使他们更加主动地投入学习中。个性化的建议不仅提升了学生的学习效果，还帮助他们在职业技能的培养上取得更大的进步，从而更好地满足学业和职业发展的要求。

（五）长期跟踪与成长评估

智能评估系统的长期跟踪与成长评估功能，能够为学生的能力发展提供全面而深入的洞察。系统通过持续记录和分析学生在不同时间点的能力数据，能够识别学生能力的成长轨迹和发展趋势。这种方法使教育者和学生能够在整个职业教育过程中清晰地看到进步情况，并根据成长数据制定适宜的教育规划。通过对学生在长期内的能力数据进行分析，智能评估系统可以展示学生在各个能力维度上的成长趋势。系统能够追踪学生在技术技能、沟通能力和团队合作能力等方面的变化，并提供成长报告。这种持续的跟踪帮助教育者了解学生在不同阶段的进展，从而评估教学方法和课程设置的有效性。

长期跟踪和成长评估能够为教育者提供数据支持，以优化教学策略。系统提供的成长数据能够揭示教学过程中的优点和不足，帮助教师调整教学方法和课程内容。如果系统显示某一技能的进步缓慢，教师可以针对性地增加该领域的教学活动或资源。这样，教育者能够根据实时的数据反馈做出调整，确保学生在职业教育中获得最有效支持。学生能够查看自己的成长报告，了解自己在学习过程中的进步情况和不足之处。这种自我反思能够激励学生设定新的学习目标，调整学习策略，从而更好地适应职业发展的需求。通过对自身能力的长期跟踪，学生能够明确自己的学习方向和职业目标，从而提高自身在就业市场上的竞争力。

教育者可以根据学生的成长轨迹，制定更符合学生发展的课程和活动。如果系统显示某一阶段学生在实践操作方面进步显著，教育者可以设计更高级别的实践项目，帮助学生进一步提升技能。通过这种数据驱动的规划，教育者能够确保学生在职业道路上的持续成长和发展。通过系统提供的详细能力数据，学生能够识别自己的长处和短板，制定合理的职业发展计划。这种能力的长期跟踪不仅帮助学生在学术上取得成功，也为他们的职业生涯发展奠定了坚实的基础。

二、中等职业学生综合能力的智能提升

（一）智能化课程推荐与定制

AI 技术在智能化课程推荐与定制方面的应用，可以极大地提升学生的学习效果和职业发展。基于学生的学习数据和能力评估结果，AI 系统能够提供精确的课程和培训项目推荐。这些推荐不仅依赖于学生的兴趣和能力，也结合了他们的职业目标，确保每个学生都能获得最适合自己的学习资源。智能化课程推荐系统能够根据学生的具体需求推荐相关课程。如果学生在技术操作方面表现出色，但在沟通能力方面有所欠缺，AI 系统可以识别这一能力差距，并推荐专门的沟通技能培训课程。这种个性化的推荐方式确保了学生能够针对自身的短板进行有针对性学习，从而提升综合能力。

通过分析学生的能力数据，AI 系统可以识别出学生的强项和弱项，从而提供量身定制的课程建议。对于在项目管理方面表现突出的学生，AI 可以推荐更高级的项目管理课程或领导力培训项目。这种推荐不仅帮助学生深化他们的特长，还可以激励他们在职业发展中进一步发挥自己的优势。智能化课程推荐不仅关注当前的能力提升，还考虑到学生的长期职业发展目标。系统可以根据学生的职业目标，推荐与其职业规划相符合的课程和实训项目。若学生希望进入某一特定行业，AI 系统可以推荐该行业的最新课程和认证培训，帮助学生获得必要的专业资格和技能，为未来的职业生涯奠定坚实的基础。

随着学生能力的提升和职业目标的变化，系统会实时更新课程推荐列表。这种动态调整机制确保了推荐内容的时效性和相关性，使学生在不同阶段都能获得最符合需求的学习资源。当学生完成了一系列基础课程后，系统会自动推荐更高级的课程或专项培训，帮助学生不断进阶和提升。智能化课程推荐的实施还能够提高教育资源的利用效率。通过精准推荐，教育机构可以更好地满足学生的个性化需求，避免资源的浪费和重复投入。这种方法不仅优化了教育资源配置，还为学生提供了更高效的学习体验。通过智能化课程推荐，学生能够在最适合自己的学习环境中不断进步，实现自身的学术和职业目标。

（二）个性化学习路径规划

AI 技术在个性化学习路径规划中的应用，极大地提升了教育的精准性和效率。通过对学生能力数据和职业目标的深入分析，AI 系统能够制定出与学生需求高度匹配的学习路径。这种个性化的规划方式，不仅考虑了学生的当前学习水平，还预测了他们未来的发展需求，使学习过程更加有针对性和前瞻性。AI 系统能够基于学生的学习进度和能力数据，为每位学生量身定制详细的学习计划。这些计划会综合考虑学生的兴趣爱好、学习节奏和职业目标，从而设计出最适合他们的学习路径。如果一个学生在技术操作方面表现突出但在理论知识上存在短板，系统会推荐加强理论知识的课程，同时安排实践活动以巩固所学内容。这种针对性的规划，能够帮助学生在最短的时间内弥补知识缺陷，实现能力的全面提升。

个性化学习路径规划不仅关注学生的当前水平，还会预测其未来的发展需求。AI 系统通过分析学生的职业目标和市场需求，建议学生选择那些能够促进职业发展的课程和项目。系统可能会推荐相关行业的最新技术培训，帮助学生跟上行业的快速变化，从而在未来的职业生涯中保持竞争力。这种前瞻性的规划，确保学生在学术和职业发展上都能获得长远的支持。AI 技术可以动态调整学习路径规划，适应学生在学习过程中的变化和进步。

AI 系统能够分析学生的学习方式和节奏，为其提供最适合的学习策略。对于喜欢自学的学生，系统可以推荐自主学习的资源和在线课程；而对于偏好互动学习的学生，系统则可以建议参与团队项目和讨论班。这种个性化的学习策略，帮助学生以最适合自己的方式进行学习，提高学习效果和效率。个性化学习路径规划能够提高学生的学习动机和参与度。通过为学生制定符合其兴趣和职业目标的学习计划，AI系统增强了学生的学习积极性，使他们更加主动地参与到学习中。这种提高了学习动机的效果，进一步促进了学生的能力提升和职业发展，实现了教育目标的最大化。

（三）智能化技能训练与模拟

智能化技能训练与模拟技术，通过虚拟现实（VR）和增强现实（AR）等前沿科技，为学生提供了极具沉浸感的实践训练体验。这些技术能够创建高度仿真的操作环境，使学生在一个完全安全的虚拟环境中进行实际技能的训练和模拟。这种技术的应用，不仅为学生提供了丰富的实践机会，还有效地提升了他们在真实场景中的操作能力和解决问题的能力。虚拟现实（VR）技术，能够为学生营造出一个真实的模拟操作环境。在机械操作、医疗手术或建筑施工等领域，VR系统能够重现真实的工作场景，让学生在虚拟环境中进行实践操作。这种沉浸式体验使学生能够熟悉设备操作、掌握技术流程，并在没有实际风险的情况下进行多次练习，从而大大提高了操作技能和应急处理能力。学生在虚拟环境中遇到的每一种情况，都可以通过反复训练得到有效解决方案，进一步提升其综合能力。

增强现实（AR）技术则通过将虚拟元素叠加在现实世界中，为学生提供实时的操作指导。在进行复杂的机械装配或实验操作时，AR系统可以将操作步骤和注意事项直接显示在学生的视野中。这种实时的指引，帮助学生更准确地完成操作步骤，并及时纠正错误，大大降低了实际操作中的错误率。AR技术不仅增加了学生的实践机会，还提升了他们在真实工作环境中的操作自信和准确性。AI系统能够根据学生的表现数据，实时调整训练内容和难度。当学生在某一技能领域表现出色时，系统可以自动增加训练的难度或引入更复杂的场景，以挑战学生的能力极限。相反，如果学生在某些方面遇到困难，系统则可以提供额外的指导和支持，帮助学生克服难题。

智能化技能训练与模拟技术提供了一个无压力的学习环境。由于学生在虚拟环境中进行训练，不必担心真实操作中的失败或损失，这种环境鼓励学生大胆尝试和探索，从而提高了他们的创新能力和解决问题的能力。在无压力的环境中，学生可以进行更多尝试和练习，从而在技能提升上取得更快的进步。

（四）动态进度监控与反馈

通过实时跟踪学生的学习进度和技能提升情况，AI系统能够自动生成详细的进度报告，并为学生提供即时反馈。这种技术不仅有助于学生掌握自身的学习状况，还能指导他们在学习过程中进行必要的调整，从而提高综合能力。AI系统通过持续监控学生的学习行为和表现，能够及时捕捉到学生在学习过程中的每一个细节。这些数据包括学生的作业完成情况、课堂参与度、测试成绩等。学生可以通过查看这些报告，了解自己的学习状态，从而更加明确自身的进步与不足之处。

AI 系统基于数据分析结果，提供了有针对性改进建议。这些建议可能涉及学习方法的调整、额外的资源推荐或是练习的重点领域。如果系统检测到学生在某一学科上进展缓慢，可能会推荐针对性学习材料或练习，帮助学生弥补知识上的不足。此外，系统还可以建议学生改变学习策略，比如调整学习时间表或采用不同的学习技巧，以提升学习效果。这种精准的建议，使学生能够根据自己的实际情况进行有针对性改进，避免了盲目性和低效的学习方法。

动态进度监控和反馈机制使得学习过程更加灵活和适应性强。学生能够随时查看自己的进度报告和反馈，实时了解自己在学习过程中的表现。这样的即时反馈不仅帮助学生及时发现并改正学习中的问题，还能够激励他们不断努力，提升自我。这种动态的反馈机制，使得学生在学习过程中能够不断进行自我调整，优化学习策略，从而有效提升综合能力。学生在学习的不同阶段，都能获得及时反馈和指导。长期的跟踪不仅帮助学生了解自身的学习趋势，还能够根据长期数据提供更加全面的改进建议。这种长期的监控机制，确保学生能够持续进步，并在整个学习过程中不断提升自己的综合能力。

（五）职业发展支持与智能辅导

AI 系统在职业发展支持与智能辅导方面的应用，为学生提供了创新且实用的支持。借助于智能化的技术，系统不仅能够分析学生的综合能力和职业兴趣，还能为他们提供个性化的职业发展建议。AI 系统通过分析学生的综合能力数据和职业兴趣，能够推荐适合的职业路径。这种推荐基于对学生技能、兴趣和市场需求的综合考量。如果一个学生在技术操作方面表现突出，并且对信息技术行业感兴趣，AI 系统可能会建议其考虑从事相关的技术岗位，如软件开发或系统分析。通过这种精准的职业路径推荐，学生能够明确自己的职业方向，从而更有效地规划未来的职业发展。

AI 系统可以提供详细的职业发展机会信息，帮助学生了解不同职业领域的最新趋势和发展前景。系统会分析行业数据，提供有关职业市场需求、薪资水平、职业晋升路径等方面的信息。这些信息使学生能够对未来的职业选择有更全面了解，从而做出更明智的职业决策。此外，AI 系统还可以推荐与学生职业兴趣匹配的实习机会、兼职工作或专业培训，以帮助他们积累相关经验，提升就业竞争力。智能辅导是 AI 系统在职业发展支持中的另一个关键功能。系统能够根据学生的职业规划需求，提供个性化的职业辅导建议。这包括帮助学生制定明确的职业目标、规划职业发展路径和制定行动计划。通过分析学生的职业兴趣和能力数据，AI 系统可以提供建议，如推荐特定的职业技能培训课程或行业认证考试，帮助学生在职业道路上取得实际的进展。

通过智能化的模拟面试工具，学生可以进行虚拟面试训练，获得详细的反馈，提升面试技巧。系统还可以分析学生的简历，提供优化建议，使其更加符合招聘要求。这样的智能辅导，不仅提升了学生的面试表现，还增强了他们的求职信心。AI 技术的职业发展支持还有助于学生进行长期的职业规划。系统通过持续跟踪学生的职业发展进展，提供定期的职业建议和调整方案。学生能够根据这些长期的建议，灵活调整职业目标和发展策略，确保职业规划与实际发展相匹配。

第三节　人工智能在中等职业教育职业指导与就业服务中的应用

一、人工智能在中等职业教育职业指导中的应用

（一）个性化职业规划

人工智能在职业指导中的一个主要应用是为学生提供个性化的职业规划。AI 系统能够分析学生的兴趣、技能、学业成绩和职业目标，通过机器学习算法生成量身定制的职业发展建议。系统会根据学生的个人特征，推荐适合的职业路径、行业领域以及潜在的职业机会。AI 可以分析学生在实习中的表现和职业兴趣，推荐相应的职业方向或行业。这种个性化的职业规划帮助学生明确职业目标，制定切实可行的发展计划。

（二）职业兴趣和技能匹配

AI 技术能够帮助学生识别和匹配他们的职业兴趣和技能。通过对学生的心理测试、兴趣问卷和技能评估数据进行分析，AI 系统能够揭示学生在特定领域的优势和潜力。系统可以评估学生在不同职业领域的适应性，并提供相应的职业建议。这种匹配过程不仅让学生了解自己最适合的职业领域，还帮助他们选择与自身能力和兴趣相符的职业路径，从而提高职业满意度和发展潜力。

（三）职业市场需求分析

AI 技术可以实时分析和预测职业市场的需求趋势，为学生提供有价值的职业信息。通过大数据分析和市场预测，AI 系统能够识别出哪些职业领域在未来有较高的需求，以及这些领域的技能要求。这种信息对于学生来说尤为重要，可以帮助他们在职业规划中做出更明智的决策。系统可以指出新兴行业的增长趋势，如人工智能、绿色能源等，指导学生选择未来有潜力的职业领域。

（四）实习和就业机会推荐

基于学生的职业兴趣和技能评估结果，AI 系统能够推荐适合的实习和就业机会。系

统可以从大量的实习和就业信息中筛选出符合学生条件的机会，并向他们推荐。这不仅简化了学生寻找实习和工作的过程，还提高了他们找到匹配职位的机会。AI 可以根据学生的专业背景和技能，推荐适合的公司、职位及实习项目，帮助他们积累实践经验，为未来的职业生涯奠定基础。

（五）职业发展跟踪与反馈

AI 技术能够对学生的职业发展进行长期跟踪，并提供持续的反馈。系统通过收集和分析学生在职业生涯中的表现数据，如就业情况、职业发展进度等，生成反馈报告。这些报告可以帮助学生了解自己在职业发展中的优势和不足，并根据反馈进行调整和优化职业规划。系统可以跟踪学生的职业晋升情况，提供针对性的职业发展建议，帮助他们在职场中持续成长和进步。

二、人工智能在中等职业教育就业服务中的应用

（一）职业匹配与推荐系统

人工智能技术能够根据学生的技能、兴趣、学历和职业目标，为他们提供个性化的职业匹配和推荐服务。AI 系统通过分析学生的个人资料和市场需求数据，自动匹配适合的职位和行业。AI 可以分析学生的技能和兴趣，推荐与其专业背景和职业目标相符合的工作机会。这种智能化的推荐系统不仅提高了学生找到合适工作的效率，还帮助他们更好地规划职业路径。

（二）智能简历和求职信生成

AI 工具可以帮助学生生成专业的简历和求职信。这些工具通过分析学生的教育背景、工作经验和技能，自动生成结构化、内容丰富的简历。AI 还可以根据职位要求和行业标准，提供定制化的求职信模板，帮助学生提高求职材料的质量和针对性。这种智能生成的服务能够增强学生的求职竞争力，使他们在求职过程中更具优势。

（三）职业发展规划与建议

人工智能可以提供个性化的职业发展规划和建议。通过分析学生的职业目标、市场趋势和技能差距，AI 系统能够生成详细的职业发展计划，包括必要的培训课程、认证和工作经验。这种规划帮助学生在职业生涯中有针对性地提升技能，并制定切实可行的职业发展目标。AI 系统还能跟踪学生的职业发展进度，提供动态调整的建议，确保他们的职业发展与市场需求保持一致。

（四）职业市场分析与趋势预测

AI 技术能够对职业市场进行深入分析和趋势预测，帮助学生了解当前和未来的就业市场情况。通过数据挖掘和分析，AI 系统可以提供关于行业需求、薪资水平和职位增长趋势的详细报告。这些信息帮助学生选择合适的职业方向和行业，避免过时或饱和的职业领域，确保他们的职业选择与市场需求保持同步。

（五）实习和就业机会的智能匹配

AI 系统可以根据学生的专业背景和兴趣，智能匹配适合的实习和就业机会。系统能够实时跟踪各大企业的招聘信息，分析学生的资历和经验，并推荐最适合的实习岗位和工作机会。这种智能匹配服务不仅提高了实习和就业机会的获取效率，还帮助学生更快地进入职场。

第四节　中等职业学生心理健康与行为分析

一、心理健康状况的智能监测

通过智能化工具的应用，教育者能够实时掌握学生的心理状态。这些工具通常结合问卷调查、情绪识别软件和行为数据分析等多种方法，以全面了解学生的情绪波动和心理健康状况。通过对学生在在线学习平台上的互动数据进行分析，AI 能够捕捉到学生的情绪变化，并识别出潜在的心理健康问题，如焦虑、抑郁或压力过大。这种技术不仅提高了数据收集的效率，也提升了监测的准确性。智能化工具的应用使得教育工作者能够更加及时地发现学生的心理健康问题。AI 系统可以分析学生的社交媒体活动、学习行为以及互动记录，检测出可能的异常情况。比如，如果系统发现某学生在特定时间段内频繁出现负面情绪表达或降低的学习活跃度，这些信息可以作为早期预警信号，提示教育者对该学生进行进一步的关注。这种智能监测的优势在于它能够全天候、无缝地进行数据采集和分析，帮助教育者及时获取学生的心理健康信息。

利用 AI 技术进行心理健康状况的智能监测，还能提供更加个性化的支持。系统能够根据学生的具体行为模式和情绪数据，生成个性化的心理健康报告。这些报告不仅包括学生当前的心理状态，还可以预测其未来可能面临的心理挑战。这种预测能力为教育者提供了有力的数据支持，使他们能够制定出更加精准的干预策略。AI 技术还能够通过情绪识别软件实时分析学生的面部表情和语音语调，进一步了解其情绪状态。通过这些细致的数据分析，系统能够识别出学生在情绪上的微小变化，这对于早期干预和提供及时的心理支持至关重要。若学生在课堂上的面部表情显得焦虑或抑郁，AI 系统能够即时发出警报，通知相关教育人员及时介入。这种实时反馈机制大大提高了对学生心理健康问题的响应速度。

二、个性化的心理辅导建议

基于对学生心理健康数据的深入分析，AI 系统能够为每位学生提供个性化的心理辅导建议。这些建议不仅是对学生当前心理状态的反映，更是对其未来心理健康的预防措施。AI 系统通过综合分析学生的学习压力、社交互动以及个人生活情况，能够为学生量身定制符合其实际需要的辅导方案。如果系统检测到某学生在学习压力方面感到困扰，它可能会建议该学生调整学习计划，合理分配时间，减少过度负担。学生可以在压力过大的情况下找到缓解的方法，从而改善心理健康状态。个性化的心理辅导建议不仅关注学生的当前问题，还着眼于其整体生活质量的提升。AI 系统能够根据学生的情绪波动和行为模式，推荐改善时间管理和生活习惯的策略。若学生在长时间的学习过程中出现了焦虑情绪，AI 系统可能会建议其增加规律的休息和运动，以帮助减轻压力。这些建议不仅有助于学生应对眼前的问题，也为他们建立长期的健康生活方式提供支持，从而提高其整体生活质量。

如果系统发现某学生在社交互动中存在困难，可能会建议其参加相关的社交技能培训或与同龄人进行更多的互动。学生不仅能提升社交能力，还能在与他人的交流中获得更多的情感支持，从而改善心理健康状况。AI 的个性化建议帮助学生找到适合自己的应对策略，使其在面对心理挑战时更加从容和自信。此外，AI 系统还能够推荐专业的心理咨询服务，特别是对于那些需要更深入干预的学生。如果学生的心理数据表明其存在较严重的焦虑或抑郁症状，系统会建议其寻求专业心理咨询师的帮助。这种建议不仅为学生提供了必要的专业支持，还确保了其心理问题能够得到科学、有效处理，从而避免了问题的进一步恶化。

三、行为模式分析与干预

AI 技术在行为模式分析与干预中发挥了重要作用。通过对学生行为数据的深入分析，AI 系统能够识别出不良行为习惯或潜在问题，从而为教育工作者提供有针对性的干预措施。这种行为模式分析不仅涵盖了课堂参与度、作业提交情况，还涉及学生的社交行为和日常习惯。AI 系统可以通过分析学生的课堂出勤记录和作业提交时间，发现那些经常逃学或迟交作业的学生。这些行为模式可能表明学生在学习中遇到了困难或有其他潜在问题。AI 系统能够识别这些行为模式的根源，提供详细的分析报告。若系统检测到某学生在课堂上的参与度明显下降，它可能会分析学生的课堂互动数据，识别出其参与度降低的具体原因。这种分析不仅帮助教师了解学生的具体问题，还可以为学生提供个性化的干预建议，例如调整学习方法、改进课堂互动形式等。通过这些精准的干预措施，教师能够更好地帮助学生克服学习障碍，提高课堂参与度，从而促进其学业进步。

AI 系统还能够识别学生在社交行为中的潜在问题。如果系统发现某学生在社交活动中存在孤立或退缩的情况，它可以提供有关如何改善社交技能的建议。这些建议可能包括参加社交技能培训、增加与同龄人的互动等。AI 技术不仅帮助学生改进其社交能力，还增强了他们的自信心和社交能力，从而改善其整体心理健康和社会适应能力。对于那些表现出严重行为问题的学生，AI 系统能够提供更加深入的干预措施。如果系统发现学生的成绩持续下滑并且存在逃学现象，它可以建议进行心理疏导或加强家庭沟通。AI 系统还能够推荐合适的心理咨询师或家庭辅导资源，以帮助学生解决其根本问题。这种多层次的干预措施不仅解决了学生的即时问题，还从根本上帮助他们改善行为模式，从而促进其全面发展。通过对行为模式的精准分析和及时干预，AI 技术为教育工作者提供了强有力的支持。教育者可以利用这些分析结果制定更加有效的干预策略，帮助学生纠正不良行为，促进他们的全面成长。

四、情绪调节与支持系统

AI 技术在情绪调节与支持系统中的应用，显著提升了学生的心理健康管理能力。通过先进的情绪识别技术，AI 系统可以实时监测学生的情绪状态，及时发现学生在学习和生活中可能遇到的情绪问题。AI 技术能够分析学生在学习平台上的互动数据、社交媒体内容或实时交流记录，识别出他们可能的焦虑、沮丧或其他负面情绪。这种实时监测不仅提供了对学生情绪状态的深刻了解，还为制定有效的情绪调节策略提供了基础。一旦识别出学生的负面情绪，AI 系统能够提供针对性的情绪调节建议。比如，系统可以通过内置的聊天机器人与学生进行对话，提供情绪支持和舒缓建议。聊天机器人能够根据学生的情绪状态，推荐放松练习、深呼吸技巧或冥想方法，以帮助学生缓解压力和焦虑。此外，AI 系统还可以提供有关如何管理情绪的实用技巧和资源，例如设定合理的学习目标、时间管理建议等。这些个性化的建议帮助学生学会更有效地调节情绪，从而提高其整体心理健康水平。

AI 技术还能够通过持续的情绪监测，为学生提供长期的情绪支持。系统可以跟踪学生在不同时间段的情绪波动，分析其情绪变化的趋势。这种长期的情绪数据分析帮助教育工作者识别学生的情绪模式，了解其在不同阶段的情绪需求。教育者可以提供更加针对性的支持，例如定期的心理辅导、情绪管理工作坊等，以帮助学生持续改善其情绪状态。通过实时的情绪支持和建议，学生可以更好地管理学业压力，避免因情绪问题导致的学习效率下降。当系统检测到学生在考试前期出现焦虑情绪时，它可以建议学生进行放松练习或寻求社交支持，从而减轻考试焦虑，提高考试表现。同时，情绪调节系统还可以帮助学生在日常生活中维持良好的心理状态，促进其全面健康发展。

五、数据驱动的心理健康干预策略

AI 技术在数据驱动的心理健康干预策略中扮演了关键角色，通过系统化的数据分析和处理，提供了更加精准和有效的干预方案。AI 系统通过收集大量心理健康数据，例如学生的情绪状态、行为模式和心理问卷结果，对学生的心理健康状况进行深入分析。这些数据可以包括课堂表现、社交互动、心理测评结果等，全面反映学生的心理健康状况。通过对学生心理健康数据的深入挖掘，AI 可以推荐适合的心理健康课程或活动。系统可以识别出有明显焦虑症状的学生，并推荐他们参加缓解焦虑的心理健康讲座或冥想课程。对于那些表现出社交困难的学生，AI 系统可能会建议参与社交技能训练或心理辅导。这样，干预措施不仅基于具体的数据分析结果，而且能够针对每个学生的具体需求，提供量身定制的支持。

在制定干预策略时，AI 还可以帮助学校层面制定整体的心理健康计划。通过对全体学生的心理健康数据进行汇总分析，AI 能够识别出常见的心理健康问题，并根据这些问题制定学校层面的干预计划。如果系统发现大部分学生在特定时期出现心理健康问题，如期末考试期间的压力增加，学校可以制定集中干预措施，如提供考试压力管理工作坊或设置心理咨询热线。这种基于数据的策略，使得干预措施更加系统化和有效。系统可以持续跟踪干预措施的实施效果，通过对干预后数据的分析，评估其有效性。AI 可以监测参加了心理健康课程的学生在干预后情绪状态的变化，分析课程对学生心理健康的实际影响。如果发现某些干预措施效果不佳，AI 系统可以迅速调整策略，优化干预方案，从而提高整体干预效果。

AI 驱动的数据分析不仅提升了干预策略的科学性和针对性，还优化了心理健康服务的资源配置。通过精准的数据分析，教育工作者可以更高效地分配资源，确保心理健康支持措施能够覆盖到需要的学生群体。这种高效的数据驱动方法，使得心理健康干预更加精准、有效，帮助学生在心理健康领域取得实质性进展。

第七章　人工智能技术在中等职业教育中的应用

第一节　教育数据挖掘与分析在中等职业教育中的应用

一、教育数据挖掘在中等职业教育中的应用

（一）学生学习行为分析

通过对学生学习行为的系统分析，教育者能够获取有价值的见解，从而优化教学方法和策略。数据挖掘能够全面收集学生在课堂上的表现，包括课堂参与度、讨论互动情况以及对课程内容的掌握程度。这些数据为教育者提供了学生在课堂中的活跃程度和参与质量的信息，帮助教师识别出参与不积极的学生，并探讨其背后的原因，如是否由于课堂内容不吸引或理解困难。在作业完成情况方面，数据挖掘能够揭示学生的作业提交频率、作业质量及其与课堂教学内容的相关性。系统可以分析学生的作业提交时间和质量，从而识别出那些经常迟交作业或作业完成质量较差的学生。这种分析有助于教师了解学生在课外学习中的表现，进而判断是否存在时间管理问题、知识掌握不牢或其他学习困难。

通过对考试成绩的趋势分析，教师可以识别出哪些学生在特定课程中表现不佳，了解其考试成绩的波动情况。这种数据可以帮助教师了解学生对知识点的掌握情况，识别出知识盲点和学习障碍，从而调整教学内容和方法，以便针对性地提升学生的学习效果。此外，数据挖掘还能够揭示学生的行为模式和学习趋势，例如某些学生在特定时间段表现出学习上的困难，或在特定类型的任务中表现不佳。这种深入的行为分析可以帮助教育者制定个性化的教学计划和辅导策略，以满足学生的具体需求。如果数据揭示某些学生在项目任务中表现不佳，教师可以提供额外的支持，如个别辅导或针对性练习，以帮助学生提高其项目完成能力。

（二）学业成绩预测与干预

教育数据挖掘在学业成绩预测和干预中的应用为中等职业教育提供了强有力的支持。通过对学生历史成绩数据的深入分析，AI 系统能够准确预测学生的未来学业表现。这些

预测不仅基于学生的学习进度，还综合了考试成绩、作业质量以及课堂参与等多个因素。利用这种数据驱动的方法，教育者可以更早地识别出那些可能面临学业困难的学生，并为他们提供及时的支持和干预措施。AI 系统通过对历史成绩的分析，能够发现学生在特定课程或学科上的学习趋势。系统将学生过去的考试成绩和作业完成情况进行综合分析，预测他们在未来学期或考试中的表现。这种预测能够帮助教师了解哪些学生可能会面临学业挑战，例如那些在某些课程中表现出成绩逐渐下滑的学生。通过提前识别这些潜在问题，教育者可以采取预防措施，避免学生的学业问题进一步恶化。

AI 系统可以识别出那些在数学或科学课程中成绩不理想的学生，并建议教师提供额外的辅导或补习课程。教师可以根据预测结果调整学习计划，设计个性化的学习方案，以帮助学生在薄弱环节上进行集中补救。这种数据驱动的干预措施，不仅提高了辅导的针对性，还能有效增强学生在关键学科上的表现。AI 系统还能够提供实时的学业进展监控，通过对学生学习行为和成绩的持续跟踪，帮助教师了解学生在干预后的进展情况。教育者可以使用这些数据来评估干预措施的效果，及时调整教学策略。学业成绩预测与干预也有助于学生自身的自我管理和规划。学生可以根据预测结果了解自己的学业趋势，提前制定学习目标和计划。通过及时自我调整，学生能够在学习过程中避免因成绩下滑而产生的焦虑，从而保持积极学习状态。

（三）个性化学习路径推荐

教育数据挖掘在个性化学习路径推荐方面的应用，极大地增强了中等职业教育的针对性和有效性。AI系统可以基于每个学生的表现、兴趣和职业目标，提供量身定制的学习计划。这种个性化的学习路径推荐不仅提高了学习的针对性，还优化了教育资源的配置，确保学生在最适合自己的领域内取得最大的发展。AI系统通过分析学生的学习表现，如考试成绩、作业质量以及课堂参与度，识别出学生的学术强项和薄弱环节。对于在技术课程中表现优异的学生，系统可以推荐更高级的课程和相关的技术项目，进一步提升其专业技能。通过这种分析，教育者可以为学生制定更加精准的学习计划，确保他们在擅长的领域获得更多的发展机会，同时也在其弱点上给予必要的补强。

AI 系统通过对学生兴趣调查和职业目标的分析，能够识别学生对特定领域的兴趣。如果一个学生对数字营销感兴趣，系统可以推荐相关的课程和实践项目，如数字营销分析、市场调研等。这种基于兴趣和职业目标的学习路径推荐，不仅提升了学生的学习动机，还帮助他们在未来的职业生涯中取得成功。AI 系统能够根据学生的学术背景和职业目标，推荐适合的实践项目和技能培训。对于计划进入 IT 行业的学生，系统可以推荐相关的编程实训、项目开发活动等。这种推荐能够帮助学生在实践中应用所学知识，获得实际操作经验，为将来的职业生涯打下坚实基础。

个性化学习路径的推荐还涉及学习资源的优化配置。AI系统能够根据学生的学习需求，推荐适合的学习资源，如在线课程、书籍、视频教程等。这种资源推荐不仅能够帮助学生获得更多的学习材料，还能提升学习效率。个性化学习路径的推荐能够根据学生的学习进展进行动态调整。AI系统通过持续跟踪学生的学习数据，实时更新学习计划和推荐内容。这种动态调整确保了学习路径始终与学生的实际需求和发展方向保持一致，从而提升了学习效果和教育质量。通过不断优化学习路径，学生能够在不断变化的教育环境中保持竞争力，达到最佳的学习成果。

（四）教学资源优化配置

数据挖掘在教学资源优化配置中的应用，可以显著提升教育资源的使用效率和效果。通过对学生对各种教学资源的使用情况进行深入分析，教育机构能够更精准地了解不同资源对学生学习的实际影响，从而优化资源配置，实现教育投入的最大化效果。数据挖掘技术能够分析学生对不同教学资源的使用频率和效果。系统可以记录学生对教材、在线学习平台、实验设备等资源的使用数据，并评估这些资源对学生学习成果的贡献。教育者能够识别出哪些资源最受学生欢迎，哪些资源在提升学生学习效果方面最为有效。这种分析帮助教育机构明确哪些资源应该得到更多投入，哪些资源的使用需要进行调整或优化，从而更好地满足学生的学习需求。

通过对学生学习成绩、课程完成情况、作业质量等数据的挖掘，系统能够评估不同教学资源的实际效果。系统可以比较使用不同教材的学生在考试中的表现，或者分析使用在线学习平台的学生与传统教学方式的学习效果差异。这种效果分析不仅帮助教育者了解资源的实际价值，还可以为资源的采购和更新提供数据支持，确保教育资源的有效性和适应性。此外，数据挖掘技术还能帮助教育机构优化资源的分配和配置。通过分析学生的学习需求和行为模式，系统能够提出优化建议，如在资源不足的领域增加投入，或者将更多的资源分配到对学生学习效果显著的教学工具上。如果数据分析显示某一类实验设备对学生的实际操作能力提升有显著效果，教育机构可以考虑增加此类设备的配置，提高实践教学的质量。这种资源配置的优化，不仅提升了资源的使用效率，还保证了教育投资的回报率。

通过实时监测学生的学习表现和资源使用情况，系统可以提供及时调整建议。如果某一教学资源在某一阶段出现了使用低效或效果不佳的情况，系统可以建议教育者进行调整，如更换教材版本或增加辅助学习资源。这种动态调整机制，使得教学资源的配置更加灵活，能够适应不断变化的教学需求和学生的学习状况。通过对教学资源的使用情况和学习效果进行综合分析，系统能够提供资源投入的成本效益分析报告。这些报告能够帮助教育决策者了解资源投入与学生学习成果之间的关系，从而做出更加科学的资源配置决策，确保教育资源的投入能够产生最大的教育效果。

（五）学生需求与兴趣分析

教育数据挖掘在学生需求与兴趣分析中的应用为教育者提供了强有力的工具，帮助他们更好地理解和满足学生的个性化需求。通过对学生的学习行为、课程选择以及调查问卷等数据进行深入分析，教育机构能够揭示出学生对不同学科和职业方向的兴趣，从而更有效地调整教学内容和设计教育活动，提高学生的学习积极性和参与度。通过分析学生在各类课程中的选择频率、在线学习平台上的活动记录，以及参与的课外活动，教育者可以了解到学生在不同学科和职业方向上的兴趣点。系统可以揭示出某些学生对技术类课程表现出强烈的兴趣，而对艺术类课程的参与较少。这种信息帮助教育者识别出学生的兴趣趋势，为他们提供更加个性化的教育支持。

通过对学生兴趣数据的分析，教育机构能够根据学生的偏好调整课程内容，增加相关的实践项目和实验活动。如果数据分析显示大量学生对数据科学有浓厚兴趣，学校可以开设更多与数据分析相关的课程，并引入相关的实训项目。这种课程和活动的优化，不仅能够提高学生的参与度，还能够增强他们的学习体验和效果。此外，数据挖掘还能够帮助教育者在职业规划方面为学生提供更为精准的指导。通过对学生职业兴趣的分析，教育机构可以为学生设计适合他们兴趣和能力的职业发展路径。系统可以根据学生在不同职业方向上的兴趣，推荐相关的实习机会、职业讲座和行业专家交流会。这种职业规划的个性化支持，有助于学生在早期阶段明确自己的职业目标，制定符合自身兴趣和能力的发展计划。

通过对学生的学习行为和反馈进行分析，系统能够识别出学生在某些领域的学习困难和需求。如果学生在某些课程中表现不佳且反馈显示对相关知识点有较高的兴趣，教育者可以提供额外的支持，如个性化辅导或补习班。这种需求分析的应用，帮助教育者及时发现学生的学习问题，并采取有效的干预措施。通过精准的学生需求与兴趣分析，教育数据挖掘使教育者能够提供更加个性化和针对性的教育服务。这种数据驱动的教育策略不仅提升了学生的学习积极性，还促进了教育资源的有效配置，使教育过程更加符合学生的实际需求和发展目标。

（六）教学质量评估与改进

数据挖掘技术在教学质量评估与改进中发挥了至关重要的作用，为教育机构提供了科学、系统改进方法。通过深入分析教学过程中的各种数据，包括学生反馈、教学评估和课堂互动情况，教育者能够识别出教学中的不足之处，并制定出有针对性的改进措施，从而不断优化教学策略，提高教学质量。通过对学生在课程结束后的反馈调查和评价数据进行挖掘，教育机构可以了解到学生对课程内容、教学方法和教师表现的真实感受。这种分析可以揭示出哪些教学环节存在问题，如某些课程内容的难度是否过高，教师的讲解是否清晰，以及课堂互动是否足够。这些信息帮助教育者了解学生的真实需求，从而进行针对性改进。

通过对学生的考试成绩、作业完成情况以及课堂参与度等数据进行综合分析，数据挖掘技术能够识别出哪些教学方法和策略最有效。系统可以对比不同教学方法下学生的表现，发现哪些方法能更好地提高学生的理解和应用能力。这种分析结果可以为教育者提供改进的依据，帮助他们选择和应用最有效的教学方法。数据挖掘可以监测和分析学生在课堂上的互动情况，包括提问频率、小组讨论参与度和课堂活动的积极性。教育机构能够识别出课堂互动的强项和不足。如果某些课堂活动的参与度较低，可能说明这些活动设计上存在问题或学生对其兴趣不足。教师可以调整教学活动，增加更具吸引力的互动环节，以提高学生的参与度和学习效果。

数据挖掘还可以帮助教育机构评估和改进课程内容的相关性和有效性。通过分析课程内容的实施情况和学生的学习成果，教育者能够了解哪些课程内容对学生最有帮助，哪些内容需要进行调整。这种评估不仅关注课程的知识传授效果，还包括课程对学生实际技能和能力的提升情况，从而确保课程内容与学生的学习需求和职业发展目标保持一致。

二、教育数据分析在中等职业教育中的应用

教育数据分析在中等职业教育中发挥着重要作用，通过对教育数据的深入分析，能够改进教学实践、优化教育资源配置，并提升学生的学习效果。

（一）学习效果评估与改进

教育数据分析在学习效果评估与改进中起着核心作用，通过系统地分析学生的学习数据，教育者能够全面了解教学的成效。通过对学生考试成绩、作业质量和课堂参与度等数据的综合分析，教师可以准确识别出教学中存在的有效性和不足之处。这种数据驱动的方法能够提供客观的学习效果评价，揭示哪些教学策略和课程内容能够有效促进学生的学习进步。分析考试成绩能够揭示学生在不同知识点上的掌握情况。通过对期末考试成绩的深入分析，教师能够识别出哪些学生在特定领域表现优异，哪些学生可能存在知识盲点。这样的分析帮助教师了解哪些课程内容或教学方法在提升学生的学术表现上最为有效。基于这些结果，教师可以有针对性地调整教学策略，优化教学内容。

作业是学生掌握课程内容和应用知识的重要途径，通过分析作业的完成情况和质量，教师能够识别出学生在实际操作和知识应用中的能力。如果学生在某些作业中普遍出现错误，可能意味着这些知识点需要进一步讲解或练习。通过这样的分析，教师可以及时调整教学方法，提供额外的练习或指导，以帮助学生提高作业质量和学业成绩。课堂互动情况，如学生提问、参与讨论的频率等，可以反映学生对课程内容的兴趣和理解程度。高参与度通常意味着学生对课程内容的积极反应，而低参与度则可能表示学生对课程内容的兴趣不足或理解困难。教师可以评估教学方法的吸引力和有效性，并采取相应措施，如调整课堂

活动或引入更多互动环节，以提高学生的课堂参与度和学习效果。

学习效果评估还可以帮助教师识别出教学中的最佳实践。通过比较不同教学方法和策略在学生学习效果上的差异，教育者可以确定哪些方法最为有效。教师可以比较传统讲授与互动式教学在提升学生成绩和参与度方面的效果。这样的分析不仅帮助教师优化现有的教学策略，还能够为教学创新提供数据支持，从而推动教学质量的整体提升。

（二）学生表现监控与干预

数据分析在学生表现监控与干预中的作用至关重要，通过实时监控和深入分析学生的学习行为数据，教育者可以有效识别出面临学习困难的学生。数据分析能够实时跟踪学生的出勤率、作业提交情况和课堂互动等指标，这些数据为教师提供了学生学习状态的全面视图。通过对学生出勤率的分析，教师可以及时发现频繁缺席的学生，这可能暗示他们存在学习上的问题或其他潜在困扰。学生如果经常未按时提交作业，可能表明他们在时间管理上存在困难，或者对课程内容感到困惑。通过分析这些数据，教师能够识别出需要帮助的学生，并针对性地提供支持。教师可以安排额外的辅导时间，帮助这些学生解决作业中遇到的问题，或提供额外的学习资源，以帮助他们跟上课程进度。

学生在课堂上的参与程度，如提问频率和参与讨论的活跃程度，能够反映他们对课程内容的理解和兴趣。如果数据分析显示某些学生在课堂上参与度低，这可能表明他们对课程内容缺乏兴趣或理解困难。教师可以根据这些信息调整教学方法，例如通过引入更多互动环节或讨论话题来提高学生的课堂参与感。在识别出潜在学习问题后，数据分析还能够帮助教师制定有效的干预措施。通过对学习行为数据的深入分析，教师可以了解学生面临的具体困难，从而制定有针对性干预策略。如果分析结果表明某些学生在特定科目上表现不佳，教师可以安排个别辅导或小组讨论，以帮助这些学生提高成绩。此外，教师还可以调整教学方法，如采用更多的实践活动或实例教学，来更好地适应学生的学习需求。

当教师发现某些教学方法在提高学生表现方面不如预期时，他们可以通过数据分析识别原因，并迅速调整策略。教师可以尝试不同的教学资源或教学模式，实时跟踪这些变化对学生学习成绩的影响，从而优化教学方法，提升学生的学习效果。通过这种数据驱动的监控和干预，教育者能够更好地支持学生克服学习障碍，提升整体学习成绩。

（三）个性化学习方案制定

教育数据分析在制定个性化学习方案中发挥了关键作用，这种方法通过深入分析学生的学习历史、能力评估和职业兴趣，能够为每个学生量身定制一个切实可行的学习计划。分析学生的学习历史数据能够揭示他们在过去课程中的表现及其发展趋势。这些数据包括学生的考试成绩、作业完成情况以及课堂参与度，这些信息为教育者提供了学生学业成绩和能力水平的基础。通过对能力评估数据的分析，教师能够识别学生在不同领域的强项和弱项。这些能力评估结果为制定个性化学习方案提供了依据。对于在数学方面表现优异的学生，个性化方案可以包括更高难度的数学课程或参与数学竞赛，以进一步挑战他们的能力。而对于在写作方面有困难的学生，方案可以集中在提供额外的写作练习和个别辅导，以帮助他们提升写作技能。

通过分析学生的职业兴趣调查和职业发展目标，教育者能够将学习计划与学生的未来职业规划相结合。对于有志于从事工程领域的学生，学习方案可以推荐相关的工程课程、实验项目以及实习机会，以帮助学生提前接触实际工作环境并积累相关经验。对于对创意设计感兴趣的学生，方案可以包含艺术课程、设计项目和相关的实践活动。定制的学习方案不仅包括课程选择，还涉及学习资源的推荐。教师能够识别出最适合学生的学习资源，如在线学习平台、图书馆资料或外部培训课程。某些学生可能对数字化学习工具有较高的使用效率，教师可以推荐适合他们的学习软件和平台。而对传统学习资源更为适应的学生，则可以推荐相关的书籍和纸质资料。

数据分析能够帮助教师识别出哪些实践活动最能激发学生的兴趣并促进技能的提升。通过将学生的学习需求和兴趣与实际的项目相匹配，教师能够为学生提供具有挑战性且相关性强的实践机会。这种实践不仅能够增强学生的学习体验，还能够提升他们在实际工作中的应用能力。个性化学习方案的实施能够显著提高学生的学习动机和效果。通过量身定制的计划，学生能够在自己的兴趣和职业目标的引导下，获得更高效、更有针对性学习体验。这种方法不仅帮助学生在学术上取得更好的成绩，还为他们的职业发展奠定了坚实的基础。

（四）教育资源的优化配置

教育资源的优化配置在提高教学质量和效率方面具有重要作用，教育数据分析为这一过程提供了强有力的支持。通过对教学资源使用情况的分析，教育机构可以识别出哪些资源得到了有效利用，哪些资源可能存在闲置或不足的情况。数据分析可以揭示某些教科书或在线学习平台在特定课程中的使用频率，从而帮助教育管理者了解这些资源的实际需求和利用效果。通过分析教师的教学任务、辅导时间和课外活动参与情况，教育管理者可以发现教师在工作量上的不均衡分配。如果某些教师的工作负荷过重，而另一些教师则相对轻松，调整教学安排和资源分配可以有效地平衡教师的工作负担，从而提高整体教学效率。数据分析还可以帮助识别出教学效果较好的教师，进而调整资源，支持他们的教学活动。

通过分析学生对各种教学资源的使用情况和反馈，教育管理者能够了解哪些资源最受欢迎，哪些资源可能需要改进。数据分析可以显示出学生在使用某些在线学习工具时的参与度和满意度，从而指导资源的进一步投入和优化。如果某些资源的使用频率较低，管理者可以调查原因，改进这些资源的设计或提供更有吸引力的使用方式。通过对历史数据的分析，教育机构可以识别出趋势和模式，预测未来对某些资源的需求变化。某些学科或课程的需求可能随着教育政策的变化或社会发展的趋势而变化，教育管理者可以根据这些预测提前做好资源准备和调整，确保能够满足未来的需求。

优化配置不仅仅是资源的分配问题，还包括资源的整合和创新。数据分析能够帮助教育机构发现资源整合的机会，如将传统教学资源与数字化工具相结合，或将不同课程的资源共享利用。这种整合能够提高资源的使用效率，避免重复投入，同时为学生提供更丰富和多样化的学习体验。通过这种数据驱动的优化配置，教育机构能够确保每位学生都能获得所需的支持和资源，从而实现教育目标的最大化。

（五）职业发展趋势与课程设置调整

职业发展趋势的分析为课程设置调整提供了宝贵的数据支持，帮助教育机构确保其教育内容与市场需求的匹配。通过对行业需求数据的深入分析，教育机构能够识别出各个行业和职业领域的需求变化。数据分析可以揭示出哪些技能在未来几年内将变得更加重要，从而指导课程的更新和优化。随着科技进步和行业发展，某些新兴技能和知识点可能会变得尤为重要，教育机构需要根据这些趋势调整课程内容，以确保学生能够掌握市场所需的最新技能。通过对毕业生的就业数据进行分析，教育机构可以了解到哪些专业和课程对学生的就业前景有显著影响。分析毕业生的就业率、薪资水平和职业发展轨迹，教育管理者可以识别出哪些课程或学科对职业发展的帮助最大，从而优化课程设置，增加与就业市场需求对接的内容。这种数据驱动的方法能够确保课程设置不仅符合行业标准，还能提升学生的就业竞争力。

教育机构可以与行业专家、企业和职业发展机构合作，获取最新的职业发展信息和趋势预测。这些信息可以帮助教育机构设计出更加贴近实际工作的课程内容，例如引入行业认证、实习机会以及实践项目。这种与行业紧密对接的课程设置，可以让学生在毕业前就获得实际工作的经验，提高他们在就业市场上的竞争优势。通过对学生需求的分析，教育机构可以根据学生的职业兴趣和发展方向调整课程设置。教育数据分析能够揭示学生对不同职业方向的兴趣和需求，教育机构可以根据这些数据设计出个性化的课程和培训项目。如果分析显示出大量学生对某一行业或职业方向有强烈兴趣，教育机构可以考虑增加相关课程或培训内容，以满足学生的职业发展需求。

教育数据分析还能够帮助教育机构评估课程设置的效果，并进行动态调整。通过对课程实施后的反馈数据进行分析，教育机构可以了解课程内容的实际效果和学生的满意度。如果发现某些课程内容或教学方法不符合预期，教育机构可以根据数据反馈进行相应的调整和优化。这种动态调整的能力确保了课程设置能够随时响应市场和学生需求的变化，保持教育内容的时效性和实用性。

第二节　个性化学习与智能推荐系统在中等职业教育中的应用

一、个性化学习在中等职业教育中的应用

（一）根据学生能力进行定制化课程设计

教育者通过分析学生的学业成绩、兴趣调查和职业倾向，能够为每个学生量身定制符合其个性化需求的课程模块和学习计划。分析学生的学业成绩能够揭示他们在不同学科或技能领域的掌握情况。教师可以识别学生的强项和弱项，从而设计出能够充分发挥学生优势的课程内容。对于在数学方面表现突出的学生，课程可以包含更多的高阶数学问题和应用场景，以进一步拓展其能力。通过了解学生的兴趣爱好和职业倾向，教育者可以将课程内容与学生的个人兴趣结合起来，使学习过程更加有趣和吸引人。对于有艺术兴趣的学生，课程设计可以融入更多的创意设计和艺术项目，而不是仅仅集中于传统的理论教学。这种个性化的课程安排能够激发学生的学习动机，提高他们的参与度和学习效果。

中等职业教育的学生通常对未来的职业有一定的期望和规划。通过了解学生的职业目标，教育者可以将课程设计与这些目标对接。如果一个学生希望未来从事计算机编程工作，课程中可以增加与编程相关的实践项目和技能训练。这种与职业目标对接的课程设计不仅能够提高学生的专业技能，还能够增强他们的就业竞争力。这种个性化的课程设计还涉及对学习资源的优化配置。针对学生的不同需求，教师可以提供额外的学习资源，如专项辅导、在线课程和课外读物。对于在阅读理解方面存在困难的学生，可以提供专门的阅读技巧培训和额外的阅读材料。这种资源的优化配置能够帮助学生在薄弱领域获得更多的支持，从而提高他们的整体学习效果。

（二）提供针对性的学习支持和资源

学生的学习风格和进度差异要求教育者提供多样化的学习资源，以满足不同学生的需求。某些学生可能更倾向于通过视觉学习来理解课程内容，因此，他们可以选择观看视频教程或图形化的教学材料。另一些学生可能偏好动手实践，因而可以利用互动练习和实际操作的机会。这种资源的选择能够使学生按照自身的学习偏好和节奏进行学习，从而提升学习效果和学习兴趣。在个性化学习环境中，学习平台发挥了至关重要的作用。这些平台能够根据学生的学习数据和行为分析，提供量身定制的学习支持。通过分析学生在不同模块的学习成绩和参与度，平台可以推荐适合的学习工具和方法。这些推荐可能包括视频教

程、在线模拟练习和实时反馈系统，帮助学生在需要提高的领域进行针对性学习。这样的个性化推荐确保了学生能够获得最有效的学习资源，以弥补知识和技能上的不足。

个性化学习平台还能实时跟踪学生的学习进度，及时调整学习资源和支持。系统可以监测学生的作业完成情况和考试成绩，发现学生在某个特定领域的困难后，自动推荐补习课程或额外的练习材料。这种实时调整的机制能够有效帮助学生解决学习中的问题，避免了因缺乏及时支持而导致的学习滞后。个性化学习还注重为学生提供额外的支持服务，如在线辅导和一对一指导。教育平台可以根据学生的学习数据，安排与教师或辅导员的线上会议，帮助学生解决具体的学习问题。这种针对性的支持不仅能够提升学生的学习效果，还能增强学生的信心和动力。个性化学习资源的提供不仅限于课堂学习，还可以扩展到课外活动和实践项目。学生可以根据自己的职业兴趣选择参与相关的实习项目、行业讲座或工作坊。这些实践机会不仅能够提升学生的实际技能，还能够增强他们对未来职业的理解和准备。

（三）动态调整学习路径以适应学生需求

动态调整学习路径以适应学生需求是个性化学习的重要组成部分。这一过程通过持续跟踪和分析学生的学习进展，确保教育系统能够迅速响应学生的变化需求。实时的数据监控使得教育系统能够即时掌握学生的学习状态。当系统检测到学生在某个课程模块中存在显著困难时，例如成绩不理想或反馈显示理解不足，它会自动启动调整机制。这种及时的反应机制有助于防止学生在遇到困难时感到沮丧或失去动力，确保他们能够继续在适合的学习轨道上前进。动态调整学习路径的机制包括增加额外的辅导课程或提供更多的实践机会。如果学生在数学或技术课程中的应用能力较弱，系统可以自动安排额外的辅导班，或推荐相关的练习和案例分析。这种灵活的调整不仅能够针对学生的具体需求提供支持，还能在学生感到学习压力时提供缓解，帮助他们更好地掌握课程内容。

除了增加补充课程，动态调整还包括对学习内容和方式的优化。系统可能会根据学生的学习反馈和考试表现，调整课程的难度或教学方法。这种调整能够确保课程内容与学生的实际能力和学习进度相匹配，使学生能够在适当的挑战下持续进步，而不会因为课程内容过于简单或复杂而感到困扰。个性化学习路径的动态调整机制还包括对学生个人兴趣和职业目标的更新。若学生在学习过程中表现出对某个领域的浓厚兴趣，系统可以根据这一变化，调整学习路径，推荐更多相关的课程或项目。这种调整不仅能够提升学生的学习动机，还能帮助他们更好地为未来的职业规划做准备，确保他们的学习经历与职业目标高度一致。动态调整学习路径的过程也涉及定期评估和反馈。教育系统会定期评估学生的进展，并根据评估结果调整学习路径。这种定期的反馈和调整机制，使得学生能够在整个学习过程中保持在最佳的学习状态，及时获得所需的支持和资源，从而最大化地促进其学业成功。

（四）促进职业目标与学习内容的对接

促进职业目标与学习内容的对接是个性化学习的一个关键应用。这一过程通过将学生的职业兴趣和职业规划与课程内容紧密结合，确保学生的学习经历与未来的职业发展相匹配。教育系统通过分析学生的职业兴趣和职业目标，能够推荐与这些目标相关的课程和培训机会。如果学生对机械工程感兴趣，系统会自动推荐相关的机械设计课程、工程技能培训和行业认证课程。这种推荐不仅能够帮助学生获得与职业目标相关的专业知识，还能提高他们在相关领域的技能水平。将学习内容与职业目标对接还涉及提供实际的工作经验和实践机会。教育系统可以根据学生的职业规划，安排与行业相关的实习和项目。如果学生计划进入 IT 行业，系统可能会推荐相关的编程实习、开发项目或参与行业会议的机会。这些实践经验能够帮助学生将课堂上学到的理论知识应用于实际工作中，增强他们的职业技能，并提高他们在就业市场上的竞争力。

个性化学习也包括对学生的职业发展进行定期评估和调整。系统会跟踪学生的学习进展和职业规划，根据市场需求和学生的兴趣变化，调整课程内容和培训机会。如果行业需求发生变化，系统可以根据新的需求调整课程设置，确保学生始终接受与最新行业趋势相匹配的教育。这种灵活的调整机制能够帮助学生适应不断变化的职业市场，提高他们的就业能力和职业适应性。不仅如此，将学习内容与职业目标对接还涉及建立与企业和行业的合作关系。教育机构可以与企业合作，了解行业最新的技术要求和职业技能标准，从而调整课程内容，确保其与行业需求保持一致。教育机构可以邀请行业专家参与课程设计，提供行业最新的信息和技能培训。这种合作关系能够保证学生所学的知识和技能与实际工作需求紧密对接，提高他们的就业竞争力和职业成功率。

个性化学习还能够通过提供职业发展支持和咨询服务，帮助学生更好地实现职业目标。教育系统可以为学生提供职业规划指导、求职技巧培训和职业发展咨询，帮助他们制定切实可行的职业计划。这种支持服务能够帮助学生明确职业目标，制定实现目标的具体步骤，并在求职过程中提供必要的帮助和指导，从而进一步促进职业目标与学习内容的对接。

二、智能推荐系统在中等职业教育中的应用

（一）智能推荐课程和培训项目

智能推荐系统在中等职业教育中的应用提供了一种精准且高效的课程和培训项目推荐方式。通过对学生的学习数据进行深度分析，系统能够根据学生的学习历史、考试成绩、兴趣偏好以及职业目标，自动推荐适合的课程和培训项目。智能推荐系统能够处理大量的学生数据，从而生成个性化的课程建议。如果一个学生在数据分析课程中表现突出，同时

对编程有浓厚兴趣，系统可能会推荐进一步的高级数据科学课程或编程相关的培训项目。这种推荐不仅考虑了学生当前的学术表现，还结合了他们的长期职业目标，确保推荐的课程和项目能够满足他们的学业需求和职业规划。智能推荐系统的应用还有助于学生获取适合的实践项目和职业发展活动。通过对学生的兴趣和能力进行综合分析，系统能够推荐与其职业目标相匹配的实践机会，例如行业实习、技能培训和工作坊等。这些推荐能够使学生在实际工作环境中应用所学知识，积累相关的实践经验，从而提升他们的职业竞争力。如果学生希望进入汽车工程领域，系统可以推荐与汽车技术相关的实践项目和实习机会，帮助学生在毕业前获得相关领域的实际经验。

智能推荐系统还能够根据市场需求的变化和学生的进展情况动态调整推荐内容。系统会实时跟踪学生的学习进度和反馈，并根据最新的市场趋势更新推荐策略。如果某个行业出现了新的技术趋势，系统会推荐与该趋势相关的课程和培训项目，确保学生的技能和知识始终保持与行业标准的一致。这种动态调整机制能够帮助学生不断更新和提升自己的技能，适应快速变化的职业市场需求。智能推荐系统也能提供个性化的学习资源和支持服务。系统可以分析学生的学习习惯和困难，推荐相应的学习资源，如在线教程、互动练习或学术辅导。这种个性化的资源推荐能够帮助学生更有效地克服学习中的挑战，提高他们的学习成绩和整体学业表现。通过这些定制化的学习资源，学生能够在特定领域内获得更多的支持，弥补知识和技能上的不足。通过分析学生对不同课程和培训项目的反馈，系统可以评估各类资源的有效性，并推荐最受欢迎或最具效果的选项。这种数据驱动的优化能够帮助教育机构更好地分配和管理资源，确保每位学生都能够获得高质量的教育支持和培训机会。

（二）个性化学习资源推荐

个性化学习资源推荐是智能推荐系统在中等职业教育中应用的一个关键功能。这一系统通过深入分析学生的学习行为和兴趣，能够为每位学生推荐最适合的学习资源和材料，从而大幅提升学习效率和效果。通过收集学生的学习历史数据、互动记录以及兴趣偏好，系统能够精准识别学生的学习需求。对于一名对数据分析感兴趣的学生，系统可以推荐相关的电子图书、在线课程以及专题讲座，这些资源能够帮助学生深入理解数据分析的核心概念和技术。系统通过分析学生的学习习惯和知识掌握情况，能够为学生推荐最适合的在线学习平台和辅助工具。如果学生在编程课程中表现优异，系统可能会推荐一些编程练习平台和高级编程书籍。这种个性化的推荐确保学生能够接触到与其学习进度和兴趣相匹配的资源，从而提高学习的有效性。

智能推荐系统还能够根据学生的学习反馈和成绩变化动态调整推荐内容。如果学生在某一学习领域遇到困难，系统会根据学生的具体问题调整推荐策略，例如推荐额外的辅导材料或提供额外的练习题。通过这种动态调整，系统能够及时满足学生的学习需求，帮助他们克服学习难点，保持学习的连续性和稳定性。此外，个性化学习资源推荐还可以提高学生的自主学习能力和兴趣。通过为学生提供与其兴趣相关的学习资源，系统能够激发学生的学习热情，增强他们的学习动机。如果学生对人工智能技术表现出浓厚的兴趣，系统会推荐与人工智能相关的最新研究成果、技术论坛和实践项目。这种资源推荐不仅帮助学生深入了解感兴趣的领域，还能够促进他们的职业发展和学术研究。通过对学生的长期学习数据进行分析，智能推荐系统能够持续优化学习资源的推荐策略。系统会不断更新和调整推荐算法，以适应学生学习需求的变化和学科发展的新趋势。随着技术的进步，系统可以推荐最新的学习材料和资源，确保学生能够获得最前沿的知识和技能。这种持续优化的推荐机制，能够保持学习资源的高效性和时效性，为学生提供最具价值的学习支持。

（三）预测学生需求与提供预警

智能推荐系统在预测学生需求和提供预警方面发挥了重要作用。这些系统通过分析学生的学习行为和表现数据，能够前瞻性地识别出学生可能面临的学习困难和需求，从而提供有针对性预警和支持。通过对学生学习数据的持续监控，系统可以及时发现学生在某些课程中的表现下降。如果系统检测到学生的作业成绩、考试分数或课堂参与度出现负面变化，它会自动触发预警，并推荐补救措施，如额外的辅导课程、在线学习资源或个人学习计划。这种即时反馈机制能够帮助学生及早认识到问题并采取行动，避免学习上的进一步拖延。智能推荐系统可以通过分析学生的学习历史和行为模式来预测未来的需求。系统会基于学生当前的学习情况、兴趣变化和成绩波动，预测学生可能需要的学习支持和资源。如果系统识别到学生在某一特定学科上存在持续的学习困难，它可能会推荐相关的补习班或专业讲座。这种预测能力使得教育者能够为学生提供个性化的学习支持，从而提升他们的学习效果和整体表现。

系统还能通过深入分析学生的行为数据，识别潜在的学习风险和问题。如果学生在一段时间内未能按时完成作业或频繁缺席，系统会发出预警，提示教育者及时介入。基于对学生长期学习数据的分析，系统可以提供有关如何优化学习方法的建议。如果系统检测到学生在某些学习方法上的效果不佳，它会推荐更有效的学习策略或调整现有的学习计划。这种调整能够帮助学生在学习过程中不断改进策略，从而实现更好的学习效果。智能推荐系统的预警功能能够支持教育者在学生的学业道路上提供更具针对性支持和干预。系统提供的预警信息使得教师能够更加主动地参与学生的学习过程，及时解决可能出现的问题，并为学生提供必要的帮助。智能推荐系统能够有效提高教育服务的质量和效率，确保学生的学习体验和成果达到最佳状态。

（四）支持职业规划与发展

系统通过对学生的职业兴趣、职业目标以及相关发展数据的深入分析，为学生推荐符合其职业规划的课程和活动。系统可以根据学生的职业兴趣和未来职业目标，推荐与其职业方向一致的课程和培训。这种推荐不仅帮助学生获取与其职业目标相关的知识和技能，还能使他们在职业生涯的早期阶段就开始建立与未来工作的联系。通过参与职业目标相关的课程，学生能够更好地了解行业标准和要求，从而为未来的职业发展奠定坚实的基础。智能推荐系统能够为学生提供与职业规划密切相关的实践机会。系统可以推荐学生参加相关领域的实习、行业研讨会或专业认证培训。通过这些实践机会，学生不仅能够获得实际工作经验，还能在行业内建立重要的职业联系。这些推荐使学生能够在真实的工作环境中应用所学知识，从而提高其实际工作能力和竞争力。

智能推荐系统还能够帮助学生参与特定的项目或研究活动，这些活动能够增强他们的职业技能和专业素养。系统根据学生的职业目标和学科兴趣，推荐与其专业相关的项目，帮助学生积累宝贵的项目经验。这种实践经验不仅提升了学生的职业能力，也使他们在求职时更具优势，能够展示出与其职业目标相符的实际成就。此外，系统可以推荐学生参加行业相关的研讨会和网络活动，这些活动有助于学生了解最新的行业趋势和技术进展。通过参与这些活动，学生能够获取前沿的信息和行业动态，为自己的职业发展做出更加明智的决策。这种前瞻性的行业了解有助于学生在职业生涯中保持竞争力，并在未来的工作中做出更加符合市场需求的选择。

第三节　智能辅导与答疑系统在中等职业教育中的应用

一、智能辅导在中等职业教育中的应用

（一）个性化学习辅导

智能辅导系统的个性化学习辅导功能通过分析学生的学习数据和表现，为每个学生提供量身定制的辅导建议。这种系统综合考虑了学生的考试成绩、作业质量以及课堂互动情况，能够精准地识别学生的优势和劣势。通过这种精确分析，智能辅导系统可以对学生的学习需求进行详细解读。对于在某一特定技能领域表现不佳的学生，系统会自动推荐相应的练习题和额外的学习资源。这些推荐不仅帮助学生在薄弱环节得到针对性训练，还为他们提供了必要的补充资料，从而提升了他们在该领域的能力。这种辅导方式的核心在于其个性化，确保了学生能够在自己最需要的地方获得支持。与传统的统一教学模式相比，个

性化辅导能够更有效地提高学生的学业表现，因为它充分考虑了每个学生的独特需求和学习进度。

智能辅导系统通过持续监控学生的学习行为和进展，能够动态调整辅导策略。如果系统检测到学生在某个模块中遇到困难，它会自动调整学习建议，提供更多的练习题、示范视频或进一步的理论解释。这种动态调整不仅帮助学生及时克服学习障碍，还确保了他们能够按照个体化的节奏进行学习，从而最大化学习效果。智能辅导系统的这种灵活性和适应性，使得个性化辅导成为一种能够显著提升学生学习效率的有效工具。

（二）即时反馈与纠正

通过实时分析学生的学习行为和作业，系统能够迅速提供反馈，帮助学生在第一时间识别并纠正学习过程中的错误。这种即时性是传统教学方法难以实现的。智能系统在学生完成练习或作业后，能够立即进行批改，并根据学生的表现提供具体的纠错建议。这种快速的反馈机制使得学生能够在错误还未固化为思维模式之前及时加以修正，从而有效避免了知识点理解上的偏差。通过这样的即时反馈，学生不仅可以更清楚地认识到自己的学习不足，还能够通过系统引导，加深对相关知识的理解。通过系统提供的详细反馈信息，学生可以了解自己在学习过程中的薄弱环节，并相应地调整学习重点。如果系统发现学生在某一类型的问题上经常出错，可能会推荐相应的学习材料或练习来帮助学生强化相关知识点。这种数据驱动的学习策略调整能够显著提高学习效率，使学生能够更有针对性地进行复习和练习，从而在短时间内提高成绩。

智能辅导系统的即时反馈不仅仅是纠正错误，它还起到了增强学习动机的作用。通过及时的正面反馈和鼓励，系统能够帮助学生建立起自信心，特别是在他们正确完成任务或作业时。系统的即时反馈往往包含对学生进步的认可和鼓励，这种及时的正面强化能够激励学生保持积极的学习态度，持续投入学习中去。智能系统能够将学生的学习数据和反馈结果汇总，提供给教师。这使得教师能够更全面地了解每个学生的学习情况，并在需要时进行有针对性辅导和支持。教师可以根据系统提供的反馈调整课堂教学策略，关注学生在学习中的共性问题，或者提供个性化的指导，帮助学生克服学习中的难题。

通过智能辅导系统的即时反馈，学生能够在学习过程中不断自我调整和改进，形成积极的学习循环。这不仅提高了学习效率，还增强了学生的自主学习能力，为他们的长期学业成功奠定了坚实的基础。智能辅导系统通过这种即时反馈机制，展示了如何利用科技手段来提升教育质量，为个性化学习和教学创新提供了强有力的支持。

（三）学习进度监控与调整

学习进度监控与调整是智能辅导系统的一项核心功能，通过这一功能，系统能够实时跟踪学生的学习进展，并根据他们的表现和需求自动调整学习计划。智能辅导系统通过不断收集和分析学生在学习过程中的数据，如作业完成情况、测试成绩、学习时长等，全面了解学生的学习状态。这种实时监控使得系统可以准确识别学生在学习中的进展速度和掌握情况，从而提供个性化的学习支持。当系统检测到学生在某一阶段的学习进展缓慢时，智能辅导系统会主动介入。它能够自动推荐额外的练习、补习课程或学习资源。如果系统发现学生在某一课程模块中的掌握程度不够，它可能会调整接下来的学习内容，增加更多的复习材料或提供更为基础的概念解释。这种个性化的调整确保了学生能够在每个学习阶段都能牢固掌握所需的知识和技能，而不会因为一时的进度缓慢而被落下。

除了内容调整外，系统还可以根据学生的表现调整学习计划的难度和节奏。对于表现出色且进度较快的学生，系统可以适当提高学习内容的难度，挑战他们的能力，帮助他们进一步提升学术水平。相反，对于那些在学习中遇到困难的学生，系统会减缓学习节奏，并提供更多的支持材料，以便他们能够逐步跟上进度。这种灵活的调整机制能够满足不同学习能力和学习节奏的学生的需求，使每个学生都能在适合自己的节奏下进行学习。智能辅导系统的学习进度监控功能还可以帮助学生设定和调整学习目标。系统能够根据学生的长期学习数据和表现趋势，预测他们在未来学习中的可能挑战，并据此调整学习计划。如果系统预测某一阶段的学习任务对于学生来说可能过于困难，它可以提前调整学习内容，为学生设定更为合理的学习目标，确保他们在学习过程中不会感到过大的压力。这种预防性调整使学生的学习过程更加平稳，有助于减少因学习困难而产生的挫败感。

通过系统生成的学习进度报告，教师可以清楚地了解每个学生的学习进展和困难所在。这使得教师能够更加精准地制定教学策略，对表现出色的学生提供进一步的挑战，对进展缓慢的学生提供必要的支持。这种教师与系统的结合，提高了整个教学过程的针对性和有效性。

（四）综合能力评估

智能辅导系统在综合能力评估方面发挥着重要作用，能够全面分析学生在各个科目和技能领域的表现，从而生成详细的能力报告，帮助教师全面了解学生的整体表现和发展情况。通过对学生的学习数据进行综合分析，系统可以准确识别出学生在不同学科中的优势和劣势。系统可以分析学生在数学、科学、语言等科目中的考试成绩、作业完成情况和课堂参与度，全面评估其在各个领域的掌握程度。这种多维度的评估方式能够提供比单一考试成绩更全面的学生学术表现图景。除了传统的学科成绩，系统还可以分析学生在团队合作、沟通能力、问题解决能力等方面的表现。通过学生在项目合作中的贡献、课堂讨论中的发言次数和质量，系统可以评估其团队合作和沟通能力。这些软技能对于学生未来的职业发展和个人成长同样至关重要，全面的能力评估使得教师可以更好地了解学生的全方位能力。

智能辅导系统生成的详细能力报告不仅揭示了学生的强项，还明确指出了需要改进的领域。通过对数据的深入分析，系统能够提供具体的改进建议。如果某学生在数学方面表现出色但在语言表达上有所欠缺，系统会建议教师在教学中增加与语言表达相关的练习或活动，帮助学生全面发展。这种针对性的改进建议使得教师能够有的放矢地进行教学调整和干预，提高教学的有效性和针对性。综合能力评估的结果还为教师制定教学策略提供了科学依据。通过详细的能力报告，教师可以识别出全班学生的共性问题和个性需求。如果大部分学生在某一知识点上存在理解困难，教师可以重点讲解和反复练习这一知识点，确保每个学生都能掌握。同时，对于那些在某些领域表现突出的学生，教师可以提供更具挑战性的任务和活动，促进他们进一步发展。这种基于数据的教学决策不仅提升了教学质量，还能更好地满足学生的个性化需求。

智能辅导系统的综合能力评估功能还可以为教育管理者提供重要的决策支持。学校管理层可以根据综合能力报告了解全校或某个年级学生的整体表现，评估教学效果和课程设置的合理性。如果发现某一学科普遍存在成绩偏低的现象，管理者可以考虑调整课程内容或引入更有效的教学方法。同时，这些评估数据也可以用于教师绩效评估和专业发展计划的制定，帮助教师不断提升教学水平。

（五）学习动机激励

智能辅导系统在提升学生学习动机方面具有显著的作用，通过多种激励机制来鼓励学生积极参与学习。系统可以为学生设定明确的学习目标，并围绕这些目标设计一系列的任务和挑战。每当学生完成一个任务或达到一个学习目标时，系统可以给予相应的奖励，如积分、徽章或虚拟奖品。这些即时的奖励不仅给予学生正面的反馈，还能够让他们体验到学习的成就感，进而增强学习的兴趣和动力。此外，智能辅导系统还可以通过创建个性化的激励机制来适应不同学生的需求和偏好。系统可以根据学生的学习习惯和兴趣，设计专门的学习路径和奖励计划。对于那些对竞争感兴趣的学生，系统可以设置排行榜或竞赛模式，让他们在学习中体验到竞争的乐趣，从而激发他们的学习动力。对于那些更倾向于自主学习的学生，系统则可以提供自我评估和进步跟踪工具，让他们在实现自我挑战的过程中获得成就感。

激励机制不仅限于物质奖励，还可以通过社会认可来增强学生的学习动机。智能辅导系统可以利用社交功能，让学生与同伴分享自己的学习成果和进步。系统可以设置班级或年级内的学习成就展示墙，让学生在同伴面前展示自己的学习成果。学生可以获得来自同伴的认可和鼓励，进一步提升他们的学习积极性。系统可以通过设置长期目标和阶段性奖励来帮助学生养成良好的学习习惯。系统可以将一个大目标分解为多个小阶段，每完成一个阶段目标，学生都可以获得奖励。这种逐步进阶的方式能够让学生在长期学习中保持动力，并逐步建立起对学习的兴趣和热情。

智能辅导系统还可以通过数据分析，及时调整激励机制，确保其对学生持续产生积极的影响。系统可以监测学生的学习行为，分析他们对不同类型奖励的反应，从而不断优化激励策略。如果系统发现某类奖励对大部分学生效果显著，可以加强这类激励的使用；如果某类激励对特定学生群体效果不佳，则可以考虑替换或调整。这种系统化的激励机制不仅能够帮助学生克服学习中的困难和挑战，还能有效提高他们的学习参与度和主动性。通过创造一个充满激励和正反馈的学习环境，智能辅导系统为学生提供了持续学习的动力，促进了他们的学业进步和长期发展。最终，这种激励机制不仅提升了学生的学业表现，也培养了他们积极向上的学习态度和持久的学习兴趣。

二、答疑系统在中等职业教育中的应用

（一）实时问题解答

通过运用自然语言处理技术，系统能够理解学生提出的各种问题，并迅速提供精准的答案。这种即时性的解答方式极大地便利了学生的学习过程，尤其是在他们遇到不懂的概念或难题时。通常，学生在学习过程中遇到疑问时，如果无法立即获得解答，可能会导致学习的中断和困惑，这不仅影响学习效率，还可能挫伤学生的学习兴趣。智能答疑系统通过提供快速、准确的解答，帮助学生在问题出现的第一时间得到解决，从而避免了学习进程的中断。学生不再需要等待教师的反馈，或是通过翻阅资料和搜索网络来寻找答案，他们可以随时随地通过智能答疑系统获取所需的信息。这种便捷的解答方式使得学生能够更加主动地进行学习，而不必因疑问得不到解答而放弃或推迟学习任务。学生在学习中变得更加独立，能够更有效地掌控自己的学习进程。

智能答疑系统的实时问题解答功能也具有高度的个性化特性。系统能够根据学生的提问历史和学习数据，提供与其当前学习阶段和知识水平相匹配的解答。如果一个学生反复在某一特定领域中提出问题，系统可以识别出该领域可能是学生的薄弱环节，并提供更详细或基础的解释，帮助学生更好地理解相关概念。这种个性化的解答方式使得学习过程更加精准和有效，帮助学生更快地消化和掌握所学知识。此外，智能答疑系统在解答过程中还可以提供额外的学习资源，例如相关的练习题、视频讲解或参考文献，帮助学生进一步巩固所学知识。这不仅解决了眼前的疑问，还为学生提供了继续深入学习的材料，促进了知识的深化和扩展。系统不仅仅是一个简单答疑工具，更是一个综合性的学习支持平台。

智能答疑系统的应用还减少了学生在课堂之外对教师的依赖，使得学习更为灵活和自主。学生可以在任何时间、任何地点提出问题并获得解答，而不受传统课堂时间和地点的限制。这种灵活性增强了学习的便利性和连续性，帮助学生更好地利用零碎时间进行学习。同时，这也减轻了教师的负担，使教师可以将更多的精力集中在课堂教学和个性化辅导上，

而不是处理大量重复性和基础性的问题。智能答疑系统在提供实时解答的同时，还能够不断学习和优化其解答能力。通过收集和分析学生的提问和反馈，系统能够逐步提升其对问题的理解和回答准确性。这种不断自我完善的机制确保了系统能够长期为学生提供高质量的解答服务，支持他们的持续学习和进步。

（二）自动化知识库管理

智能答疑系统在自动化知识库管理方面展现出强大的能力，这使得它能够为学生提供广泛而准确的参考资料和解答内容。通过建立和维护一个动态更新的知识库，系统可以确保其内容始终与最新的教材和学科知识保持一致。自动化知识库管理的一个关键优势在于其能够持续整合和优化各类教学资源。系统可以自动收集和组织来自不同渠道的教材、讲义、学术论文以及补充材料，为学生构建一个全面且丰富的学习资源库。这些资源不仅涵盖了基础知识，还包括了最新的研究成果和学科发展动向，使得学生可以在一个平台上获取到全面的学习支持。此外，知识库的自动化管理还极大地提高了智能答疑系统的覆盖面和解答质量。系统可以通过不断扩展和更新知识库，涵盖更多的学科领域和知识点，确保能够解答来自不同年级和不同学科的学生提问。这种广泛的知识覆盖面使得智能答疑系统能够应对学生提出的多样化问题，无论是基础的概念解释还是复杂的学术问题，系统都能够提供有针对性的解答。随着知识库内容的不断丰富，系统的解答能力也得到了显著提升，能够更好地满足学生的学习需求。

通过自动化的方式，系统可以实时更新和维护知识库，确保其中的内容始终保持准确和最新。当新的教材版本发布或学科知识发生更新时，系统可以自动采集相关信息并将其整合到知识库中。这种实时更新机制避免了知识库内容过时的问题，使得学生在使用答疑系统时始终能够获取到最新的学科知识和学习资源。此外，自动化管理还能够通过分析学生的提问模式和反馈，不断优化知识库的内容结构和检索算法，提升解答的精准性和效率。知识库的自动化管理也使得智能答疑系统能够更加个性化地满足学生的需求。系统可以根据学生的学习历史、学术背景和个人兴趣，推荐相关的学习资源和参考资料。对于经常提问某一特定主题的学生，系统可以自动推送与该主题相关的深入学习材料，帮助学生进一步探索和掌握该领域的知识。这种个性化的资源推荐不仅提高了学习的针对性，也增强了学生的学习体验和参与感。

智能答疑系统的自动化知识库管理还具有可扩展性和灵活性。随着知识库内容的不断扩展，系统可以逐步涵盖更多的学科领域和知识主题，满足不同教育阶段和学习需求的学生。这种可扩展性使得智能答疑系统能够在不同的教育环境中应用，无论是中小学、大学还是职业培训，系统都可以根据具体的教学需求进行调整和优化，提供定制化的学习支持。

（三）问题分类与分析

智能答疑系统在问题分类与分析方面展现了显著的优势，通过对学生提出的问题进行系统分类和分析，系统能够有效识别出常见的学习困难和知识盲点。系统会自动收集并整理学生在使用过程中所提出的问题，这些问题被系统分类为不同的知识领域和主题。某些问题可能涉及基础概念的理解，而另一些问题则可能与复杂的应用或理论探讨相关。通过这样的分类，智能答疑系统能够更好地组织和管理问题数据，使得后续的分析工作更加有序和高效。这种问题分类的基础上，智能答疑系统可以进一步进行深度分析，识别出学生普遍存在的学习障碍和知识空白。通过对大量问题数据的分析，系统能够揭示出哪些主题或概念是学生最常遇到困难的领域。如果系统发现学生在某个数学公式的应用上经常出错，或者在理解某一物理定律时普遍存在困惑，系统可以将这些问题标记为高频困扰点。识别出这些共性问题后，系统可以为教师和教育管理者提供有价值的反馈，帮助他们了解当前教学中存在的薄弱环节。

基于问题分类与分析的结果，智能答疑系统能够主动建议调整教学内容或提供额外的学习资源。当系统识别出某一知识点为普遍的难点时，可以建议教师在课堂上对此进行更深入讲解，或者在课后提供相关的辅导资料和练习题。这样，教学内容就能够更加贴合学生的实际需求，避免因为知识盲点未能及时被解决而影响学生的学习进程。此外，系统也可以直接向学生推送个性化的学习资源，帮助他们克服特定的学习困难，从而提升他们的知识掌握水平。问题分类与分析能力不仅对优化教学内容有帮助，还能够为教师提供关于教学效果的重要反馈。系统可以通过分析学生的提问数据，评估出某些教学方法或教学材料的有效性。如果系统发现某个特定的教学材料引发了大量学生的提问和困惑，教师可以据此调整教学策略，选择更合适的材料或更清晰的教学方法。这种基于数据的反馈机制，使得教师能够不断优化自己的教学方法，最终达到更好的教育目标。

通过分析不同学生提出的问题类型和频率，系统能够识别出每个学生的个性化学习需求。某些学生可能在特定领域表现出持续的学习困难，而另一些学生则可能需要更高难度的挑战。系统可以根据这些分析结果，为不同的学生量身定制学习计划，提供差异化的学习支持，帮助他们在各自的学习道路上取得更好的成绩。

（四）个性化问题解决方案

智能答疑系统具备提供个性化问题解决方案的能力，通过对学生学习情况和历史记录的分析，能够为每个学生量身定制解答和建议。这种个性化的辅导方式极大地提升了学习效果，使得学生能够获得与自身需求高度匹配的学习支持。系统首先通过收集和分析学生的学习数据，包括他们的学习进度、测试成绩、作业完成情况和过往提问记录，深入了解每个学生的学习状态和掌握情况。系统能够识别出学生在哪些领域表现不佳，哪些知识点还未完全掌握，进而为学生提供有针对性解答。在个性化解答的过程中，系统不仅仅停留在直接回答问题上，还会进一步提供详细的解释和背景知识，帮助学生更全面地理解相关概念。如果一个学生在某个数学公式的应用上表现出困难，系统不仅会解答学生的具体问题，还会提供该公式的推导过程和应用场景，帮助学生从根本上理解知识点。这种深度的个性化解答能够帮助学生解决表面问题的同时，巩固他们的基础知识，为进一步的学习打下坚实的基础。

智能答疑系统还可以推荐相关的学习资源和练习题，帮助学生针对性地提升能力。如果系统检测到学生在某一领域的表现持续低于预期，它会自动推荐适合的学习材料，如视频教程、课外读物或在线课程，帮助学生进行自我提升。与此同时，系统也会根据学生的掌握情况提供难度适中的练习题，帮助他们通过实践进一步强化所学知识。这种针对性的学习资源推荐不仅提升了学习的有效性，也增强了学生的学习兴趣和主动性。随着学生学习情况的变化，智能答疑系统会不断调整其解答和建议。如果学生在某一阶段表现出明显的进步，系统可以相应地提高解答的难度，提供更具挑战性的任务和问题，进一步激发学生的学习潜力。反之，如果学生在某一领域长期表现不佳，系统会加强对基础知识的解释，并逐步引导学生深入理解复杂的概念。这种灵活的调整机制确保了个性化解答的持续有效性，使得学生在学习过程中始终能够获得最适合的支持。

通过提供个性化问题解决方案，智能答疑系统不仅能够帮助学生克服学习中的困难，还能引导他们养成良好的学习习惯。系统可以根据学生的提问频率和学习表现，建议他们制定更合理的学习计划，合理安排复习和练习时间，逐步提升学习效率。这种个性化的学习指导，不仅帮助学生在短期内解决学习问题，更重要的是为他们的长期学习和发展奠定了基础。

（五）互动式学习支持

智能答疑系统通过其互动式学习支持功能，极大地提升了学生的学习体验和效果。这种互动功能不仅仅是传统的问答模式，而是通过多种形式的交流和参与，帮助学生在更加真实的学习环境中解决问题和巩固知识。系统可以设置互动问答环节，鼓励学生在学习过程中主动提出问题，并参与到实时的讨论中。通过这种实时互动，学生不仅能够获得及时的解答，还可以通过与系统或其他学生的交流，加深对所学内容的理解。这种互动问答环节模拟了真实的课堂讨论氛围，使得学生在学习过程中不再感到孤立，而是有机会与他人共享学习成果和挑战。此外，智能答疑系统的互动式功能还可以通过模拟对话和互动练习来增强学习支持效果。系统可以为学生提供各种模拟场景，让他们在一个安全的虚拟环境中进行实践。在语言学习中，系统可以模拟日常对话场景，让学生通过互动式对话练习提高口语能力和语言应用能力。这种模拟对话不仅可以帮助学生锻炼实际交流技能，还可以通过反复练习来加深对语言结构和用法的理解。

互动式学习支持还可以通过游戏化元素来增强学生的参与感和学习动力。智能答疑系统可以设计一些基于知识的游戏和挑战，学生在参与这些互动活动时，可以通过完成任务和获得奖励来增强学习兴趣。系统可以设置知识竞赛或问题挑战赛，学生通过回答问题和参与讨论来获得积分或徽章，这种形式的互动不仅使学习过程更加有趣，还激励学生更加积极地参与到学习活动中来。这种游戏化的学习体验，能够有效减少学习的枯燥感，增加学习的趣味性和吸引力。互动式学习支持功能还帮助学生在团队合作和群体学习中获得更多的学习支持。系统可以创建虚拟学习小组，学生可以在这些小组中进行讨论、合作解决问题和分享学习资源。通过这种团队互动，学生不仅可以在群体中学习和成长，还能够通过与他人的合作和交流，培养团队合作精神和沟通能力。互动式学习支持使得学习过程不再是孤立的个体活动，而是一个充满互动和合作的社交化学习体验。

系统能够记录和分析学生在互动环节中的表现，为教师提供关于学生参与度和学习进展的数据。这些数据可以帮助教师更好地了解学生的学习情况，并据此调整教学策略和内容。如果系统分析发现某些学生在互动环节中表现出较大的困难，教师可以有针对性地提供额外的辅导和支持，从而提高这些学生的学习效果。

第四节　虚拟现实与增强现实技术在中等职业教育中的应用

一、虚拟现实技术在中等职业教育中的应用

（一）沉浸式学习环境的创建

虚拟现实（VR）技术在教育中的应用已经逐渐展现出其独特的优势，尤其是在创建沉浸式学习环境方面。通过这种技术，学生能够身临其境地体验到现实世界中的工作场景和复杂操作流程。对于职业教育中的机械制造、建筑施工和医疗护理等课程，这种沉浸式学习环境显得尤为重要。学生可以通过 VR 技术，在虚拟工厂中模拟操作机器，了解机器的各个部分及其工作原理。在建筑施工的学习中，学生可以在虚拟建筑工地上进行各种施工操作，体验从设计到施工的全过程。这种学习方式不仅让学生更直观地理解施工流程，还能让他们在虚拟环境中练习各种操作技巧，提升实际动手能力。此外，在医疗护理教育中，虚拟现实技术同样能够创造高度逼真的学习场景。学生可以在虚拟医院中进行护理操作练习，如病人护理、紧急医疗程序和手术操作等。通过这种沉浸式的训练，学生能够反复练习，直至掌握相关技能，从而提高他们在真实医疗环境中的反应速度和操作准确性。VR 技术所创造的这种高度仿真的学习环境，不仅让学生在不受时间和空间限制的情况下

练习技能，还能够模拟各种可能遇到的复杂情况，使学生在面对现实中的突发状况时能够更加从容应对。

虚拟现实技术的优势还体现在它能够为学生提供一种无风险的学习环境。在许多职业教育领域，实际操作通常涉及高成本或潜在的安全风险。然而，VR 技术通过模拟现实环境，能够让学生在安全的虚拟空间中反复练习复杂的操作，无需担心错误操作带来的危险或设备损坏。这种无风险的学习环境鼓励学生勇于尝试和探索，从而加深对所学知识的理解和应用能力。传统的课堂教学模式通常依赖于文字和图像的静态展示，而 VR 技术则能够将这些内容转化为动态的、交互式的体验。学生可以通过 VR 头盔进入一个三维的虚拟世界，与学习内容进行互动。这种互动性增强了学生的学习兴趣和主动性，使他们在学习过程中更加投入，从而提高了学习效果。虚拟现实技术还能够根据学生的学习进度和掌握情况，提供个性化的学习体验。系统可以根据每个学生的表现，调整虚拟场景的难度和复杂度，提供针对性指导和反馈。这种个性化的学习环境使得每个学生都能够在适合自己的节奏中学习和发展，最终达到最优的学习效果。

（二）成本效益的培训解决方案

虚拟现实技术在职业教育中提供了一个极具成本效益的培训解决方案，改变了传统实践操作培训的模式。传统的职业技能培训通常需要投入大量的资金购买昂贵的设备和耗材，并且操作过程中的损耗和耗材更换也增加了培训的成本。此外，实践操作培训还伴随着一定的安全风险，尤其是在涉及危险工具或复杂设备的课程中，如焊接、建筑施工或机械维修。任何错误操作都可能带来设备损坏或人员受伤的风险，这不仅增加了学校的负担，也限制了学生的练习机会。VR 技术能够在虚拟环境中模拟真实的操作场景，使学生在没有设备损耗和安全风险的情况下进行练习。学生可以反复进行操作练习，从而掌握技能，而不必担心设备的磨损或耗材的浪费。以焊接课程为例，学生可以通过 VR 系统在虚拟环境中进行焊接技术的反复练习，每次练习都能够获得即时反馈和指导，帮助他们不断改进技术。这种虚拟环境不仅降低了设备和材料的使用量，还让学生能够在一个完全安全的环境中练习，这在实际操作中是无法实现的。

传统的培训课程需要考虑设备的购买和维护费用，而这些费用往往十分高昂。相比之下，VR 系统虽然初始投资较大，但其后续维护和更新成本相对较低，且系统可以重复使用，为大量学生提供培训。这种一劳永逸的成本结构使得学校在长期运行中能够大幅度降低培训费用。同时，VR 培训也减少了对物理空间的需求，学校可以节省建设和维护实际实验室或操作车间的费用。在传统培训中，学生需要在特定的时间和地点进行实地操作练习，这受限于设备的可用性和教师的指导时间。而通过 VR 技术，学生可以在任何时间和地点进入虚拟环境进行练习，这种灵活性大大提高了学习效率和资源利用率。此外，教师可以通过 VR 系统远程监控和指导学生的练习，进一步优化教学资源的分配。

除了成本和风险的降低，虚拟现实技术的应用还带来了教学质量的提升。通过 VR 技术，学生可以获得更加直观和互动的学习体验。虚拟环境能够精确模拟现实操作场景，使学生更好地理解和掌握复杂的技能。系统可以实时提供详细的反馈，帮助学生纠正错误并改进操作技巧，这种即时性是传统培训中难以实现的。虚拟现实技术还具有可扩展性和多样性，能够适应不同学科和领域的培训需求。无论是焊接、建筑、医疗护理，还是其他需要大量实践操作的课程，VR 系统都能够提供相应的虚拟培训模块。这种灵活性使得虚拟现实技术成为职业教育中一个经济高效的培训解决方案，能够满足不同学校和课程的培训需求。

（三）跨学科和跨领域的学习

虚拟现实（VR）技术在教育中的一个显著优势是能够提供跨学科和跨领域的学习机会，这为学生的知识拓展和技能培养带来了全新的可能性。通过虚拟环境，学生可以打破学科界限，深入探索不同的职业领域，并在这些领域之间进行交叉学习。学生可以在同一个 VR 平台上体验机械设计和计算机编程的结合，学习如何将编程技能应用于自动化机械设备的操作中。这种跨学科的学习方式使学生不仅掌握了机械设计的基本原理，还学会了如何通过编程控制和优化这些机械设备的运行。通过这种多学科的交叉学习，学生不仅能够获得更加广泛的知识，还能够将这些知识灵活应用于实际问题的解决中，培养出更强的综合技能和创新能力。跨学科的学习能够打破传统教学中单一学科知识的局限，使学生能够从多个角度理解和解决复杂问题。学生可以通过 VR 技术同时学习生物医学知识和人机交互技术，了解如何利用先进的医疗设备进行诊断和治疗。这种结合了医学与工程学的学习方式，帮助学生建立起对技术应用于医疗实践的全面理解，提高了他们在医疗行业中的综合竞争力。VR 技术为学生提供了一个动态的、多维度的学习环境，使他们能够在一个统一的平台上学习和实践多个学科的知识，显著增强了他们的跨学科思维能力。

学生可以在虚拟环境中自由探索和实验，尝试将来自不同领域的知识结合在一起，创造出新的解决方案或产品。在建筑学和环境科学的结合学习中，学生可以通过 VR 模拟城市规划的各个方面，并考虑到环境保护和可持续发展的因素。这种跨学科的探索不仅激发了学生的创新思维，还帮助他们理解如何在实际工作中整合不同领域的知识，提出具有创造性和实际意义的方案。传统的职业教育往往集中在特定的职业技能培训上，而忽视了学生跨领域知识和技能的培养。然而，随着现代工作环境对多技能和跨学科能力的需求日益增加，VR 技术可以通过提供多学科的虚拟课程和实践平台，帮助学生在学习职业技能的同时，拓宽他们的知识面和能力范围。在商业管理和数据分析课程的结合中，学生可以通过 VR 技术模拟企业的运营管理，并利用数据分析工具来优化商业决策。这种结合了商业和技术的学习模式，使学生能够更好地适应未来多变的职业环境。学生可以通过 VR 平台访问来自不同学科和领域的资源，而不再受限于传统课堂教学的单一内容。通过这种资源整合，学生可以在一个更为广阔的知识平台上进行学习和探索，从而激发他们对多个学科的兴趣，并通过跨学科的互动学习，提升他们的综合能力和问题解决能力。

（四）增强学生的职业意识和职业素养

通过虚拟现实技术，学生能够提前深入体验实际工作环境，从而显著增强他们的职业意识和职业素养。这种技术不仅提供了理论知识的学习机会，还让学生能够在虚拟环境中模拟真实的工作场景，体验职业生活的各个方面。学生可以通过 VR 系统模拟航空公司的飞行员培训，从起飞前的准备工作到飞行过程中的操作，再到降落后的程序，全面了解航空业的职业规范和操作标准。这样的沉浸式体验使学生能够在学习过程中直观地感受到飞行员职业的要求和挑战，从而为他们未来的职业选择和发展奠定坚实的基础。虚拟现实技术所带来的这种职业模拟体验，不仅帮助学生掌握实际操作技能，还能够培养他们对职业环境的适应能力。通过反复模拟训练，学生可以逐渐习惯职业中的各种操作流程和工作节奏，形成稳定的职业行为模式。在医疗护理的培训中，学生可以通过 VR 模拟各种护理场景，如紧急急救、手术室护理和日常病人照护。通过这些虚拟的操作练习，学生能够在不受时间和空间限制的情况下，积累宝贵的职业经验，提高他们在真实工作环境中的反应速度和决策能力。

职业素养不仅包括对职业技能的掌握，还涉及职业道德、职业态度和团队合作等方面。学生可以在仿真的职业场景中体验到与同事合作、处理突发事件和面对职业压力等情境，从而在实践中学习和理解职业素养的重要性。在虚拟的项目管理课程中，学生可以模拟与团队成员协作完成复杂的项目任务，学习如何有效沟通、协调资源和解决冲突。这种体验式学习使学生能够在职业素养方面得到全面提升，准备好迎接未来职业生涯中的各种挑战。虚拟现实技术还为学生提供了一个安全的环境来面对职业中的挑战和风险。通过模拟各种可能的职业危机和突发情况，如设备故障、紧急医疗救护或客户投诉处理，学生能够在没有实际风险的情况下锻炼应对这些情况的能力。这种提前的职业演练不仅增强了学生的心理素质和应变能力，还帮助他们在未来的工作中更加从容和自信。

虚拟现实技术能够让学生在职业教育的早期阶段就接触到实际职业的方方面面，从而帮助他们更好地进行职业规划和选择。通过对职业环境的深入体验，学生可以更清晰地认识到自己是否适合某一职业，以及该职业对技能和素养的具体要求。这种清晰的职业定位和规划，不仅有助于学生在学习过程中有的放矢，还能提高他们的学习动力和目标感。虚拟现实技术的应用使得职业教育更加灵活和多样化。无论学生选择何种职业方向，VR 技术都可以提供相应的职业模拟场景，让他们在虚拟环境中进行职业体验和训练。这种灵活性不仅扩大了职业教育的覆盖面，还使得更多的学生能够获得宝贵的职业体验和素养培养，从而为未来的职业发展做好充分准备。

（五）个性化学习路径和自主学习

虚拟现实技术为学生提供了定制化的学习路径和自主学习的机会，使他们能够根据个人需求和兴趣灵活安排学习进度。这种技术使得职业教育中的学习体验更加个性化，让学生能够在虚拟环境中自主选择学习内容和节奏，进行针对性职业技能训练。通过 VR 平台，学生可以进入不同的虚拟场景，根据自己的学习目标进行练习。有些学生可能对机械操作感兴趣，他们可以选择进入虚拟工厂进行设备操作的模拟训练，而其他学生则可能选择虚拟建筑工地，学习建筑施工的流程和技能。此外，虚拟现实技术赋予了学生更大的自主性，他们能够按照自己的步调进行学习，而不必受到传统教学模式中固定时间表的限制。这种自主学习的方式大大提高了学生的学习积极性，因为他们可以根据自己的学习进度随时调整学习计划，从而避免了在学习过程中遇到的压力和挫败感。如果学生在某一操作技能上遇到困难，他们可以在虚拟环境中反复练习，直到完全掌握为止。这种灵活的学习安排使得学生能够更好地把握学习内容，增强了他们的自信心和学习动机。

通过虚拟现实平台，学生在学习过程中可以获得即时的系统反馈。这些反馈不仅帮助学生了解他们的学习效果，还为他们提供了调整和优化学习策略的依据。当学生在虚拟场景中完成某项任务后，系统会自动生成详细的反馈报告，指出他们在操作中的优点和不足之处。学生可以根据这些反馈不断改进自己的操作技能，逐步达到最佳学习效果。这种基于数据的个性化反馈，不仅提高了学习的精准度，还增强了学生在学习中的参与感和成就感。个性化学习路径和自主学习的另一大优势在于它能够满足学生的多样化学习需求。在传统的教学模式下，课程内容往往是统一设计的，无法充分考虑到每个学生的兴趣和能力差异。而通过虚拟现实技术，学生可以自由选择自己感兴趣的课程和场景，进行深度学习。一个对电子工程感兴趣的学生可以选择虚拟实验室，深入学习电路设计和测试，而对护理行业有兴趣的学生则可以进入虚拟医院，学习各种护理技巧。这种个性化的学习路径确保了学生能够在自己擅长或感兴趣的领域中获得更大的发展空间，提高了他们的专业能力和职业竞争力。

虚拟现实技术还通过提供多样化的学习资源，支持学生的自主学习。这些资源包括虚拟实训场景、互动式学习模块和实时操作模拟等，使得学生在学习过程中能够获得全方位的支持。学生可以随时访问系统内置的参考资料和操作指南，也可以通过虚拟导师的指导进行操作演练。这种资源的灵活运用，使得学习不再是单一的任务，而是一种丰富的、动态的学习体验。

二、增强现实技术在中等职业教育中的应用

（一）增强现实在实训教学中的应用

增强现实（AR）技术在实训教学中的应用为学生提供了全新的学习体验，通过在现实世界中叠加虚拟信息，AR 技术能够为学生提供实时的操作指导和丰富的学习资源。这种技术在实训教学中尤其具有重要意义，因为它能够将复杂的理论知识与实际操作结合起来，使学生在实际操作的过程中获得即时的指导和反馈。在汽车维修课程中，学生可以通过佩戴 AR 眼镜直接查看引擎的内部结构图，并观看操作步骤的动画演示。这种方式不仅帮助学生更好地理解机械结构的运作原理，还能够在操作过程中准确地按照步骤进行，从而大幅度提高他们的操作准确性。通过增强现实技术，学生在学习过程中不再仅仅依赖于传统的教科书或老师的口头讲解，而是能够在实际操作中实时获取所需的信息。这种即时的增强信息为学生提供了动态的学习支持，使他们在操作时能够及时获得指导，避免了由于操作失误而导致的挫败感或设备损坏。学生可以更加自信地进行操作练习，逐步掌握所需的技能。在学习复杂的引擎维修或电路安装时，学生可以通过 AR 技术直接在视野中叠加虚拟的指导信息，按照步骤一步步完成操作，确保每一个步骤都能够准确无误地进行。

增强现实技术还丰富了实训教学的内容，为学生提供了更为全面和立体的学习资源。在传统的实训教学中，学生通常只能通过平面的图片或静态的模型来学习复杂的结构和操作流程，而 AR 技术则能够将这些静态的内容转化为动态的、可交互的三维信息。通过 AR，学生可以在现实环境中看到三维的虚拟模型，并与之进行互动，如放大、缩小、旋转和分解等，这种互动性极大地增强了学生对学习内容的理解和记忆。在学习机械原理或生物解剖学时，学生可以通过 AR 设备直接看到虚拟的三维模型，并通过手势操作来拆解和分析不同的部件或器官，全面了解其结构和功能。AR 技术的应用不仅提高了学生的学习效率，还显著提升了他们的技能掌握度。通过将虚拟信息与现实操作结合，学生能够在短时间内反复练习并纠正操作中的错误，从而达到更高的技能水平。在外科手术实训中，学生可以通过 AR 设备看到虚拟的解剖标记和操作指南，确保每一刀都切在正确的位置。这种精准的操作指导不仅提高了学生的技术水平，还培养了他们在实际工作中所需的精确性和耐心。

教师可以通过 AR 平台为学生设计个性化的学习路径，根据每个学生的学习进度和掌握情况提供定制化的指导。这种灵活性不仅增强了教学的针对性，还使得实训教学更加高效。对于已经掌握基本技能的学生，教师可以通过 AR 技术为他们设计更为复杂的实训任务，帮助他们挑战更高难度的操作，从而进一步提升他们的专业能力。在 AR 的支持下，教师可以远程指导学生进行实际操作，学生在家中或学校的实验室都可以通过 AR 设备获取虚拟的指导信息和反馈。这种远程教学模式为教育资源的共享和优化提供了新的可能性，尤

其是在设备和师资匮乏的地区，通过 AR 技术学生同样能够获得高质量的实训教学。

（二）互动式学习体验的提升

增强现实（AR）技术通过提供高度互动的学习体验，显著提升了中等职业教育的教学质量和效果。学生能够通过移动设备或 AR 眼镜与虚拟对象进行交互，深入观察复杂的机械结构或化学反应过程。在学习机械原理时，学生可以使用 AR 应用程序扫描课本上的图片，立即看到三维模型的动态展示，并通过手势操作进行缩放和旋转，进一步了解机械的内部结构和工作原理。这种互动式学习不仅增加了学生的参与感，还帮助他们更直观地理解课程内容，提升了整体的学习效果。学生可以通过 AR 设备观察到分子结构的三维模型，动态展示化学反应的过程。学生可以更清晰地看到原子和分子在化学反应中的运动和变化，理解复杂的化学原理。这种互动式学习体验使抽象的概念变得具体和生动，增强了学生的理解能力和记忆效果。学生可以通过 AR 应用看到不同元素在反应中的结合和分解，直观地掌握化学反应的机制和结果。

学生可以通过 AR 平台访问各种虚拟实验室和互动式学习模块，体验不同学科的学习场景。在生物课程中，学生可以使用 AR 应用观察人体解剖的三维模型，了解各个器官和系统的结构和功能。通过这种互动式的学习，学生能够进行虚拟解剖，看到人体内部的详细结构，并通过互动操作了解器官之间的关系和功能。这种学习方式不仅提高了学生的学习兴趣，还使他们能够在实际操作中更好地应用所学知识。AR 技术在职业教育中的应用还促进了学生的自主学习和探索精神。学生可以在课堂之外，通过 AR 设备继续学习和探索感兴趣的课题。学生可以在家中使用 AR 应用进行自主学习，扫描课本上的图像，看到详细的三维模型和动态演示。这种自主学习的模式不仅增强了学生的学习动力，还培养了他们的自主学习能力和解决问题的能力。

学生在学习过程中可以立即获得系统反馈，了解自己的学习进展和需要改进的地方。当学生在虚拟环境中进行机械操作练习时，系统可以实时分析他们的操作，提供具体的改进建议和指导。这种即时反馈机制使学生能够在学习过程中不断调整和优化自己的学习策略，提高学习效率和效果。学生可以通过 AR 平台进行团队项目和合作学习，在虚拟环境中共同完成任务和解决问题。在工程设计课程中，学生可以通过 AR 设备共同设计和测试虚拟的机械模型，了解设计过程中的各种挑战和解决方法。这种合作学习的方式不仅增强了学生的团队合作精神，还培养了他们的沟通能力和协作技巧，使他们在未来的职业生涯中能够更好地适应团队工作。

（三）实地学习与增强现实的结合

增强现实（AR）技术通过与实地学习的结合，为学生提供了一种身临其境的学习体验，极大地丰富了职业教育的教学方式。在建筑施工课程中，学生可以借助 AR 设备在实际工地上叠加虚拟的建筑模型，实时了解建筑物的内部结构和施工流程。这种教学模式不仅让学生能够在真实的环境中进行操作，还能够通过虚拟信息的叠加获得更加深入理解和直观感受。当学生在工地上观察到一个正在建设的建筑物时，AR 技术可以在他们的视野中叠加出建筑的完整结构图，显示出内部的房间布局、管道走向和电线铺设等细节。这种视觉化的信息呈现帮助学生更加全面地理解建筑施工的每一个步骤，并能够在现场直接对照虚拟模型进行实际操作。实地学习与增强现实的结合，不仅提供了更为直观的学习体验，还增强了学生的操作技能。通过在真实环境中叠加虚拟信息，学生可以在没有指导教师现场监督的情况下自主完成一些操作练习。比如，在工地上，学生可以通过 AR 设备看到虚拟的施工指导，并按照提示一步步完成钢筋绑扎、混凝土浇筑等操作。这种自主操作的方式，让学生有机会反复练习，熟练掌握每一个操作环节，提升了他们的实际操作能力和自信心。

建筑施工等职业教育课程中，实际操作往往伴随着一定的风险，尤其是在工地现场。AR 技术可以通过虚拟演示提前向学生展示潜在的危险区域和操作中的注意事项，帮助他们提前做好安全防范。学生可以在 AR 设备上看到虚拟的安全警示标志，了解需要避免的区域和正确的操作方法，减少因操作不当而导致的安全事故。这种虚拟与现实的结合，不仅让学生在操作过程中更加安全，也培养了他们在实际工作中的安全意识和职业素养。在建筑课程中，学生不仅可以学习施工技术，还能够通过 AR 设备学习建筑设计、结构力学等相关知识。当学生在实际工地上查看一座建筑时，AR 系统可以叠加出结构力学的分析图，展示建筑物受力的分布情况和材料的应力应变情况。学生可以通过这种方式理解设计原理与施工实践之间的关系，培养综合的建筑技能。这种跨学科的学习方式，使学生能够在实际操作中掌握更多的知识，提升他们的综合能力和职业素养。

结合实地学习的增强现实技术还为职业教育带来了更多的灵活性和个性化。学生可以根据自己的学习进度和兴趣选择不同的学习场景和内容。有些学生可能对建筑物的设计和结构更感兴趣，他们可以通过 AR 设备在现场学习更多的设计原理和结构分析，而其他学生则可以专注于施工流程和技术操作。这种灵活的学习方式，让学生能够根据自己的职业规划和发展方向，自主选择学习内容和路径，增强了学习的针对性和有效性。

（四）职业安全培训的创新

增强现实（AR）技术为职业安全培训带来了全新的创新方式，通过模拟现实中可能遇到的危险场景，让学生在虚拟环境中进行安全培训。这种培训方式使学生能够直观地感受到潜在的风险，并在没有实际危险的情况下学习如何有效应对。学生可以通过 AR 技术体验火灾、化学泄漏或机械故障等紧急情况，系统会实时显示出安全应对的步骤和措施，帮助学生在面对这些突发事件时，能够快速、准确地做出反应。这种模拟训练大大提高了学生的应急处理能力，使他们在实际工作中能够更加冷静地应对各种危险。职业安全培训的一个重要目标是增强学生的安全意识，而AR技术通过高度真实的场景模拟，显著提升了这一点。传统的安全培训通常依赖于讲解和书面测试，学生难以真正感受到危险的迫切性和严重性。而通过AR技术，学生可以亲身经历各种虚拟的危险情境，从而深刻理解安全规范的重要性。学生在模拟火灾场景中，不仅可以看到火势的蔓延，还可以学习如何使用灭火器、如何避开烟雾以及如何疏散人员。这种身临其境的体验使学生更容易记住正确的应对措施，并在实际遇到类似情况时，能够迅速采取行动。

学生可以根据不同的职业需求和工作环境，选择不同的危险场景进行培训。比如，在化工行业的培训中，学生可以通过AR模拟化学泄漏的场景，学习如何安全处理危险化学品、如何紧急封锁泄漏区域，以及如何使用个人防护设备。这种有针对性的安全培训，确保了学生在进入特定行业之前，已经具备了应对该行业特有风险的能力。通过不断模拟训练，学生能够在短时间内掌握多种应急处理技能，提高了职业安全培训的效率和效果。学生在模拟场景中做出的每一个决定和操作，都可以通过系统进行实时分析和评估。系统会根据学生的反应速度和准确性，提供相应的反馈，指出他们的操作优点和需要改进的地方。通过这种循环的学习和改进，学生的应急处理能力得到持续提升。

团队合作在应对职业安全事故中往往至关重要，学生可以在虚拟环境中进行团队协作训练，学习如何在紧急情况下有效沟通和协调。在模拟工厂的火灾逃生演练中，学生可以通过AR设备与其他队员实时共享信息，共同制定逃生计划，并在虚拟场景中配合行动。这种团队训练不仅提高了学生的合作能力，也培养了他们在紧急情况下的领导力和决策能力。

（五）资源优化与成本控制

通过增强现实（AR）技术，中等职业教育可以有效地优化资源配置并实现成本控制。传统的职业教育往往需要大量的资金投入来购买和维护昂贵的机器设备和实验室工具，这不仅给学校带来了经济压力，也限制了学生的实践机会。AR技术的引入为这些问题提供了一种创新的解决方案。借助AR应用，学校可以虚拟展示复杂的机械设备和实验室仪器，学生无需依赖于实际设备即可进行操作练习。这种虚拟化的展示方式不仅减少了对物理设备的需求，还避免了设备在频繁使用中产生的磨损和维护费用，从而大幅度降低了教学成本。由于设备数量有限，学生往往需要轮流使用同一台设备，导致实践操作的时间和机会受到限制。然而，AR技术允许学生通过虚拟设备进行多次练习，不受设备数量的制约。每个学生都可以在自己的时间安排下，反复进行虚拟操作，直至掌握技能。这种自由度不仅提高了学生的学习效率，也确保了他们在进入职场前获得充分的实践经验。

学校可以通过AR平台，将复杂的教学内容转化为虚拟模型和互动式学习模块，使学生能够在一个统一的平台上访问各种教学资源。学生可以通过AR设备查看机械设备的内部结构，观看操作演示视频，并在虚拟环境中进行实际操作。这种整合性的资源配置，使得学生在学习过程中可以轻松切换不同的学习模式和内容，提升了学习的连贯性和整体效率。与此同时，AR 技术也为教师的教学提供了更多的灵活性和创新空间。教师可以通过 AR 平台，设计和展示复杂的教学内容，而不必担心设备的可用性和安全性。在电子工程课程中，教师可以通过 AR 技术展示电路板的三维结构，并在虚拟环境中演示电路的搭建过程。学生可以在观察的同时，进行虚拟的电路连接操作，亲身体验电路设计的各个步骤。这种教学方式不仅丰富了课堂内容，还使教学过程更加生动和互动，激发了学生的学习兴趣。

AR 技术的引入还使得学校在教学资源的分配上更加公平和高效。以往，由于资源有限，部分学生可能难以接触到先进的设备和工具，导致学习效果参差不齐。所有学生都可以平等地访问虚拟的高端设备和实验室资源，消除了资源不平等的问题。每个学生都可以通过 AR 技术接触到最先进的教学工具和内容，从而提升了整体的教学质量。在传统的实习中，学校往往需要安排学生到外部的工厂或企业进行实际操作，这不仅涉及高昂的交通和住宿费用，还存在一定的安全风险。通过 AR 技术，学生可以在校内通过虚拟实习平台，体验真实的工作环境和操作流程。这种虚拟实习不仅节省了学校的实习成本，还减少了安全事故的发生，提高了实习的效率和效果。

第八章　人工智能在中等职业教育管理中的应用

第一节　智能校园建设与中等职业教育管理

智能校园的建设在现代中等职业教育管理中扮演着至关重要的角色，通过利用先进的技术手段，提升教育管理的效率和效果。

一、智能化教学管理系统的应用

智能化教学管理系统的应用为中等职业教育的管理带来了显著的提升，特别是在课程安排、学生考勤和成绩管理等日常事务的处理上，实现了全面的自动化。这种系统的核心功能在于能够高效地收集和分析学生的学习数据，从而为教师提供准确反馈和有针对性教学建议。这些功能不仅简化了教学管理的流程，还为学校管理者提供了更多的时间和资源，以专注于教育质量的提升。通过智能化系统，学校可以将烦琐的手工操作转变为系统自动处理，使管理工作更加高效、准确，减少了人为错误的发生。通过对学生的课堂参与度、作业提交情况、考试成绩等多维度数据进行综合分析，系统能够识别出学生的学习模式和行为趋势。如果系统检测到某些学生在某些课程中表现不佳，教师可以及时采取个别辅导或调整教学策略，以帮助学生提高学习效果。这种数据驱动的教学管理模式，不仅提高了教学的精准度，还有效地提升了学生的整体学习表现。

智能化教学管理系统还通过自动生成学生的学习报告，帮助家长和教育管理者更好地了解学生的学习情况。学生的学习报告不仅包括他们的成绩和排名，还详细记录了他们在学习过程中的进步和不足之处。家长通过查看这些报告，可以清楚地了解孩子在学校的学习状况，并与教师进行有效沟通，共同制定进一步的学习计划。教育管理者也可以利用这些报告，掌握全校学生的学习动态，及时发现和解决教学管理中存在的问题。这种透明化的管理方式，不仅增强了家长与学校之间的信任，还使学校的教育管理更加科学和系统化。同时，智能化教学管理系统的自动化功能显著减少了教师和管理人员的工作负担。传统的课程安排、考勤记录和成绩管理往往需要耗费大量的时间和精力，而通过智能系统的应用，这些烦琐的任务可以在短时间内高效完成，确保管理工作的有序进行。教师们可以将更多的时间投入教学内容的设计和学生的个性化辅导中去，而不是浪费在烦琐的管理工作上。此外，系统的自动化功能还保证了数据的准确性和完整性，减少了手工操作中可能出现的错误，提高了管理工作的效率和质量。

智能化教学管理系统还支持多种数据的可视化展示，使得教育管理者能够更加直观地理解学生的学习情况和学校的教学质量。这些数据可视化工具，包括图表、仪表盘和报告生成器等，能够将复杂的数据转化为易于理解的信息，为教育决策提供有力的支持。学校管理者可以通过数据图表快速了解某一学科的整体教学效果，或者比较不同年级学生的学习表现，从而为学校的教学安排和资源配置提供科学依据。通过智能化教学管理系统的应用，学校在日常教学管理中实现了信息化和自动化的突破。这不仅提高了教育管理的效率，还大幅提升了教学质量。系统的自动化处理能力、数据分析功能和可视化展示，为学校提供了全新的管理工具和手段，使教育管理更加高效、透明和精准。同时，通过与家长和教师的有效沟通，学生的学习效果得到了显著提升，为他们的成长和发展奠定了坚实的基础。总之，智能化教学管理系统的应用，为中等职业教育的管理和教学质量的提升，提供了强大的技术支持和保障。

二、智能化校园安全管理

智能化校园安全管理是智能校园建设中不可或缺的一部分，它通过先进的技术手段，为校园安全提供了全方位的保障。学校可以通过安装智能监控设备、门禁系统和应急报警系统，实时监控校园内的安全状况，从而在发生突发事件时能够快速响应。这种全天候的监控系统不仅提高了校园的安全管理水平，还为学生和教职工提供了一个更加安全的学习和工作环境。智能监控设备能够自动识别异常行为，并在第一时间向安全管理部门发出警报，确保安全威胁得到及时处理。这种高效的安全管理方式，有效地降低了校园安全事故的发生率。智能化的校园安全管理系统还通过数据分析的方式，提前预测和预防潜在的安全隐患。通过对监控录像、门禁记录和报警数据的综合分析，系统可以识别出可能的安全风险点。系统可以检测到某些特定区域的人流密度是否过高，是否存在频繁进出异常现象，或者某些设备的使用是否存在不安全的情况。这种预测和预防机制，能够帮助学校管理者在问题发生之前采取相应的防范措施，避免安全隐患转化为实际的安全事故。这种预见性的安全管理策略，不仅提升了校园的安全防范能力，还减轻了管理者的工作压力，使校园安全管理更加主动和有效。

智能化校园安全管理系统还具有与家长实时互动的功能，能够及时通报学生的校园安全状况。家长可以通过手机应用或网络平台，实时了解孩子在校园内的活动轨迹、安全状态以及是否有异常情况发生。如果学生在校园内的某个区域长时间停留，或者在非正常时间段进出校园，系统会自动向家长发出提醒，确保家长能够及时关注孩子的动态。这种实时互动的安全管理模式，增强了家长对学校的信任感，也为学生的安全提供了双重保障。智能化的校园安全管理系统还可以通过定期生成安全报告，为学校管理者提供科学的决策依据。这些报告涵盖了校园内各个区域的安全状况、安全事件的发生频率和类型，以及应急系统的响应效果。管理者可以根据这些数据，调整和优化校园的安全管理措施。通过分析安全报告，学校可以识别出哪些区域存在较高的安全风险，从而加强该区域的安全监控和巡逻力度。通过这种数据驱动的管理方式，学校的安全管理不仅更加精准，也更加高效，确保了校园环境的长期安全稳定。

在突发事件发生时，系统能够自动启动应急预案，通知相关部门并指导应急人员进行快速响应。在发生火灾时，系统可以自动切断电源、打开紧急通道，并通过广播系统指引学生和教职工安全撤离。这种自动化的应急处理机制，大大提高了校园安全事件的应对速度和处理效率，减少了人员伤亡和财产损失的可能性。智能化校园安全管理系统不仅是校园安全的守护者，也是学校管理现代化的重要标志。通过将先进的技术融入校园安全管理，学校不仅提高了整体的安全水平，还增强了应对突发事件的能力，为学生和教职工创造了一个安全、和谐的学习和工作环境。家长通过实时了解孩子的校园安全状况，也对学校管理充满信心。这种全方位的智能化安全管理，充分体现了科技在教育管理中的应用潜力，为校园安全管理开创了新的局面，也为未来智能校园的发展奠定了坚实的基础。

三、智能资源管理与优化配置

智能校园通过资源管理平台实现了教学资源的智能化管理和优化配置，这一创新举措极大地提升了教育资源的利用效率。借助智能平台，学校可以实时监控教室、实验室等各类教学资源的使用情况，并根据实际需求灵活调整资源的分配。在教学过程中，如果某些教室的使用率较低，智能系统可以自动重新调度，确保这些资源被有效利用。学校能够避免教室闲置或资源浪费的情况发生，最大化地发挥现有资源的效能。此外，智能调度系统的应用使得学校在资源分配上更加精确和高效。传统的资源管理方式往往依赖于人工统计和手动调度，这不仅耗费大量时间和精力，还容易出现疏漏或错误。而智能系统能够通过数据分析，准确了解不同时间段内教学资源的使用情况，并根据实际需求自动进行调整。在期末考试期间，系统可以优先分配教室用于考试，并根据考生人数和考试科目合理安排空间和设备。这种精准的资源管理方式，不仅提升了资源的利用率，还大大减少了管理人员的工作负担。

智能资源管理平台的另一个优势在于它能够支持学校管理的透明化和数据化。通过对资源使用情况的实时监测和数据分析，学校管理者可以全面掌握教学资源的分配和使用状态。这些数据不仅为学校的日常管理提供了科学依据，还为资源配置的长期规划提供了参考。管理者可以通过平台的数据报告，了解哪些实验室的使用频率较高，从而考虑在未来的预算中增加该类资源的投入。通过数据驱动的决策过程，学校的资源管理变得更加理性和高效，管理流程也因此得到了优化。通过智能系统的调度，学校可以避免因为资源使用不均衡而产生的额外租赁或采购成本。同时，智能管理平台还能帮助学校追踪资源的使用寿命和维护需求，提前进行设备的维护和更新，避免因设备故障而导致的教学中断或资源浪费。这样的资源管理模式，不仅提高了教学资源的利用效率，还为学校的财务管理带来了显著的节约。

通过平台的智能调度，学校可以确保每个学生都能平等地享有教学资源，不因教室设备或实验条件的限制而影响学习质量。在实验课程中，系统可以根据班级人数和实验室的容量，合理安排每个班级的实验时间，确保所有学生都有足够的实践机会。这种公平合理的资源分配方式，提升了学生的学习体验，也增强了学校的教育质量和管理水平。智能化资源管理平台的应用还为教师和学生的教学和学习提供了便利。教师可以通过平台提前预约所需的教室或实验设备，避免因资源冲突而影响教学进度。学生也可以通过平台查看教室和实验室的使用情况，合理安排自己的学习时间和地点。这种便捷的资源管理方式，不仅优化了学校的管理流程，还为师生的日常教学和学习活动提供了极大的便利。

四、智能化数据分析助力教育决策

智能化数据分析在现代校园管理中发挥着关键作用，特别是在教育决策中提供了强有力的科学依据。通过对学生成绩、教师教学表现、校园设备使用情况等多维度数据的综合分析，学校管理者能够全面了解教育体系的运行状态，从而做出更为精准的管理决策。通过分析学生的考试成绩和课堂表现，学校可以识别出哪些科目或教学方法存在问题，并有针对性地进行调整。通过对教师的课堂数据进行分析，管理者可以了解每位教师的教学风格、课堂管理能力以及学生的反馈。系统可以分析教师在不同课程中的教学效果，帮助识别哪些教学方法最能提升学生的学习效果，并根据这些分析结果，为教师提供专业发展建议或定制化培训方案。这种精准的分析，不仅有助于教师不断改进教学方法，还能够整体提高学校的教学质量。

智能化的数据分析平台还为校园资源的优化配置提供了可靠的支持。通过对校园设备使用情况的分析，管理者可以识别出设备的使用频率、维护需求以及资源分配的合理性。如果某些实验室设备的使用率较低，学校可以重新分配这些设备资源，或者安排更多的课程利用这些设备，以提高资源利用率。这种数据分析能力，使学校能够更合理地分配有限的资源，确保每个资源都得到最有效使用，从而避免浪费和资源闲置。同时，智能化数据分析还能够识别出校园管理中的潜在问题，并为管理改进提供依据。通过分析学生的出勤率、课程参与度和考试成绩，学校可以及早发现学生在学习过程中可能遇到的困难，如学习压力过大、课程设置不合理或教师指导不足等。这种基于数据的预警和干预机制，使得学校能够更加主动地管理教育质量。

通过对历史数据的长期分析，学校可以评估不同教育政策和管理措施的实际效果。学校可以通过数据分析比较不同教学改革措施在提升学生成绩和学习兴趣方面的效果，从而确定最有效的教育策略。此外，数据分析还可以帮助学校预测未来的教育需求和挑战，制定更加前瞻性的教育发展规划。这种数据驱动的策略规划能力，使学校能够更好地应对教育环境的变化和挑战，确保教育目标的实现。在教育管理的日常操作中，智能化数据分析还提高了管理的精准度和效率。管理者可以通过数据分析平台实时监控学校的运营情况，快速识别并解决管理中的问题。系统可以监测校园安全设备的运行状态，及时发现故障或异常，保证校园的安全运行。通过这种实时监控和数据反馈机制，学校管理者能够更加迅速地响应问题，提高管理的反应速度和决策效率。

五、智能化教学平台与个性化教育

智能化教学平台在现代教育中扮演着至关重要的角色，尤其在推动个性化教育的发展方面具有独特的优势。借助这些平台，学校能够根据每个学生的学习数据、兴趣爱好和个人需求，为其量身定制学习计划和资源推荐。这种个性化的学习方案，充分考虑到了学生的差异性和个体发展需要，使他们能够以适合自己的方式和节奏进行学习。这种因材施教的模式，极大地提高了学习的效果和学生的自主学习能力。此外，智能化教学平台通过实时监测学生的学习进度，为教师提供了有效的教学指导工具。教师可以通过平台详细了解每个学生的学习状态，包括他们的学习时间分配、任务完成情况以及知识掌握程度等。这些数据不仅帮助教师识别学生的强项和弱项，还使得教师能够及时调整教学策略，提供更有针对性支持。教师可以根据平台反馈，了解到某些学生在某些课程中表现不佳，进而进行个别辅导或调整课堂内容和节奏，以帮助这些学生更好地理解和掌握知识。

智能化教学平台的另一个显著优势在于它能够为学生提供丰富的学习资源，并根据学生的需求和兴趣进行智能推荐。学生不再局限于教科书和课堂讲解，他们可以通过平台访问各种形式的学习资源，如视频课程、互动练习、在线讨论等。平台还可以根据学生的学习习惯和兴趣推荐相关的学习资源，使学习内容更加贴合学生的实际需求。一个对编程感兴趣的学生，平台可能会推荐相关的编程课程、项目案例和竞赛信息，帮助其在这一领域深入学习。这种个性化的资源推荐，极大地拓宽学生的学习视野，激发了他们的学习兴趣和主动性。平台通常具备互动功能，允许学生在学习过程中进行在线讨论、组队完成项目或参与虚拟实验。这种合作学习不仅增强了学生的团队合作能力，还使他们能够在互动中更深入地理解和掌握知识。在一个科学实验项目中，学生可以通过平台与其他同学协作，分工完成实验步骤，并共同讨论实验结果。这种合作学习的方式，使学生在相互启发中获得更多的知识和技能，同时也提升了他们的社交能力和团队意识。

个性化教育的一个重要目标是培养学生的自主学习能力，而智能化教学平台为实现这一目标提供了有力支持。平台通过个性化的学习计划和资源推荐，使学生能够根据自己的节奏安排学习进度，逐步培养自主学习的习惯和能力。学生可以选择自己感兴趣的内容，设定学习目标，并通过平台的反馈不断调整学习方法和策略。教师可以通过平台获取学生的学习数据和反馈，反思和改进自己的教学方法。平台还通常提供各种在线培训课程和教学资源，帮助教师提升专业素养和教学技能。通过这些资源，教师能够更好地适应个性化教育的需求，不断完善自己的教学实践。这种教师专业发展与个性化教育相结合的方式，推动了教育质量的整体提升。

第二节　中等职业教育资源的智能分配与优化

一、中等职业教育资源的智能分配

（一）教学资源的精准匹配

教学资源的精准匹配在中等职业教育中扮演着至关重要的角色，它通过智能分配系统，使教育资源的使用更加合理化和高效化。借助这一系统，学校能够根据每个学生的专业需求和学习进度，为其量身定制所需的教学资源。这种精准匹配不仅提升了学生的学习体验，还大大减少了资源的浪费。智能分配系统能够通过分析学生的学习记录和课程要求，自动分配实验设备、教室、学习材料等资源，使其与学生的需求高度契合。这样一来，学生能够在最适合的时间和环境中进行学习，最大化地发挥资源的使用效益。此外，精准匹配教学资源的优势在于它能够适应学生的个性化学习需求。学生的学习进度和能力水平各不相同，传统的资源分配方式往往难以兼顾所有学生的需求。而智能分配系统则通过对学生数据的分析，能够为每个学生推荐最适合他们的学习资源和环境。一个在机械制造领域学习的学生，如果需要进行特定的实训项目，系统可以自动为他分配所需的实验设备和工位，确保他能够顺利完成学习任务。

智能分配系统还能够通过数据分析，提前预见学生未来的学习需求，并为之准备相应的资源。通过对学生当前课程进度的分析，系统可以预测他们接下来可能需要的实验室或教学设备，并提前进行资源的预留和调配。这样，学生在进入下一个学习阶段时，所需的资源已经准备就绪，避免了因资源调配不及时而导致的学习中断。这种前瞻性的资源管理方式，使得学校的教学安排更加流畅，也提升了整体的教学质量。同时，教学资源的精准匹配还有效地提高了资源的利用率。在传统的教学资源管理中，由于无法实时了解每个资源的使用情况，往往会出现资源闲置或过度使用的情况。而智能分配系统能够实时监控资源的使用状态，并根据学生的实际需求，进行灵活调度和匹配。如果某个实验室在某一时段的使用率较低，系统可以将其分配给其他需要的学生或课程，避免资源的浪费。这种动态的资源匹配机制，确保了资源的高效使用，也节省了学校的运营成本。

智能分配系统的精准匹配功能，还能为教学管理者提供科学的决策支持。通过系统生成的资源使用报告，管理者可以了解哪些资源在教学中最为紧缺，哪些资源的利用率不高，从而进行相应的资源配置优化。如果某些实验设备经常处于满负荷使用状态，而另一些设备则较少使用，学校可以据此调整采购计划，增加紧缺设备的数量，或重新分配使用频率较低的设备。这种基于数据的资源管理，不仅提高了资源的分配效率，也提升了学校的整体管理水平。智能分配系统可以通过学生的使用反馈，不断优化资源匹配的算法和规则。系统可以收集学生对实验设备使用的满意度和操作体验，并根据这些反馈调整资源分配的策略，确保学生能够获得更好的学习资源和环境。这种以学生为中心的资源管理模式，不仅提升了学生的满意度，还促进了教育质量的持续改进。

（二）动态调整与优化

智能分配系统在教学资源管理中具有显著的动态调整与优化能力。这一系统能够实时监控各种资源的使用情况，并根据实际需求的变化进行灵活调整。当某一时段内特定教室或实验设备的使用率过高，系统可以主动检测到这一情况，并及时采取措施，重新分配资源或提供替代方案，以平衡各类资源的使用。资源需求常常会因为课程安排的变化或学生人数的波动而发生改变。传统的资源管理方式往往难以快速响应这些变化，容易导致资源配置的不合理。而智能分配系统则能够通过实时数据分析，迅速捕捉这些变化，并做出相应的调整。当系统监测到某些课程的学生人数增加，而原定的教室容量不足时，可以自动调度其他未被充分利用的教室或安排适当的时间段，以确保每个课程的顺利进行。

校园内的教学活动有时会遇到意外状况，如设备故障、实验室临时关闭等。面对这些突发事件，系统可以迅速反应，通过重新分配资源或提供替代方案，确保教学活动不受影响。如果某一设备突然发生故障，系统可以立即安排学生使用其他设备，或者调整实验时间，避免因设备故障而造成教学中断。这种快速响应的能力，使得智能分配系统在实际操作中具有很强的实用性，能够有效保障教学活动的连续性和稳定性。系统可以识别出资源使用的高峰期和低谷期，从而优化资源分配策略。系统可以调整课程表，使高需求的课程或实验分布在不同的时间段进行，避免在同一时间段内资源的过度集中。此外，系统还可以通过分析哪些资源在特定时间段使用率较低，来重新安排这些资源的利用，确保每个资源都能够得到充分使用。这种基于数据分析的优化过程，使得教学资源的管理更加科学和精细。

动态调整与优化不仅适用于硬件资源的分配，还可以应用于教师和课程资源的调度管理。智能分配系统可以根据教师的教学负担和课程安排，自动调整教师的授课时间和内容，避免教师因课程冲突或教学任务过重而影响教学质量。系统可以平衡不同教师之间的教学任务，确保每位教师的工作负荷合理，从而提升整体教学效果。这种全面的动态调整功能，为学校的教学管理提供了全面支持，优化了人力资源的配置，促进了教学资源的合理分配。通过不断积累和分析资源使用数据，系统能够逐步优化其算法，提高未来资源分配的准确性和效率。系统可以通过分析多个学期的资源使用情况，预测未来的资源需求趋势，并提前进行资源调配。这种自我优化的机制，确保了系统在长期使用中，能够不断提升其管理效能，适应不断变化的教育需求。

（三）公平与高效的资源分配

传统的资源分配模式往往依赖于管理者的判断和人工操作，这种方式容易受到主观因素的影响，可能导致资源分配不均衡或不公平的现象。某些学生或课程可能因为资源的有限性而得不到应有的支持，从而影响他们的学习体验和成果。而智能分配系统通过数据驱动的方式，基于学生的学习需求、课程要求以及教学计划，自动进行资源的合理配置，从而有效避免了人为因素对资源分配的干扰。智能分配系统通过全面的数据收集和分析，确保资源分配的过程透明、公正。系统会根据每个学生的实际需求，实时评估他们在学习过程中所需的资源，并自动匹配适合的教室、设备或学习材料。在实验课程的安排上，系统会根据每个学生的进度和实验要求，自动分配实验台和设备，确保每个学生都能公平地获得使用资源的机会。这种自动化的资源分配方式，减少了人为干预带来的主观偏差，使资源分配更加科学、客观，进而提升了教育公平性。

在传统模式下，资源的利用效率往往因为缺乏及时监控和调整而受到限制，导致资源闲置或重复使用的情况。而智能系统可以实时监控资源的使用情况，自动调整和优化资源的分配。当某些教室或设备闲置时，系统会自动将其分配给其他有需求的课程或学生，以避免资源浪费。这种高效的资源利用方式，不仅提升了教育资源的整体使用率，还为学校节省了大量的管理成本和时间。智能分配系统还具备灵活的调整能力，能够及时响应学生和教师的反馈，以确保资源分配的合理性和适应性。系统可以根据实时反馈，不断优化资源分配的规则和策略，确保每个学生都能公平地获得所需的资源。如果某些学生在资源使用中遇到问题或需求未被满足，系统可以通过调整资源分配方案，及时为这些学生提供支持。这种基于反馈的动态调整机制，使资源分配更加灵活和有效，确保了学生和教师在教学过程中的顺畅体验。

公平与高效的资源分配不仅体现在学生和课程资源上，还涉及教师的工作安排和教学资源的分配。智能分配系统可以根据教师的教学任务和课程安排，合理分配教学资源和时间，避免教师因资源不足或分配不公而影响教学质量。系统可以平衡不同教师之间的授课时间和资源使用，确保每位教师都能公平地获得所需的教学支持。这种公平的资源分配模式，不仅优化了教学资源的利用，还增强了教师的工作满意度和教学积极性。传统的资源管理方式往往依赖于人工操作，容易出现操作失误或记录错误，导致资源分配不准确或不及时。而智能分配系统通过自动化的流程管理和数据处理，确保资源分配的准确性和及时性，避免了因人为操作带来的不公平问题。这种自动化管理模式，不仅提高了资源分配的效率，还增强了资源管理的可靠性和稳定性。

（四）基于数据分析的资源预测

基于数据分析的资源预测是智能分配系统在教育资源管理中的一项重要功能，它通过对大量数据的分析和挖掘，为未来的资源需求提供科学的预测。通过分析学生的课程选择、学习进度以及历史使用数据，系统能够识别出资源需求的趋势，并提前做出相应的准备。这种预测能力使得学校在资源管理上更加具有前瞻性，能够有效避免资源分配中的突发问题，确保教学资源得到合理配置和高效使用。智能分配系统通过对学生课程选择和学习进度的全面分析，可以精准预测某些设备或教室在特定时间段内的使用需求。系统可以根据学生选课情况，预估哪些课程会有较大的学生参与量，哪些实验室或教室可能会因此面临高负荷的使用压力。系统会根据这些预测结果，提前调整资源配置，确保在高峰期资源能够得到合理分配，从而避免资源短缺或过度集中带来的不便。这种基于数据分析的资源预测能力，使得学校能够更好地应对各种教学需求变化，保持资源管理的平稳和高效。

通过对多学期、多学年的资源使用数据进行趋势分析，智能分配系统能够为学校提供资源需求的长期预测。系统可以分析过去几年的课程数据、学生人数变化以及资源使用情况，预测未来几个学期或学年的设备需求、教室容量等。这种长期的资源预测能力，为学校制定资源采购计划和基础设施建设规划提供了科学依据，避免了资源过度采购或建设浪费的情况。这种前瞻性的资源管理，不仅节省了教育资源的运营成本，还提高了学校管理的整体效率。智能分配系统在资源预测方面的应用，还能够显著提高资源利用效率。通过对历史数据的深入分析，系统可以识别出资源使用的低谷和高峰，从而在资源调度上做出更加精细的调整。系统可以发现某些设备在特定时间段内的使用率较低，进而推荐在低谷期安排设备的维护或调度，以提高设备的整体使用率。这种精确的资源预测和调度，避免了资源的闲置和浪费，使得教育资源的利用效率得到了最大化。

在面对突发事件时，如设备故障、课程调整或学生人数突然增加等，系统可以通过预测模型提前预估可能出现的问题，并准备相应的应急资源。系统可以识别出某些关键设备的高频使用情况，并根据历史数据推测其故障风险，提前准备备用设备或维护计划，避免因设备故障而导致的教学中断。这种应急预案的提前准备，使得学校在面对突发情况时更加从容和有序，保障了教学活动的连续性和稳定性。此外，智能分配系统的资源预测功能还能够为教育管理者提供更加科学的决策支持。系统通过数据分析生成的预测报告，可以帮助管理者更好地了解未来的资源需求趋势，并据此调整学校的资源管理策略。通过预测未来的课程需求和学生人数变化，学校可以更精准地安排教师的教学任务和资源的分配，优化人力资源的配置。这种数据驱动的决策支持，不仅提升了学校管理的科学性和精确度，还增强了管理者在资源配置上的灵活性和应对能力。

（五）资源利用反馈与调整

资源利用反馈与调整是智能分配系统中的一个重要功能，它通过对实际资源使用情况的实时监控和数据记录，为教育资源的管理和优化提供了关键支持。智能分配系统能够详细记录每一种教学资源的使用频率、使用效率以及学生和教师的反馈，进而对这些数据进行分析，以确定资源配置中的不足之处和改进空间。当系统发现某些教室或实验设备的使用频率低下时，可以自动建议重新分配这些资源，或者调整其使用安排，以确保资源得到更充分利用。这种基于反馈的调整机制，显著提高了资源的使用效率，使资源分配变得更加科学合理。通过资源利用反馈，学校可以持续改进资源管理策略，确保资源分配的动态优化。传统的资源管理方式往往缺乏及时的数据支持，难以快速调整资源配置，而智能分配系统则通过实时数据反馈，能够迅速识别资源使用中的问题。如果系统检测到某些教学设备经常处于闲置状态，而另一些设备则面临使用过度的情况，可以自动调整设备的使用顺序或增加相应设备的供应，从而平衡资源的使用压力。这种灵活调整机制，不仅避免了资源浪费，还有效提升了教学活动的连续性和质量。

此外，智能分配系统的反馈机制能够帮助学校更好地理解资源需求的变化趋势，并据此进行长远的规划和调整。系统可以通过分析多学期的资源使用数据，识别出教学资源在不同时间段内的需求变化规律，从而在未来的资源配置中提前做出优化。系统可能会发现某些课程在学期初的资源需求较低，但在学期中后期需求急剧增加，学校可以根据这一趋势，合理安排资源的分配，以应对这种周期性的需求变化。这种基于反馈的长期调整能力，使学校的资源管理更加具有前瞻性和科学性，避免了临时调整带来的资源短缺或过度采购的问题。通过收集教师和学生对资源使用的反馈意见，系统可以评估资源的实际使用效果，并据此优化资源的采购和配置。如果多个教师反映某种教学工具或设备在实际操作中效果不佳，系统可以将这些反馈信息整合分析，并向学校管理者建议更换或升级设备。这种以用户体验为导向的反馈机制，确保了教学资源的质量始终保持在较高水平，从而提高了整体教育质量和学生的学习体验。

智能分配系统在资源利用反馈方面的优势还体现在其能够帮助学校识别资源管理中的潜在问题，并提供相应的解决方案。系统可以通过分析资源的使用数据，识别出某些资源在特定时间段内的需求集中，进而调整这些资源的使用计划，避免资源分配中的冲突或不足。此外，系统还可以通过对历史数据的回顾，预测未来可能出现的资源管理问题，并提前提出调整建议，帮助学校在资源分配中避免潜在风险。这种预见性和主动性，使资源管理更加高效和稳健。智能分配系统的反馈机制不仅对资源配置起到了优化作用，也对教育管理者的决策提供了重要支持。通过分析系统反馈的数据，管理者可以更清晰地了解资源使用的全貌，识别出资源配置中的薄弱环节，并据此进行更具针对性调整和改进。管理者可以根据系统提供的资源使用报告，调整教学计划、优化资源采购策略，甚至改进课程设计。这种基于数据的反馈和调整机制，不仅提高了管理决策的科学性和有效性，还使资源分配的过程更加透明和可控。

二、中等职业教育资源的智能优化

智能优化是指利用先进的技术手段，对中等职业教育资源进行科学化、系统化的管理和分配，以提高资源利用效率、优化教学效果和提升教育质量。

（一）数据驱动的资源配置优化

数据驱动的资源配置是智能优化的核心，通过收集和分析教学资源的使用数据，学校能够对资源配置进行科学合理优化。智能系统可以根据历史数据和实时监控，准确识别教学资源的使用模式和需求趋势，从而做出优化调整。系统可以分析哪些实验室在某些时段的使用率较高，并自动调整这些资源的分配，以减少冲突和浪费。同时，系统还能根据学生人数、课程难度和实验需求等多维度因素，动态调整教室、设备等资源的分配，使每个资源都能在最适合的时间和地点得到充分利用。

（二）教学资源的动态调度与调整

智能优化还包括对教学资源的动态调度和实时调整。中等职业教育中的教学资源，如实验设备、实训基地和教师资源等，往往具有较高的使用要求和时间敏感性。通过智能化的调度系统，学校能够实现资源的实时监控和动态调整，确保资源的最优配置。当某些设备的使用需求突然增加时，系统可以自动调度备用设备或重新安排使用顺序，避免资源短缺或使用冲突。另一方面，当资源使用率较低时，系统可以调整资源的配置计划，增加其利用率或进行维护保养。这种智能化的调度与调整，确保了教学资源的高效使用，并能够灵活应对各种变化和突发情况。

（三）个性化学习与资源匹配优化

智能优化在个性化学习中的应用也至关重要。中等职业教育注重培养学生的职业技能和实际操作能力，不同学生的学习需求和职业目标往往存在差异。智能优化系统能够根据每个学生的学习进度、兴趣爱好和职业规划，自动匹配最适合他们的教学资源。系统可以根据学生在某个技术领域的表现，推荐相应的实验设备、课程资源或实训项目，使学生能够获得更有针对性学习支持。通过这种个性化的资源匹配优化，学生可以更快掌握专业技能，从而在未来的职业发展中更具竞争力。

第三节　中等职业教学质量的智能评估与反馈

一、中等职业教学质量的智能评估

中等职业教学质量的智能评估是利用先进的技术手段，通过多维度的数据收集和分析，对教学过程和结果进行全面、客观评估。

（一）数据驱动的多维度教学评估

智能评估系统能够通过数据驱动的方式，对中等职业教学质量进行多维度的评估。系统可以收集学生的课堂参与度、作业完成情况、考试成绩、实训项目成果等各类数据，并综合这些数据进行评估。通过这种全面的数据分析，学校能够准确掌握教学效果，并及时发现教学中的问题，为改进教学方法和内容提供科学依据。

（二）实时监控与动态评估

智能评估系统具有实时监控和动态评估的能力。系统可以在教学过程中持续收集和分析数据，对教学质量进行实时评估。系统能够在课堂教学进行时，监控学生的参与度和互动情况，及时反馈教学效果。如果系统检测到某一课程的参与度下降或学生表现不佳，可以立即向教师发出提示，使教师能够及时调整教学策略。这种实时的动态评估方式，能够快速响应教学中的变化，确保教学质量的持续提升。

（三）个性化评估与反馈

智能评估系统还能够根据学生的个体差异，提供个性化的教学质量评估。系统可以根据每个学生的学习风格、能力水平和职业目标，定制化地评估其学习表现。系统可以针对某些学生在特定技能上的表现，生成个性化的评估报告，指出学生的优势和不足，并提出具体的改进建议。个性化的评估方式可以帮助教师更好地了解每个学生的学习需求和发展潜力，从而为他们提供更有针对性的教学支持和指导。

（四）预测性分析与前瞻性评估

智能评估系统通过对历史数据的分析和模型预测，可以进行前瞻性评估。系统能够根据多学期的数据趋势，预测未来教学中可能出现的问题或挑战。系统可以预测某些课程在未来学期的难度增减趋势，或学生在特定科目上的可能表现，从而帮助教师提前做好教学准备。这种预测性分析不仅提高了教学的预见性，也使得学校能够更有效地规划资源，优化教学安排，提升整体教学质量。

二、中等职业教学质量的智能反馈

（一）实时反馈与教学调整

智能反馈系统的一个主要优势在于其能够提供实时反馈，使教师能够迅速调整教学方法和内容。系统通过监控学生的课堂表现、参与度、作业完成情况等数据，实时分析并反馈教学效果。当系统检测到学生在某个课程中的理解困难或参与度降低时，可以立即向教师发出警示，建议其调整教学方式或增加解释说明。

（二）个性化指导与支持

智能反馈系统能够根据每个学生的具体情况，提供个性化的教学指导和支持。系统通过分析学生的学习数据，如成绩、兴趣、学习风格等，为每个学生生成个性化的反馈报告。这些报告可以包含学生的优势、薄弱环节及改进建议。系统可以建议某个学生加强某些特定领域的练习，或推荐适合的学习资源和方法。这种个性化反馈，能够帮助学生有针对性地改进学习策略，同时也为教师提供了更精细化的教学指导依据。

（三）教学质量评估与改进

智能反馈系统通过对教学质量的评估，能够为教师和学校管理者提供详细的改进建议。系统根据收集到的教学数据，对课程设置、教学方法、资源配置等进行全面分析，生成教学质量评估报告。系统可以指出某些课程的教学效果不佳，建议调整教学内容或增加辅助资源。这种基于数据的反馈和评估，帮助教师和管理者识别教学中的不足之处，并制定相应的改进措施，推动教学质量的不断提升。

（四）长期追踪与职业发展指导

智能反馈系统还可以对教师和学生的长期表现进行追踪，提供持续的职业发展指导。系统通过分析长期教学数据和学习数据，识别出教师和学生在职业发展中的成长轨迹和发展潜力。系统可以建议教师参加特定的培训课程，以提升专业技能和教学能力；对于学生，系统可以推荐适合的职业发展路径和实习机会。这种长期追踪和指导，确保了教师和学生在职业教育中的持续进步和发展，提高了中等职业教育的整体水平。

第四节　中等职业学生管理与行为分析

中等职业学生管理与行为分析是提升教育质量和学生综合素质的重要手段。通过数据分析和智能管理系统，学校能够更好地理解学生的行为模式、学习习惯和心理状态，从而制定更加有效的管理策略。

一、学生行为数据的收集与监控

学生管理的第一步是收集和监控学生的行为数据。智能管理系统可以通过多种方式收集学生的出勤率、课堂参与度、作业提交情况、考试成绩以及在校活动等数据。这些数据不仅可以反映学生的学习状况，还能揭示学生在校期间的行为习惯。通过分析出勤率和课堂参与度，学校可以识别出哪些学生可能存在学习动机不足或其他问题。实时监控和数据收集为学校提供了学生行为的全面视图，帮助管理者做出更精准的决策。

二、学生行为模式分析与识别

通过对收集到的学生行为数据进行深入分析，学校可以识别出学生的行为模式和潜在问题。数据分析可以揭示某些学生在某些科目中的表现一直较差，或者发现一些学生在课外活动中的参与度远高于课堂参与度。这些行为模式的识别，使学校能够更好地理解学生的兴趣、学习方式和潜在问题，从而制定有针对性的管理和支持措施。对于那些表现异常的学生，学校可以及早进行干预，避免问题的进一步发展。

三、个性化管理与支持策略

在分析学生行为模式的基础上，智能管理系统能够为每个学生制定个性化的管理和支持策略。系统可以识别学生的需求和挑战，提供相应的支持措施。对于学习上存在困难的学生，系统可以推荐辅导课程或一对一的教学支持；对于行为表现异常的学生，可以提供心理辅导或家庭沟通的建议。这种个性化管理策略，不仅能够帮助学生克服学习和生活中的困难，还能提升他们的整体表现和幸福感。

四、学生心理健康与行为干预

行为分析还可以用于监测和提升学生的心理健康。通过分析学生的行为数据，如情绪变化、社交互动频率和学习压力，系统可以识别出潜在的心理健康问题。如果系统检测到某些学生的课堂参与度显著下降，或者与同学的互动减少，可能预示着他们正在经历心理压力或其他问题。学校可以及时采取干预措施，如安排心理咨询或进行家庭沟通，帮助学生缓解压力，促进心理健康的发展。

五、行为数据驱动的学校管理决策

学生管理与行为分析的数据还可以用于支持学校的管理决策。通过对整体学生行为数据的分析，学校管理者可以识别出学校管理中的普遍问题和趋势，例如学习风气、纪律问题或学生参与度的变化趋势。这些数据驱动的分析结果，能够帮助学校在课程设计、资源配置、纪律管理等方面做出更科学的决策。学校可以根据数据分析结果调整课程难度、增加学生感兴趣的活动，或者加强特定领域的学生支持。通过数据驱动的管理决策，学校能够更有效地管理学生行为，提升整体教育质量。

参考文献

[1] 江丰光，熊博龙，张超 . 我国人工智能如何实现战略突破——基于中美 4 份人工智能发展报告的比较与解读 [J]. 现代远程教育研究，2020（1）：3-11.

[2] 代锋，夏红雨 . 人工智能视域下高等职业教育现状及发展路径 [J]. 当代职业教育，2021（2）：73-80.

[3] 欧阳鹏，胡弼成 . 人工智能时代教育管理的变革研究 [J]. 大学教育科学，2019（1）：82-88,125.

[4] 肖兴政，冉景亮，龙承春 . 人工智能对人力资源管理的影响研究 [J]. 四川理工学院学报（社会科学版），2018（6）：37-51.

[5] 崔志莉 . 人工智能时代高技能人才需求特征研究 [J]. 职业教育研究，2019（8）：5-9.

[6] 王文静，庄西真 . 人工智能视阈下职业教育的机遇、困厄与出路 [J]. 中国职业技术教育，2018（22）：33-37.

[7] 2017 年政府工作报告 [EB/OL].（2017-03-17）[2021-06-05].

[8] 习近平主持召开中央全面深化改革委员会第七次会议 [EB/OL].（2019-03-19）[2021-06-30].

[9] 朝阳区加快新型基础设施建设行动方案（2020—2022 年）[EB/OL].（2020-07-21）[2021-06-30].

[10] 韩丽，韩丛英 . 2021 年人工智能领域科技发展综述 [J]. 战术导弹技术，2022（2）：42-51.

[11] 刘平，刘亮 . 日本新一轮人工智能发展战略——人才、研发及社会实装应用 [J]. 现代日本经济，2020（6）：36-47.

[12] 陈婧嫣，姜李丹，薛澜 . 跨国比较视阈下的人工智能政策：目标、理念与路径 [J]. 科学学与科学技术管理，2021（3）：87-100.

[13] 广东省教育厅 . 2019 年度广东省中等职业教育质量报告 [EB/OL].（2020-06-15）[2021-03-08].

[14] 宋晓欣，闫志利，杨帆 . 中职教育人才培养目标的历史演变与现实定位 [J]. 教育与职业，2015（33）：10-13.

[15] 陆德光 . 浅论人工智能时代职业教育面临的困境及发展路径 [J]. 南方农机，2020

（7）：201,204.

[16] 职教为高质量发展提供人才支撑（新数据新看点）[EB/OL].（2020–10–29）[2021–03–06].

[17] 张婷 . 中等职业学校毕业生就业满意度及影响因素分析——以芜湖师范学校为例 [D]. 芜湖：安徽师范大学，2020.

[18] 弥补高级技工缺口观念和培育模式均需改变 [EB/OL].（2019–12–20）[2020–08–03].

[19] 杨永年 . 基于信息化的中职课程体系的构建与实施 [J]. 职教发展研究，2020（1）：86–91.

[20] 唐治敏 . 中职学校“双师型”教师校本培养策略 [J]. 教育科学论坛，2020（18）：41–44.

[21] 肖冰，赵若妍，曾先慧 . 中职“双师型”教师队伍建设的影响因素分析 [J]. 广东技术师范大学学报，2021（1）：61–67.

[22] 国务院关于印发国家职业教育改革实施方案的通知 [EB/OL].（2019–01–24）[2021–08–03].

[23]梁甘冷，陈乐斌，张德成 . 基于“塔型进阶”的中职专业课程体系建构与实践 [J]. 中国职业技术教育，2020（26）：5–10.

[24] 袁杰 . 中职“双师型”教师队伍建设问题分析与对策 [J].职业教育研究，2012（11）：70–71.

[25] 杨臣 . 中职“双师型”师资队伍建设的几点思考 [J]. 中国校外教育，2014（16）：138.